本书为贵州省数字商业生态治理与实践创新

数字商业生态治理研究系列丛书

企业数智核心竞争力研究

高伯任◎著

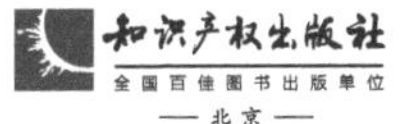

图书在版编目（CIP）数据

企业数智核心竞争力研究 / 高伯任著 . — 北京 : 知识产权出版社, 2025. 8. —(数字商业生态治理研究系列丛书). — ISBN 978-7-5130-9794-9

Ⅰ. F279.273-39

中国国家版本馆CIP数据核字第20256SN060号

内容提要

本书系统整合文献计量法、多案例解构法及实证分析法等研究方法，在深入解析企业数智化转型路径的基础上，构建了数智化能力与核心竞争力的动态作用模型。通过构建制造业与服务业双维分析框架，揭示了不同业态组织在数智化进程中面临的共性规律与差异化特征。本书创新性地提出了数智核心竞争力的四维评价体系，并据此研发出包含战略规划、技术架构和组织变革在内的系统性解决方案。基于贵州省产业结构特征，研究团队依托区域经济实证数据，构建了包含基础设施、人才培育和生态协同的转型加速模型，为区域企业实现高质量数智化转型提供了理论框架与实践指南。

本书可作为企业管理领域学术研究人员、企业高级管理人员及战略决策者的专业参考书目，也可供与工商管理学科相关的公共政策研究者及实务工作者参阅。

责任编辑：李小娟　　　　**责任印制**：孙婷婷

数字商业生态治理研究系列丛书

企业数智核心竞争力研究

QIYE SHUZHI HEXIN JINGZHENGLI YANJIU

高伯任　著

出版发行：知识产权出版社有限责任公司　　**网　　址**：http:// www. ipph. cn

电　　话：010-82004826　　http:// www. laichushu. com

社　　址：北京市海淀区气象路50号院　　**邮　　编**：100081

责编电话：010-82000860转8531　　**责编邮箱**：laichushu@cnipr.com

发行电话：010-82000860转8101　　**发行传真**：010-82000893

印　　刷：北京建宏印刷有限公司　　**经　　销**：新华书店、各大网上书店及相关专业书店

开　　本：720mm×1000mm　1/16　　**印　　张**：21.25

版　　次：2025年8月第1版　　**印　　次**：2025年8月第1次印刷

字　　数：399千字　　**定　　价**：98.00元

ISBN 978-7-5130-9794-9

序一　数智时代的企业竞争:生态化与产业化

席酉民[1]

网络化、数字化和人工智能等技术的不断迭代,形成了数智时代的三种新机制:共享、共生和人机融合。这些新机制诱发了工商管理类活动的剧烈变化:各种新型商业模式、企业组织、协作平台、商业或产业生态不断涌现,人类可以穿越组织边界去整合资源、合作、共生和构思新的发展模式。高伯任教授针对雨后春笋般涌现的数字商业生态,在贵州省数字商业生态治理与实践创新团队主要研究成果的基础上,撰写了《企业数智核心竞争力研究》一书,揭示了数智时代企业竞争力的内在逻辑与蝶变规律。应邀做推荐序,我深感荣幸。

本书主要围绕数智时代企业的核心竞争力及其成长轨迹展开探讨。通过九个部分逻辑严谨地分析与研究,揭示了数智化对企业生存和持续发展的关键影响,并为企业提供了一系列切实可行的指导策略。

本书第1章~第3章系统地探讨了企业在数智时代所面临的挑战与机遇,以及如何通过数智化转型提升核心竞争力。第4章详尽探讨了贵州省企业数智化发展的现状,并对相关政策实施效果进行了全面的分析,提出了针对性的政策建议,旨在为政府和企业的决策提供科学有效的参考。

本书研究重点落在第5章~第7章,即通过对贵州省的制造型企业和服务型企业的详尽调研,深入探讨了贵州企业数智化发展的现状、策略与途径,构建了完善的数智化发展体系,并评估了服务型企业数智核心竞争力。本研究发现,贵州企业在数智化转型中已积累一定优势,如产业基础、创新氛围及客户需求把握能力等,但同时也面临数字化转型意识不足、技术创新能力欠缺和数据安全风险高等挑战。针对这些问题,提出了强化技术研发、推动产业升级、优化人才结构、

---

[1] 西安交通大学文科(管理)资深教授,西交利物浦大学执行校长,英国利物浦大学副校长,中国管理现代化研究会联职理事长,教育部工商管理教育指导委员会主任委员。

加强数据安全保护、优化服务流程和提升用户体验等切实可行的建议。此外，该书还重点分析了贵州省大数据生态系统的结构和价值流动，为企业提升数智竞争力提供了有益的启示，包括加强数据资源整合、提升数据质量和推动数据应用创新等具体途径。

第8章和第9章深入探讨了贵州省的企业在数智化转型过程中的典型案例、成就、问题与挑战。第8章详细记录了四个数智化核心调研案例，剖析了数智时代企业创新与变革的关键性，并提出了相应的管理模式和策略，旨在指导企业在快速变化的商业环境中保持竞争优势。第9章则全面梳理了贵州省的企业在数智转型中的主要成就与存在问题，结合前8章的深入研究和实地调研数据，提出了针对性的策略和建议；同时，对研究成果进行了总结，展望了数智时代对企业发展的深远影响。本书强调，在数智时代，企业既面临前所未有的挑战，也潜藏着巨大的发展机遇，只有善于捕捉机遇、积极应对挑战，才能实现持续稳定的发展壮大。

其实，面对数智时代各种各样商业生态的涌现，要把握住机遇。

第一，企业管理者需要升级心智模式，从习惯的企业家转型为一种新型的商业领导者——产业家，即有能力从一种需求或一个具体的实业入手，根据价值网络，跨越组织边界，迅速撬动相关资源、吸引潜在伙伴、缔结产业互联网、创新商业模式并构建产业生态，以营造新产业或促进已有产业的转型、升级和创新，实现持续发展和生态红利创获。

第二，这种现象和趋势必然带来一种新的管理模式——生态管理。自古以来，管理都是从上而下地设计和管控活动，但是生态强调的是演化，也就是从低到高的一种涌现和喷发的过程，很难完全自上而下地管控。因此，生态管理一定需要设计管控与干预演化有机结合，换句话说是一种在人类有限干预下的演进过程，所以会更强调治理。如果更具体地去看生态化过程，不难发现，它是在数字化、互联网、物联网和人工智能等技术的持续推进下，从企业内部价值链的重塑到穿越组织边界的供应链对接，再到形成工业互联网，最后通过“互联网+”，营造各种各样的商业生态或产业生态。

第三,为了促进企业数智化转型和产业生态营造,必须重视以下几个环节:①建设企业(工厂)的技术、数字和智能底座;②实现生产和运营业务的全面数字化;③促进业管融合和优化,真正实现企业(工厂)管理的数智化转型;④在数字化的基础上实现产业互联;⑤进一步加强产业融合与协同,实现生态化运营。一般来讲,数智转型和生态化的质量取决于以下五大关键环节和五种治理:①万物感知和万物互联是技术基础,使数字相互配合与协同,真正成为资产,因此交互治理是关键,但要回避"数字孤岛";②业务数据化与分布式协同,为此要做好信息治理;③需求定制性供给,客户导向型整合,其基础是组织治理;④商业伙伴关系,链接协同共生,这依赖于规则治理;⑤未来发展趋势是组织的生态化、生活的社群化,其有效运行的基础是生态治理。

第四,产业生态营造的根本目的是创获生态红利。生态红利一般体现在三个方面:首先,是共享,当进入一个生态后,可通过平台实现资源共享,节约成本,提高有效性,从而收获共享红利。如果生态要素间同质性较强,则共享红利大;其次,是共生,加入生态系统的要素通过相互合作可以做成原来无法做到的事情,因相互刺激与竞合可能产生更多新思路、新业务和新模式等,由共生产生的新价值称之为共生红利。一般生态元素异质性大,相互刺激和互补力就强,共生红利也高;最后,是系统红利,生态不是所有要素的简单堆积,而是融合创新、系统优化和整体升级,如提升资源利用效率、降低交易成本、拓展新业务、扩大市场等都可创造额外价值,此外,生态的融合力、传播力和市场的拓展力也可惠及所有生态成员,如系统的"1+1+1"要远远大于"3"一样。系统红利与生态的共生机制和融合质量有关。

第五,在商业或产业生态化的过程中,企业越来越呈现一种"你中有我,我中有你"的状态。未来企业的真正竞争力是形成自身的独特价值,然后有两种选择:一种是加入某种平台或产业生态;另一种是如果自己有能力和基础,可以建造平台或营造生态,整合更多资源和吸引其他商业伙伴加盟。

简而言之,数字在静态要素资源与动态技术投入之间具有明显的跳跃性,其产权边际具有明显的泛化性和产业价值具有明显的内隐性,进而导致其商业应用的广泛性及商业模式的多元化。所以,数智时代企业核心竞争力的构成和培育需要数字与实体经济的深度融合，关键是生态环境下经由复杂耦合的商业价值共创，这考验着商业或企业领袖的产业家思维和生态管理水准。

数智时代，生态红利的蓝海就在眼前，关键在于我们能否及时转型、智慧创新！

序二　数智时代的企业竞争力研究

彭剑峰[1]

高伯任教授所著《企业数智核心竞争力研究》一书即将面世。企业竞争力研究是企业智库领域长期关注的课题，我深感荣幸能在此与广大读者分享阅读此书的收获与体会。

本书是一部系统深入、富有洞察力的研究成果，它紧扣数智时代的脉搏，对企业核心竞争力的重塑及其成长轨迹进行了全面而深入的探讨。全书精心构建为九个部分，每一部分都蕴含着作者深厚的学术功底和严谨的逻辑思维，深入揭示了数智化对企业生存和持续发展的关键作用，更为企业提供了一套切实可行的战略指导和实践路径。

在本书中，高伯任教授不仅系统分析了企业在数智时代所面临的挑战与机遇，还深入探讨了如何通过数智化转型提升企业的核心竞争力。他特别关注贵州省企业的数智化发展，对相关政策实施效果进行了全面深入的分析，并提出了针对性的政策建议，这无疑为政府和企业的决策提供了科学有效的参考。

尤为值得一提的是，本书通过对贵州省制造型企业和服务型企业的详尽调研，深入剖析了贵州省企业数智化发展的现状、策略与途径，构建了一套完善的数智化发展体系，并对服务型企业的数智核心竞争力进行了科学评估。高伯任教授的研究发现，贵州省企业在数智化转型中已经积累了一定的优势，但同时也面临着诸多挑战。针对这些问题，他提出了一系列切实可行的建议，如强化技术研发、推动产业升级和优化人才结构等，这些建议无疑为贵州省企业的数智化转型提供了有力的指导。

此外，本书还重点分析了贵州省大数据生态系统的结构和价值流动，为企业提升数智竞争力提供了有益的启示。高伯任教授提出的加强数据资源整合、提

[1] 中国人民大学教授、博士研究生导师、华夏基石管理咨询集团董事长。

升数据质量和推动数据应用创新等具体途径，无疑为企业在数智时代实现跨越式发展提供了宝贵的思路。

在探讨贵州地区企业在数智化转型过程中的典型案例、成就、问题与挑战时，高伯任教授更是以深入浅出的方式，详细讨论了四个数智化调研案例，剖析了数智时代的企业创新与变革的关键性，并提出了相应的管理模式和策略。这些案例和策略不仅具有极高的实践价值，更为企业在快速变化的商业环境中保持竞争优势提供了有力的支持。

总的来说，高伯任教授的这部著作是一部集理论深度与实践广度于一体的佳作。它不仅全面剖析了数智时代对企业管理的全方位挑战与潜在机遇，更为企业界和决策者提供了富有洞察力的参考和指导。

前　言

本书是一部系统而深入的研究成果，主要围绕数智时代企业的核心竞争力及其成长轨迹展开探讨。全书分为九章，通过分析与研究，深入揭示了数智化对企业生存和持续发展的关键作用，并为企业提供了一系列切实可行的指导策略。

第1章对研究背景、目的及所面临的挑战进行了全面的概述。随着数字化和智能化的深入发展，企业所面临的市场竞争日益加剧，商业环境也在不断演变。在这一大背景下，数智化已然成为企业生存和成长的关键因素。本书明确指出，唯有主动适应并积极引领数字化变革，企业方能在激烈的市场竞争中保持稳健的步伐，不断前行。

第2章深入研究数智时代商业环境对企业发展的深远影响。经过详细分析发现，数字化与企业的核心竞争力之间存在紧密的联系，数字化技术已经成为企业提升核心竞争力的关键要素。此外，本书还将全面剖析数智时代商业环境的显著特征，如信息的高度透明化、消费者主权的崛起，以及个性化需求的凸显等。这些内容将为企业制定数字化战略提供宝贵的参考和启示。

第3章构建了数智核心竞争力的理论框架，并深入阐述了其内涵。数智核心竞争力，即企业在数智时代背景下，通过高效整合和优化内外部资源，构建形成具有独特优势和持续竞争力的能力体系。该理论框架的构建，为企业清晰认知并进一步提升数智核心竞争力提供了坚实的理论支撑。

第4章探讨了贵州省企业数智化发展的现状，细致剖析了当前存在的问题和挑战，并对相关政策实施效果进行了全面深入的分析。经过对贵州省企业的周密调研，本书揭示出企业在数智化转型中普遍遭遇的技术瓶颈、人才匮乏和资金紧张等多重难题。同时，政策环境的不够完善也在一定程度上制约了企业的壮大步伐。为此，本书提出了针对性的政策建议，旨在为政府和企业的决策提供科学有效的参考。

第5章对贵州省制造型企业数智化发展的现状进行了详尽的调研,并构建了一套完善的数智化发展体系。在调研过程中,通过实地访谈和数据分析,本书发现贵州省制造型企业在数智化转型过程中,已经积累了一定的优势,如坚实的产业基础和创新氛围的营造。但同时,也存在一些待改进的方面,如数字化转型意识的不足和技术创新能力的欠缺。针对这些问题,本书提出了切实可行的建议,如强化技术研发、推动产业升级和优化人才结构等,为制造型企业数智化转型提供了有益的参考。

第6章详细探讨了贵州服务型企业数智核心竞争力的评估方法与提升策略。相较于制造型企业,服务型企业展现出更为灵活与多样化的特点。本书基于对贵州省服务型企业的深入研究,发现该类企业在数智化转型过程中已展现出一定优势,如高度敏感的客户需求把握能力、强大的服务模式创新能力等。然而,同时也面临数据安全风险高、数字化转型投入大等挑战。鉴于此,本书提出了针对性的策略建议,包括加强数据安全保护、优化服务流程和提升用户体验等,为服务型企业数智化转型提供了具有实际指导意义的参考。

第7章研究了贵州省企业数智竞争力提升的途径,重点分析了大数据生态系统的结构和价值流动。大数据生态系统是数智时代企业提升核心竞争力的关键所在。本书通过对贵州省大数据生态系统的深入研究,发现其在数据采集、存储、处理和应用等方面具有一定的优势,但也存在一些短板,如数据资源共享程度低、数据质量不高等。为此,本书提出了加强数据资源整合、提升数据质量和推动数据应用创新等具体途径,为企业提升数智竞争力提供了有益的启示。

第8章详细讨论了贵州地区数智化调研的四个典型案例,深入剖析了数智时代企业创新与变革的关键性问题。在此基础上,提出了相应的管理模式和策略,旨在指导企业在快速变化的商业环境中保持竞争优势。随着数智时代的到来,企业面临的市场竞争日益加剧,商业环境日新月异。因此,唯有坚持不断创新和变革,企业方能在激烈的市场竞争中稳固立足,取得持续的成功。

第9章着重于对贵州省企业在数智化转型过程中的主要成就、存在问题及其面临的挑战进行全面梳理。本部分基于对前8章的深入研究,结合实地调研和数据分析,提出了有针对性的策略和建议。同时,本部分对研究成果进行了总结,并对数智时代对企业发展的深远影响进行了展望。在数智时代,企业既面临着巨大的机遇,也遭遇了前所未有的挑战。只有抓住机遇、积极应对挑战,企业才能在数智时代实现持续稳定的发展壮大。本书为企业领导者和决策者、政策制定者,以及相关领域的研究人员和相关行业的从业者提供了富有洞察力的参考,为推动数智时代的企业发展提供了有力的支持和指导。

经过深入调研与系统思考,本书剖析了数智时代对企业管理的全方位挑战与潜在机遇。鉴于当前快速变化的市场环境,传统的管理模式和思维方式已难以适应,企业亟须积极拥抱数字化与智能化,以全新的视角和方法来审视和应对市场的变化。为此,企业应更加注重数据驱动的决策机制,通过大数据的收集与分析,洞察市场动向和消费者需求,从而制定出更具精准性和实效性的战略。此外,数字化营销和电子商务的运用也显得尤为重要,它们为企业提供了与客户进行高效、便捷互动和交易的平台。同时,企业需要打破固有的组织界限与层级结构,构建更具灵活性和高效性的团队与协作方式。并且,高度重视加强员工的数字化技能培训,以更好地适应数字化和智能化的发展需求,是企业不可忽视的重要任务。

本书经过深入的研究与分析,系统地阐述了企业在数智时代背景下,如何有效应对市场的变革与竞争挑战,为行业决策者提供了极具价值的参考与指引。本书不仅深入探讨了数智化对企业核心竞争力的影响,还详细解析了企业在数智化进程中的成长路径。本书综合运用了文献综述、案例分析及实证研究等多种方法,对数智化在企业生存与长远发展中的关键作用进行了明确阐述,并为企业提供了切实可行的策略指导。

目　录

第1章 导 论

在当今数智化浪潮席卷全球的背景下，企业正面临着前所未有的机遇与考验。技术的日新月异、数据的海量涌现及全球化的激烈竞争，正在重塑商业竞争的格局。面对这一瞬息万变的商业环境，企业不仅要学会适应，更要勇于引领变革，以维持和增强自身的竞争优势。而在这场变革中，数智化已逐渐演变成企业获取核心竞争力的关键要素。

本研究致力于深入剖析企业数智化与其核心竞争力之间的内在联系，探索如何将数智化战略与企业经营深度融合，进而实现持久而稳定的竞争优势。本研究从多个维度展开分析，包括数智时代的商业环境、构建企业数智化战略、数据驱动的数智化实践、数智化技术与工具的应用、数智化营销与客户关系管理、数智化运营与供应链优化、数智化创新与产品发展、数智化竞争力评估与提升，以及未来的发展趋势与展望。鉴于作者过去五年对贵州省多个企业创新项目的深入研究，本研究所引用的数据和案例将主要来源于西南地区，特别是贵州省的企业创新实践。

1.1 研究目的与问题陈述

在数智时代，企业界面临着前所未有的挑战和机遇。数字技术的快速发展正在彻底改变着商业模式、市场竞争和消费者行为。企业不仅需要适应这种数智化转型，还需要积极利用它来保持竞争力和创造价值。本研究的目的是深入探讨企业数智核心竞争力的概念、影响因素、评估方法及未来趋势，以便为企业和决策者提供有价值的见解，帮助他们更好地理解并应对数智时代的挑战和机遇。

1.1.1 研究目的

在当今数智化浪潮中，企业的数智核心竞争力已成为决定其命运的关键所在。本研究致力于全面而深入地探讨企业数智核心竞争力的本质特征、影响因素、评价标准，以及未来的发展方向，旨在回答以下核心问题。

第一，明确企业数智核心竞争力的定义。数智时代，企业借助先进的数字技术、数据分析和智能化工具，优化业务流程、创新产品、拓展市场及深化客户关系，从而形成竞争优势。这种核心竞争力的重要性不言而喻，因为数智化技术正在重塑商业生态，若企业不能顺应这一潮流，将难以在激烈的市场竞争中立足。为了深刻揭示企业数智核心竞争力的内涵与意义，本研究通过文献综述与案例分析进行深入研究，系统梳理国内外关于企业数智核心竞争力的相关文献，分析其核心观点与理论框架。同时，还选取典型案例进行深入剖析，了解这些企业是如何借助数智化手段构建并提升其核心竞争力的。

第二，研究影响企业数智核心竞争力的关键因素。这些因素包括技术投资、数据驱动、组织文化、领导力及人才管理等。技术投资是企业数智化的基石，涵盖信息技术、大数据、人工智能等领域的投入。数据驱动意味着企业能够通过收集、分析、挖掘和应用数据，洞察市场趋势，优化决策过程，提升运营效率。组织文化则塑造员工的思维与行为方式，对企业数智化进程产生深远影响。领导力则体现在企业领导者的战略眼光、决策能力与领导才能上，引领企业在数智时代实现转型与升级。人才管理则关注企业如何选拔、培养、激励与留住优秀人才，实现人才队伍的持续优化与升级。通过分析这些因素，揭示企业构建与提升数智核心竞争力的路径。

第三，为了科学评估企业的数智核心竞争力水平，需要探讨有效的评估方法与指标。这些指标可能包括数智化投入占比、数据驱动决策的比例、智能化应用的广度与深度、员工数智化能力等。通过这些指标，企业可以了解自身在数字化领域的表现，识别改进空间。同时，这些指标也可作为企业数智化转型的参考与依据，助力企业制定更为科学与有效的数智化战略。

第四，展望未来数智时代的发展趋势，并分析这些趋势如何影响企业数智化核心竞争力。未来，数字化技术将更加成熟与普及，深度数据驱动、全面整合、智能自动化、跨界创新与生态系统合作等趋势将不断涌现。这些趋势将推动数字化商业生态的变革与发展，为企业带来更为广阔的市场与发展机遇。然而，这些趋势也将加剧竞争与挑战，企业需要不断创新与变革，方能在激烈的市场竞争中立于不败之地。

综上所述，企业数智核心竞争力已成为数智时代企业成功的关键因素。本研究通过深入分析与探讨企业数智核心竞争力的内涵、影响因素、评价标准与未来趋势，旨在帮助企业更好地把握数智时代的机遇与挑战，制定更为科学与有效的数智化战略，实现持续发展与创新。

因此，企业数智核心竞争力不仅是企业获得市场竞争优势的关键，更是推动企业持续创新、实现长远发展的基石。面对日益激烈的商业竞争和技术变革，企业必须紧跟数智化步伐，不断加强数智化建设，才能在市场中立于不败之地。

首先，企业数智核心竞争力的内涵包括数据驱动、智能化决策、创新能力和客户体验等方面。企业需要以数据为基础，通过挖掘和分析数据价值，优化业务流程，提高决策效率和准确性。同时，企业还需要借助人工智能、机器学习等技术手段，实现智能化决策，提升业务运营水平。此外，企业还应注重创新能力培养，不断推动技术、产品和服务创新，以满足市场不断变化的需求。最后，企业需要关注客户体验，通过数智化手段提升客户满意度和忠诚度，构建良好的品牌形象。

其次，影响企业数智核心竞争力的因素众多，包括技术实力、人才团队、组织结构和企业文化等。企业需要具备强大的技术实力，包括大数据、云计算、人工智能等技术应用能力，以支撑数智化转型。同时，企业需要建立一支具备数智化思维、创新能力和跨界融合能力的人才团队，为数智化转型提供有力的人才保障。此外，企业需要优化组织结构，打破传统部门壁垒，建立跨部门协作机制，以提高数智化转型的效率和效果。最后，企业需要培育积极的企业文化，鼓励员工积极参与数智化转型，共同推动企业发展。

在评价标准方面，企业数智核心竞争力的评估需从多个维度进行，包括数据处理能力、智能化水平、创新能力、客户满意度等。企业需要建立完善的评估体系，定期对数智化转型成果进行评估和反思，以便及时发现问题并调整战略。

展望未来，企业数智核心竞争力将继续发挥重要作用，推动企业在数智时代取得更大的成功。随着技术的不断进步和应用场景的不断拓展，数智化将更加深入地渗透到企业的各个业务领域，为企业带来更高效、更智能的运营模式和更广阔的市场前景。

为应对未来挑战，企业需要持续加强数智化建设，不断提升核心竞争力。首先，企业需要关注前沿技术动态，紧跟技术发展趋势，积极引进和应用新技术，推动企业数智化转型不断升级。其次，企业需要加强人才培养和引进，构建一支具备高度数字化素养和跨界融合能力的人才队伍，为数智化转型提供源源不断的动力。最后，企业需要深化与合作伙伴的协同创新，共同探索数智化转型的最佳实践，实现资源共享、优势互补，共同应对数智时代的挑战。

总之，企业数智核心竞争力已成为数智时代企业成功的关键因素。企业需要全面把握数智化转型的内涵、影响因素、评价标准与未来趋势，制定科学有效的数智化战略，不断提升核心竞争力，实现持续发展与创新。在数智化浪潮中，只有不断进取、勇于创新的企业，才能在市场竞争中立于不败之地，共创美好未来。

1.1.2 研究问题陈述

为了实现上述研究目的，本研究提出以下关键问题。

问题一：企业数智核心竞争力是什么，它与传统核心竞争力有何不同？

问题二：影响企业数智核心竞争力的关键因素是什么，它们之间的相互关系如何？

问题三：如何衡量和评估企业的数智核心竞争力水平，有哪些有效的评估方法和指标？

问题四：数智时代的未来趋势如何影响企业的数智核心竞争力，中国企业应如何应对这些趋势以保持竞争力？

通过深入研究和回答这些问题，本研究旨在为企业领袖、管理者、学者和政策制定者提供有关数智时代下企业数智核心竞争力的关键见解和实践建议。希望本研究能够为企业和决策者提供指导,帮助他们在数智时代中实现可持续增长和竞争优势。

1.2 研究贡献与创新

本研究专注于数智时代企业核心竞争力提升的核心要素,立足于既有研究基础,通过系统的文献回顾与逻辑推导,构建了本书的研究框架。本研究深入企业实际,开展了详尽的调研工作,形成了理论模型,并提出了系统的假设体系。为了进一步验证企业数智核心竞争力的关键要素,本研究对调查数据进行了量化分析。在现有研究成果基础上,本研究在以下五个方面进行了深化与拓展。

第一,本研究力求为贵州省企业数字化、网络化和智能化发展领域的研究做出重要贡献。当前,尽管数智化已成为企业发展的重要趋势,但在贵州省企业数智化发展的系统性学术研究方面,现有资料库中的文献仍显不足。因此,本研究致力于在这一领域进行深入探索,填补相关空白,以期为企业数智化发展体系的研究做出实质性贡献。本研究的学术价值主要体现在对政府决策的重要影响方面。通过对贵州省企业数智化能力进行系统性分析,本研究旨在为地方政府提供一份全面且深入的企业数智化发展现状报告,以便更好地掌握当地企业数字化发展的实际情况。这有助于政府在制定数字化发展规划时,更加准确地把握企业需求和发展趋势,从而制定出更加科学、合理的政策。例如,对于数智化成熟度严重不足的地区或行业,政府可以给予更多的关注和资源倾斜,以促进这些地区和行业的快速发展。总之,本研究将为贵州省企业数字化、网络化和智能化发展领域的研究提供有力的支持,为政府决策提供重要的参考依据,推动贵州省企业数智化发展能力的全面提升。

第二,本研究对贵州省企业发展的积极影响主要体现在以下几个方面。首先,本研究有助于加深企业,特别是企业决策者对于数智化的理解,从而激发企业持续投资于数智化的积极性。其次,通过运用本研究提供的数智化发展评估体系,企业能够清晰地了解自身在数智化进程中的位置,与行业内先进企业的差距,以及成功实施数智化所需的关键要素和当前需要改进的领域。这将为企业决策者提供宝贵的参考。最后，本研究通过深入探究数智化如何影响制造型企业的产品转型能力，为企业决策者提供了全面而客观的视角，使他们能够更有针对性地制定数智化发展战略或产品转型战略，从而提高实施效率，避免资源浪费。

第三，深化了数智化条件下企业核心竞争力发展的研究。基于融合与共享的理论框架，结合知识、平台和商誉的非耗散性特点，深入剖析贵州省"大数据"企业核心竞争力的构成体系及其内在逻辑、生态环境和动力机制。此举为"大数据"企业核心竞争力的培养提供了一个全新的理论视角。通过建立一套结构化、模式化和行为化的分析框架，本研究提出了一种以融合与共享为核心的贵州省"大数据"企业核心竞争力提升模式，旨在为"大数据"企业在非耗散性资源配置与机制优化方面提供一种理论分析工具。通过深入分析贵州"大数据"企业核心竞争力融合提升的内在逻辑、生态环境和动力机制，本研究进一步探讨了实现平台共建、知识共享、商誉共用和价值共创的约束条件、评估方法和实施路径，并提出了相应的政策措施。这些研究成果将为贵州省"大数据"企业的发展及其核心竞争力的培育提供坚实的理论支撑和科学的决策依据。

第四，本研究对数智时代企业核心竞争力提升的实践指导意义显著。数智化不仅是技术的升级，更是一种全新的商业模式和思维方式的转变。本研究通过系统分析，为企业提供了一套行之有效的数智化转型方法论，包括数智化战略规划、组织结构优化、人才队伍建设、技术创新应用等多个方面。企业可以借鉴本研究的成果，结合自身实际情况，制定更具针对性的数智化转型方案，从而提升企业的核心竞争力和市场地位。

第五，本研究的研究方法科学严谨，数据分析结果具有可信度和说服力。在调研过程中，研究团队采用了问卷调查、深度访谈、案例分析等多种方法，收集了大量真实、有效的数据。在数据分析过程中，本研究运用了统计学、计量经济学等先进方法，对数据进行了深入挖掘和分析。这些严谨的研究方法和科学的分析手段，确保了本研究成果具有较高的学术价值和实际应用价值。

综上所述,本研究对数智时代企业核心竞争力提升的核心要素进行了系统深入的探讨,不仅填补了贵州省企业数智化发展领域的学术空白,还为政府决策和企业实践提供了有力的支持和参考。有理由相信,随着数智时代的深入发展,本研究成果将对贵州省乃至全国的企业发展产生深远的影响。

第2章 数智时代的商业环境与企业竞争

数智时代的来临带来了深刻而广泛的变革，不仅在个人生活中有所体现，也在商业环境中引发了重大的变化。本章将深入研究数智时代的商业环境，探讨数字化的兴起、数字技术的演进及数字化对企业竞争的影响。了解数智时代的商业环境对于理解企业数智核心竞争力的构建至关重要。

2.1 数智时代的商业环境

20世纪末至21世纪初，全球范围内最为显著且深刻的变革之一便是数字化的崛起。这场变革不仅对个人与组织的生活方式产生了深远影响，更在商业、政府、教育及社会各个层面引发了翻天覆地的变化。数字化革命的基石在于信息与通信技术的迅猛进步，它催生了互联网、社交媒体、云计算、大数据、人工智能等一系列前沿技术与应用，从而引领全球社会迈向全新的发展阶段。数字化浪潮的到来，意味着信息技术步入了崭新的篇章，其显著特征在于数据的广泛生成、存储与传输。这一趋势得益于互联网的广泛普及、移动设备的普遍应用，以及传感器技术的不断进步。主要体现在以下三个方面。

2.1.1 大数据的崛起与影响

大数据的爆炸性增长改变了数据处理的速度和规模，重塑了人们对信息的认知和应用方式。在此过程中，谷歌的PageRank算法、亚马逊的个性化推荐系统及Hadoop等成为关键里程碑。经过广泛的实践应用，中国已在金融、电子商务、医疗保健等多个领域实现了大数据的深度融合与前沿技术的有机结合。以滴滴出行为例，其成功运用大数据技术优化了乘客与司机的匹配效率，显著提升了服务质量和用户体验。同时，中国石化也通过大数据技术构建了智能化的加油站体系，实现了运营管理的智能化和精细化。在金融领域，中信银行充分利用大数据分析技术，优化了风险控制策略，有效降低了信贷风险，提升了金融服务的安全性。在电子商务领域，唯品会公司通过大数据分析用户行为，精准推送个性化商品推荐，有效提升了用户黏性和企业营收。在疫情防控方面，大数据技术在健康码管理、病例轨迹分析等方面发挥了至关重要的作用，为抗击疫情提供了有力支持。这些实践成果充分证明了大数据在推动企业发展和应对公共卫生挑战中的巨大价值。展望未来，随着技术的不断发展和应用领域的不断拓展，大数据将在更多领域发挥重要作用。然而，随着大数据应用的普及，隐私保护、数据伦理和安全性等挑战也逐渐显现。因此，在推动大数据应用的同时，也需要关注这些挑战，并采取有效措施加以应对，以确保大数据技术的健康发展。

2.1.2　云计算的普及与应用

云计算通过互联网向广大用户供应计算资源和服务，已成为现代企业和个人获取计算能力的核心方式。它显著降低了信息技术的成本，提升了操作的灵活性，并为企业开辟了更多创新和增长的机会。在这一领域的发展中，谷歌和亚马逊等全球科技巨头扮演了关键角色。近年来，中国企业在云计算的普及与应用方面取得了令人瞩目的进步。以阿里巴巴集团旗下的阿里云为例，作为国内领先的云计算服务提供商，阿里云不仅为集团内部提供了强大的计算和存储支持，还为外部企业提供了从基础设施到应用服务的全方位云解决方案。通过云计算技术，阿里巴巴集团成功推动了业务的快速扩展和创新，并显著提升了运营效率和服务质量。同样值得一提的是腾讯云，作为中国互联网行业的领军企业，其云计算业务也发展迅猛。腾讯云为企业提供了包括计算、网络、存储、数据库等基础云服务，并在人工智能、大数据、物联网等领域提供了丰富的解决方案。腾讯云不仅服务于腾讯公司自身的业务，还广泛支持众多企业的数字化转型和智能化升级。此外，作为全球领先的信息与通信技术解决方案供应商，华为的云计算业务也在全球范围内得到了广泛应用。华为云提供了从操作系统基础设施即服务（infrastructure as a service，IaaS）到软件即服务（software as a service，SaaS）的全方位云服务，并注重在云原生、人工智能、大数据等领域的创新。华为云不仅服务于华为自身的业务，还为各行各业的客户提供安全、可靠、高效的云服务。

京东、字节跳动等众多中国企业也在积极采用云计算技术。这些企业通过云计算实现了业务的快速扩展和创新,并提升了运营效率和服务质量。总之,越来越多的企业开始认识到云计算的价值,并将其作为推动企业发展的重要手段。

2.1.3 人工智能和机器学习的应用

在数智时代的浪潮中,人工智能与机器学习的广泛应用正引领着一场智能革命,对各行业领域产生着深远的影响。中国企业在这一领域取得了令人瞩目的成就。以智能客服和语音助手为例,阿里巴巴集团的天猫精灵、小米公司的小爱同学等产品,通过运用人工智能技术,能够精准识别用户的语音指令,提供查询、购物、智能家居控制等多元化的便捷服务。这不仅极大地提升了用户体验,同时也为企业开辟了新的商业机会。

在智能制造领域,华为公司等企业成功引入了人工智能和机器学习技术,实现了生产过程的智能监控和预测性维护。通过机器学习算法对设备传感器数据的深度分析,能够预测故障和维护需求,有效预防设备故障,提高生产效率和设备利用率。此外,腾讯公司推出的医疗影像诊断系统,运用深度学习技术对医疗影像进行自动分析,为医生提供了更精确的诊断辅助,有效减轻了医生的工作负担,提升了诊断效率和准确性。在金融风控方面,蚂蚁金融服务集团(简称蚂蚁金服)等企业运用机器学习算法进行风险评估和信用评级,通过对海量数据的深度挖掘和分析,实现了用户的精准画像和风险评估,提高了金融服务的安全性和效率。在智能推荐方面,今日头条等新闻资讯应用平台通过机器学习算法分析用户的阅读习惯和兴趣偏好,为用户推荐个性化的新闻内容,增强了用户体验和平台的活跃度。这些案例仅是中国企业在人工智能和机器学习应用方面取得的部分成果。随着技术的不断创新和发展,有理由相信,未来将有更多中国企业将人工智能和机器学习技术应用于实际业务中,推动企业的数智化升级。

然而,也必须清醒地认识到,这一技术进步也会带来伦理、隐私和社会等方面的挑战。展望未来,随着自动化、伦理和量子计算等新趋势的发展,人工智能和机器学习的应用领域将进一步拓展。在推动技术创新的同时,必须重视数据处理、模型训练与优化等核心技术的研究与应用,同时积极解决伦理、隐私和社会问题，为其稳健发展奠定坚实基础。

2.2　数智化对企业竞争的影响

2.2.1　数智时代的企业竞争

数智化的兴起对企业竞争产生了深远的影响，企业竞争已发生深刻变革，商业环境的规则也被重塑。综合中外学者研究成果，数智时代对企业竞争的影响主要体现在五个方面：第一，客户需求和体验发生变革，数智时代赋予消费者更多权利，企业需更加关注客户需求，提供个性化产品和服务，以建立品牌忠诚度。第二，新的竞争对手涌现，数字化使市场竞争更加全球化和多样化，企业需更加创新和灵活。第三，数据驱动的决策成为关键，企业可利用数据进行决策，提高市场敏感度和运营效率。第四，创新和快速迭代成为常态，数字化鼓励企业不断创新并快速调整策略，满足市场变化。第五，安全和隐私挑战加剧，企业需要加强数据保护和风险管理。

经过五年的持续关注与研究，本研究团队对贵州省企业的数智化发展进行了深入调研，涉及超过30家大、中型企业。以贵州盘江精煤股份有限公司火烧铺矿为例，自其1968年建矿以来，在煤炭生产领域占有重要地位。2007年之前，该矿曾将部分尾矿煤泥排放至尾矿库中。然而，自2007年起，通过引进带式压滤机处理技术，公司成功停止了尾矿煤泥的排放。目前，尾矿煤泥的堆积量约为62.04万吨，其中灰分占比49.09%，水分占比23.26%，小于0.074mm级的产率高达81.83%。为缓解历史库存尾矿煤泥对矸石山的压力，该公司积极运用数智化新技术。这些技术的应用不仅消除了尾矿库北侧矸石的侧压力，降低了煤泥对矸石山的不利影响，还扩大了矸石的有效堆放面积，提升了库存尾矿煤泥的经济价值。火铺矿煤泥深度回收利用项目的设计能力达到30万吨/年，旨在提升数字科学技术和管理水平，提升企业竞争力，推动企业向更高效、更可持续的发展方式转变。该公司通过与高校、其他企业的合作模式，确定了“一粗二扫三精”的闭路浮选数智化核心工艺流程，确保了产品指标合格，并开创了细粒煤泥闭路浮选的先河。该工艺具有分选精度高、煤泥回收彻底、尾矿灰分率超过80%以及产品质量稳定等特点，为企业带来了显著的经济效益。在这个数智化创新项目的执行过程中，该公司加强了数智化人才管理体系的建设，通过制定合理的人才激励制度，加强了技师、工程师等技能人才队伍的建设，优化了人才结构，从而提升了企业的核心竞争力。此外，火铺矿煤泥深度回收利用项目还采用了国内先进的数字自动化控制技术，实现了自动加药、自动监测液位、自动调节矿浆浓度等功能，高效回收了精煤泥。同时，这些技术与原有的生产集控系统相结合，实现了整个选煤厂的闭锁和集中管理，进一步提高了生产效率，实现了现场设备的无人值守。这些举措不仅提升了企业的生产效率和经济效益，也为行业的数智化发展树立了典范。

可见，数智时代的到来已经彻底改变了企业竞争的格局。数智化技术的广泛应用不仅使企业能够更好地满足市场需求，还为其提供了更多的创新机会和战略选择。

2.2.2 数智化对企业竞争的影响

以下是数智化对企业竞争的影响的五个关键方面。

1. 创新和市场敏感性

创新能力和市场敏感度是企业在数智时代取得成功的关键。

数智化技术，特别是大数据分析、人工智能和机器学习等先进工具，为企业提供了前所未有的市场洞察能力。这些技术使企业能够更深入地理解市场趋势、把握消费者需求并实时跟踪竞争对手的动态。这种深度的市场理解使企业能够迅速响应市场变化，及时推出符合市场需求的新产品和服务，从而在激烈的市场竞争中占据有利地位。

以所调研企业首钢水城钢铁（集团）有限责任公司（简称水钢集团）为例，该企业始建于1966年，位于贵州省六盘水市，是一家具有深厚历史底蕴的钢铁企业。经过五十余年的发展，水钢集团已形成集铁矿采选、焦化、烧结、炼铁、炼钢、轧钢，以及发电、水泥、机电制造和建筑等产业于一体的大型钢铁联合企业。然而，在当前钢铁行业供大于求的市场环境下，企业面临着巨大的经营压力。为了应对这些挑战，水钢集团积极寻求数字化转型，以提高生产效率和产品质量，降低生产成本，提升市场竞争力。

具体而言，水钢集团通过数智化改造，实现了焦末含量的准确检测和控制，这不仅减少了客户的质量争议，提升了企业的社会影响力和美誉度，还有助于建立长期稳定的战略合作伙伴关系，为企业赢得更多的市场机会。同时，数智化改造还有助于实现生产成本的精确控制，提高生产稳定性，降低生产过程中的扬尘污染，改善员工的工作环境。此外，通过加强管理和工艺优化，水钢集团成功降低了铁生产成本，提高了产品的市场竞争力，为企业抵御市场风险提供了有力支持。

总之，数智化技术为企业提供了提升创新和市场敏感性的有力工具。水钢集团的成功实践表明，只有不断创新和适应市场变化，才能在激烈的市场竞争中立于不败之地。

2. 效率和成本管理

效率与成本管理是企业运营的核心要素。

通过运用数智化工具和自动化流程，企业能够有效提升生产效率并降低运营成本。自动化生产线的引入、供应链管理的优化及智能分析工具的利用，均有助于减少人力资源和物资的浪费，提升产品质量，并进一步优化库存与物流管理。这些改进措施不仅助力企业降低成本，更能够精准满足市场的需求。

以水钢集团为例，其实践管理的内涵体现在降低焦炭丁粉比的采购与工艺流程优化方面。焦炭质量对高炉运行及经济生产指标具有显著影响，已成为钢铁企业降低炼铁成本的关键瓶颈。因此，提升焦炭质量、稳定供应来源、加强质量控制及优化使用配比成为企业降低成本的关键工作。为减少大块焦炭损耗并降低焦粉增加对高炉运行和指标的影响，自2021年4月起，水钢集团的铁焦事业部改变了外购焦炭的运输模式，由火车敞开式转为数智化集装箱封闭运输模式。随着运输工艺的改变，铁焦事业部也相应修订了相关管理制度，完善了采购质量指标的合同条款，提高了化验准确性，并加强了焦炭源头的管控、设备设施，输送过程和日常管理等工作。同时，水钢集团建立数智化多级监督机制，以提高外购焦化验准确性。为解决外购焦检验不规范和弄虚作假问题，需完善和优化各环节，确保化验结果真实反映焦炭质量。验收人员需跟踪卸车过程，发现杂物或焦粉高时及时拍照并通知管理人员处理。三级质检监督人员每天检查外购焦外观,发现粉焦高时跟踪自动筛分机测定过程及结果。监督人员需全程督促和指导取样、制样、测定环节,纠正违章行为,确保数据准确。实施手机集中化管理,增设监控全程记录化验过程,确保试样安全性和准确性。化验人员需佩戴执法记录仪,记录操作情况,保证化验规范。调动验收人员积极性,加大考核力度,对发现质量问题并为公司降本增效者给予奖励。发挥验收、检验和督查人员作用,共同打击弄虚作假行为。根据焦炭槽放料速度和集装箱数量,确定取样间隔时间,确保所取焦炭覆盖该批次所有焦炭。使用部门须准确通知输送焦炭,严禁中途更换厂家或增加数量。如有变动,须向管理部门申请同意后方可进行。这些措施的实施,有助于提升焦炭质量稳定性,进而优化炼铁成本结构,增强企业的市场竞争力。

3. 个性化和客户体验

数智化技术为企业带来了个性化产品和服务的可能性,进而满足不同客户的多样化需求。

借助对客户数据和行为的深入分析,企业可以精确地定制产品、提供个性化的服务及推荐,从而显著提高客户满意度和忠诚度。这种以客户需求为中心的个性化体验策略对于企业在市场竞争中赢得份额和保持竞争力至关重要。

以所调研企业贵州国台酒业集团股份有限公司(简称国台酒业)为例,作为行业内的佼佼者,长期以来始终致力于信息化建设。经过不懈努力,国台酒业已经顺利完成了从生产到营销的核心业务流程的数智化转型。这一重大变革不仅极大地提升了企业的运营效率,更为消费者带来了前所未有的便捷与个性化服务体验。具体而言,国台酒业凭借数智化管理手段,能够精准洞察消费者的购买行为及口味偏好,从而为消费者提供更为精准的产品推荐与定制化服务。这种前瞻性的服务策略不仅深受消费者喜爱,也在竞争激烈的市场环境中为企业赢得了宝贵的品牌忠诚度和口碑效应。

然而,数智化转型的过程并非一帆风顺。国台酒业在数智化进程中同样面临了诸多挑战,如信息化系统之间的互联互通问题、管理报表体系的日益复杂性,以及缺乏专业的仓储管理系统等。这些问题对企业的数智化管理效果构成了制约,影响了企业的竞争力和市场地位。

为应对这些挑战,国台酒业采取了一系列有针对性的措施。首先,通过系统集成,实现了从原料采购到产品销售的全程追溯,为消费者提供了更加透明和可靠的产品信息。其次,通过系统的开发与整合,打通了各部门之间的信息壁垒,提高了工作效率和数据准确性。此外,国台酒业还通过集成GERP系统与仓库管理系统(warehouse management system,WMS),实现了库存账务的统一管理,提升了仓储管理的效率和精准度。最后,国台酒业致力于解决系统业务断点,完善信息化系统功能,以满足业务操作的闭环管理要求。

目前,国台酒业已经实现了业务流程和管理流程的数据化、可视化、流程化和全闭环管理。这一转型不仅稳固了国台酒业在市场竞争中的地位,也为其未来发展奠定了坚实基础。展望未来,国台酒业将继续深化数智化管理,以"智慧管理云""智能服商云"和"数智营销云"为框架,推动企业持续创新与发展。

国台酒业的成功转型经验为其他企业提供了宝贵借鉴。在数智化成为企业竞争新常态的背景下,企业需要紧跟时代步伐,充分利用数智化技术应对市场挑战。同时,企业还需关注解决数智化转型过程中可能出现的问题和挑战,确保数智化转型的顺利进行。

总结而言,数智化技术为企业发展提供了无限可能。国台酒业等企业在数智化转型方面的成功经验不仅为其他企业提供了学习和借鉴的机会,也为整个行业的数智化转型和发展注入了新的活力和动力。

4. 新业务模式和市场扩张

数智化技术为企业创造了新业务模式和市场拓展的契机。

利用云计算、电子商务平台及移动应用等工具,企业能够跨越传统市场边界,吸引更多客户和合作伙伴,从而开辟新的收入来源。

以贵州盘江煤电集团有限责任公司(简称盘江集团)供应链分公司为例,为应对市场扩张和业务模式创新的需求,盘江集团积极推进集中采购供应链数智化关键技术创新项目。为满足集中采购的信息化需求,盘江集团构建了集中采购服务平台。该平台整合了外网门户、内网工作台、信息资源库、移动端应用及八大子系统。通过引入CA认证、三星认证、电子签章及电子签名等机制,确保了系统的合规性和权威性。同时,该平台与盘江云平台和供应链系统实现无缝对接,形成了强大的数字化生态圈。具体而言,外网门户作为平台的重要展示窗口,提供了用户注册、登录、信息查询和文件下载等基础功能,有效促进了采购需求的公开透明。内网工作台则为采购相关方提供了便捷的日常采购工具,包括待办提醒、项目进度监控等,大幅提升了工作效率。值得一提的是,信息资源库与盘江集团工业互联网智慧云平台实现数据共享,为集采服务平台提供了丰富的信息资源管理功能。这使企业能够实时获取最新、最全面的市场数据,为决策层提供有力支持。八大子系统覆盖网上交易、计划管理、采购寻源、非招标管理、系统及运营管理、费用管理及外部接口管理等核心业务流程,实现了采购活动的全流程数字化管理。这种新型数智化管理模式不仅提高了企业运营效率,还降低了运营成本,为企业可持续发展注入了强劲动力。

综上所述,数智化技术的应用为企业带来了显著的竞争优势和创新机遇。通过构建完善的数智化平台,企业不仅能够更好地满足市场需求,还能不断拓展新的业务领域,实现可持续发展。因此,在数智化快速发展的时代背景下,企业必须紧跟时代步伐,充分利用数智化技术,以在激烈的市场竞争中立于不败之地。

5. *数据安全和隐私保护*

数据安全与隐私保护在当前数智时代显得尤为重要。

虽然数智化为企业带来了无数机遇,但同时也伴随着挑战。数据泄露、网络攻击和隐私侵犯等问题,均可能对企业声誉和客户信任造成重大损害。因此,企业在享受数智化带来的便利的同时,必须高度重视数据安全和隐私保护工作,采取切实有效的措施来降低潜在风险。

以之前提到的贵州盘江精煤股份有限公司火烧铺矿为例,该矿在煤泥深度回收利用优质高效项目生产集控系统方面进行了全面的升级改造。此次升级改造基于技术成熟、控制理念先进的设计理念,充分利用了先进的千兆光纤环形以太网通信技术、可编程逻辑控制系统(programmable logic controller,PLC)冗余控制技术和人机监控组态技术等。通过采用西门子S7-400系列PLC和相关设备,以及西门子新的编程软件平台设计监控程序,针对火铺矿选煤厂的实际情况,形成了一套全新的自动控制系统。该矿此次升级改造涉及的主要内容有以下几点：一是通过液位感知实现渣浆泵的自动启停，避免了各入料池的跑冒及入料泵的空转，并实时监控入料池及泵的运行情况；二是建立自动加药系统，通过精确调节加药量大小和实时记录用药量，实现数据分析，找出最佳加药量及加药配比，避免药剂浪费并获得更佳配比效果；三是建立调度通信广播系统与现有系统融合，实现对开停流程和故障时语音报警，方便实时管理各设备并及时发现抢修设备故障问题；四是建立供电后台监控系统，使调度室能实时了解各个配电室的设备停送电情况；五是建立千兆光纤环形以太网通信网络与现有集控环网相联，实现与网络视频系统的同网传输；六是完善皮带的综合保护装置，增加相应的皮带保护传感器。这些升级改造措施有助于提高生产效率和安全性，同时也为数据安全和隐私保护提供了有力保障。

总之，数智化已经成为企业竞争中不可或缺的因素。那些能够灵活应对数智化变革、利用技术创新和提高效率的企业将能够在竞争激烈的市场中取得优势，并实现长期可持续发展。与此同时，数智化也为企业带来了更多的责任，包括数据安全、隐私保护和伦理道德等方面的责任，需要企业认真对待并妥善处理。

2.3　数智时代的企业竞争力研究

在数智时代，企业的竞争优势不仅取决于其数智核心竞争力，还受到许多其他因素的影响。本研究深入探讨数智核心竞争力与传统竞争力因素之间的关系，包括传统竞争力要素、市场环境和组织文化。了解这些关系有助于企业更全面地理解其竞争地位，并制定更有效的战略。

1. 传统竞争力要素在数智时代会得到更好的分析与解读

传统竞争力要素如市场定位、产品质量、成本控制和供应链管理仍然对企业竞争优势具有重要影响。

第一，市场定位是传统竞争力的一个关键要素，而企业数智竞争力则是现代竞争中越来越重要的因素之一。它们之间存在密切关系，但不是直接的因果关系,而是互相影响和相互支持的关系。市场定位是指企业在市场上选择一个特定的定位,以满足特定消费者群体的需求。这包括确定目标市场、产品定位、定价策略和市场营销策略等方面。一个有效的市场定位可以帮助企业明确定位自己,了解自己的核心竞争优势,并更好地满足客户需求。企业数智竞争力是指企业利用数据和先进的技术来支持决策制定、运营和创新等方面的能力。这包括数据分析、人工智能、机器学习和大数据处理等技术的运用。企业数智竞争力可以帮助企业更好地理解市场,预测市场趋势,优化运营和提高产品创新。市场定位可以为企业提供关于目标市场的重要信息,包括目标客户的需求、喜好和行为数据。这些信息是企业数据分析的重要来源之一。一个清晰的市场定位可以帮助企业更有针对性地收集和分析数据,以了解客户的需求和行为,从而更好地满足市场需求。企业可以利用市场定位来确定哪些技术和工具最适合支持他们的战略目标。例如,如果企业的市场定位是高端消费者市场,他们可能会投资于高级的数据分析和个性化推荐系统。可见,企业数智竞争力对市场定位有明显的支持作用,企业数智竞争力可以帮助企业更准确地识别潜在市场机会和竞争威胁,从而更好地调整其市场定位策略。数据分析和预测模型可以帮助企业更好地了解市场趋势,预测客户需求的变化,并及时调整产品和市场营销策略。通过数据分析,企业可以了解客户的反馈和行为,进一步细化市场定位,并制定更具针对性的市场营销策略。总之,市场定位和企业数智竞争力是相辅相成的,通过相互支持和影响,有助于企业更好地理解市场,提高竞争力,满足客户需求,从而实现业务增长和成功。

第二,产品质量也是传统竞争力的关键要素,企业数智竞争力可以显著影响和增强产品质量。无论在传统行业还是数智时代,产品质量始终是企业竞争力的重要因素之一。高质量的产品可以提高客户满意度,建立品牌声誉,并促进客户忠诚度。企业数智竞争力使企业能够收集、分析和利用大量的数据,包括生产过程中的数据。这可以用于监控和改进产品质量。通过实时数据监测,企业可以快速识别生产过程中的问题,采取纠正措施,降低次品率,提高产品质量。基于数据分析和机器学习模型,企业可以实施预测性维护策略,以避免设备和生产线出现故障,这有助于保持产品质量的稳定性。通过提前识别潜在问题,企业可以避免生产中断和次品产品的产生。数字技术可以支持个性化的质量控制。企业可以根据客户的要求和需求,制定产品的质量标准。这种个性化的方法有助于满足不同市场细分的需求,并提供更高质量的产品。企业数智竞争力可以提供关于市场反馈和产品性能的数据,这有助于企业进行持续改进和创新。通过分析客户反馈、市场趋势和竞争对手的表现,企业可以不断升级其产品,以保持或提高产品质量。数智技术可以帮助企业更有效地管理生产过程,降低成本,同时提高产品质量。通过优化供应链、生产计划和库存管理,企业可以降低生产成本,并将这些节省用于提高产品质量。综上所述,企业数智竞争力不仅可以帮助企业实现更高水平的产品质量,还可以降低生产成本、提高效率和提供个性化产品,从而提高市场竞争力。因此,数智化技术在提升产品质量方面具有重要作用,是企业竞争力的关键要素之一。

第三,传统竞争力要素非常强调成本控制,数智竞争力可以显著增强和优化企业成本控制的能力。企业数智竞争力使企业能够收集、分析和利用大量的数据,包括成本结构和支出数据。这使企业能够更好地理解其成本分布,识别成本高的领域,并基于数据制定决策,以降低成本。数智技术和数据分析可以帮助企业发现成本优化的机会。通过监控生产过程、供应链、运营效率和资源利用率,企业可以识别出节省成本的潜在途径,并采取相应的行动。数智技术允许企业实施预测性维护策略,以避免设备和资产的突发故障。这有助于降低维修和停机成本,同时提高生产效率和可靠性。数智技术可以支持供应链的实时监控和优化,帮助企业降低库存成本和减少物流成本,并提高交付效率。通过分析供应链数据,企业可以更好地应对市场波动,降低库存和运输成本。基于数据分析的定价策略可以帮助企业更准确地定价产品和服务,以最大程度地提高利润,同时保持竞争力。这有助于优化定价策略,从而影响成本和利润。企业数智竞争力可以通过自动化和机器学习来提高生产效率,减少人力成本,提高生产线的灵活性和自适应性。数智技术可以帮助企业更精确地核算各个项目和产品的成本,包括隐性成本。这有助于企业识别不必要的支出,改进成本管理,并制定更有效的战略。综上所述,企业数智竞争力可以通过数据分析、预测性维护、供应链优化、精细化定价和自动化等手段,显著提高成本控制的能力。因此,数智化技术在成本控制方面发挥着关键的作用,有助于企业降低成本、提高效率,并提升竞争力。

第四,供应链管理在传统竞争力要素中也很重要,企业数智竞争力可以显著增强和优化企业供应链管理的能力。企业数智竞争力允许企业收集、分析和利用大量的供应链数据,包括供应商性能、库存水平和交付时间等。这使企业能够更好地理解其供应链的运作,识别潜在问题,并基于数据制定决策,以提高供应链的效率和可靠性。数智技术可以帮助企业实时监控供应链的各个环节。这使企业能够更快速地识别和应对潜在的问题,包括供应中断、库存过剩或不足等,以确保供应链的平稳运作。数据分析和机器学习技术可以帮助企业更准确地预测产品需求,以便调整供应链计划。这有助于避免库存积压或因库存不足而导致的销售损失。数字技术可以支持供应链的优化,包括供应商选择、运输管理、库存控制和订单处理。企业可以通过数据驱动的方法来降低供应链成本、提高交付效率,并确保供应链的灵活性。提升企业数智竞争力可以帮助企业更好地管理供应链风险。通过监测供应链中的各种变量,如天气、政治稳定性和市场波动等,企业可以更好地预测和规避潜在的风险。数字技术也可以用于跟踪供应链中的可持续性和社会责任指标。这有助于企业确保其供应链操作符合环境法规和社会责任标准,提高声誉和符合消费者的期望。数字技术可以促进不同供应链参与者之间的协同工作。通过共享数据和信息,供应商、制造商和分销商可以更好地协同,优化供应链流程,减少信息滞后和误差。综上所述,企业数智竞争力对于供应链管理具有显著的积极影响。通过数据分析、实时监控、需求预测、供应链优化和风险管理等手段,数智化技术可以提高供应链的效率、灵活性和可靠性,从而帮助企业降低成本、提高客户满意度,并在市场上保持竞争力。因此,数智竞争力是现代供应链管理的关键要素之一。

2. 市场环境是企业竞争的背景,数智时代的市场环境发生了重大变化

企业数智化核心竞争力与市场环境之间存在着复杂的相互关系,以下从技术趋势、竞争格局、消费者行为及法规与合规性四个方面进行探讨。

第一,市场环境中的技术趋势对企业数智竞争力具有深远的影响。企业的数智竞争力正是其利用数据和先进技术来支持决策制定、运营、创新等方面的能

力。技术趋势包括人工智能、大数据分析、物联网和云计算等领域的进展。这些技术的快速发展为企业提供了更多机会，可以更好地利用数据来获得洞察、优化运营并推动创新。例如，贵州乌江流域的水电厂顺应数字技术趋势，引入了数字智能视频监控技术，将转码后的视频流如MP4、FlV等格式嵌入到页面上进行实时展示，自带的视频插件支持全屏窗口查看，本站主要展示了中控室、水车室、上游、下游、配电间和发电机层等重点监控位置。图扑软件公司的核心产品图扑软件(HT for web)提供了视频融合解决方案，可以将2D图像融合到场景的3D模型中，为操作员提供直观的视频图像和简单的视图控制。HT for Web视频融合技术采用网络图形库(web graphics library，WebGL)技术，利用图像处理器(graphics processing unit，GPU)高性能计算能力对视频图像进行实时处理，图像处理不占用中央处理器(central processing unit，CPU)资源，整个方案画面流畅。

企业需要紧跟技术趋势，以充分利用这些新技术的潜力，提高数智竞争力。技术趋势使企业能够更轻松地收集、存储和分析大规模数据。这种数据驱动的决策可以帮助企业更好地了解市场趋势、客户需求、竞争动态等，从而做出更明智的战略和战术决策。

技术趋势有助于企业实施个性化营销和预测性分析。通过分析大数据，企业可以更好地了解客户的个性化需求，提供符合其期望的产品和服务，并提前预测市场趋势，从而获得竞争优势。技术趋势支持自动化和智能化的解决方案，可以提高生产效率、供应链管理和客户服务。企业可以借助自动化流程来减少错误，提高生产率，降低运营成本。技术趋势为企业提供了开发新产品和服务的机会。通过利用新技术，企业可以推出更具竞争力的产品，并不断改进和创新，以满足市场需求。技术趋势对竞争和可持续性产生了重大影响。企业需要利用技术趋势来应对竞争对手的挑战，并考虑如何在可持续性方面做出改进，以满足社会和环境的期望。综上所述，技术趋势对企业数智竞争力具有深刻的影响，它们为企业提供了工具和机会，以更好地利用数据和先进技术，实现更高的效率、更好的决策制定和更大的创新能力。因此，企业应密切关注技术趋势，并将其纳入战略规划，以确保在市场中保持竞争力。

第二，竞争格局涉及市场中各种竞争者的数量、性质、市场份额及竞争者之间的竞争方式。企业数智竞争力可以帮助企业更好地分析市场竞争格局。通过数据分析和市场研究，企业可以了解竞争者的策略、市场份额和客户反馈。这有助于企业识别竞争趋势，包括新竞争者的涌现、市场份额的变化等，从而做出适当的反应。

例如，2020年，在中国南方电网有限责任公司（简称南方电网）发布的《南方电网公司数字化转型生产域行动计划》中，全面提出了“4321”框架的数字化转型体系，并指出数据要素引领生产决策，支撑设备运行全面态势感知，促进生产域整体运营管控能力提升，以数据驱动业务智能决策的数字化转型作为指导思想。南方电网超高压输电公司提出了数字超高压建设方案。该建设方案提出，以数字化引领公司创新发展，推动业务与管理全方位、全角度和全链条的数字化变革，提高对电网的感知分析能力、数字化运营能力。尤其是南方电网超高压输电公司天生桥局在数字化转型背景下，充分运用大数据技术，在电网生产数字化运营管理变革方面积极探索实践，推动电网企业在安全生产领域“转方式、转作风”，提升电网生产领域态势感知能力和运营管控能力。

数字技术使企业能够实时监测竞争者的活动。通过监测竞争者的定价策略、产品创新和市场推广等方面的数据，企业可以更好地了解竞争者的动态，以及如何在竞争中保持竞争力。数智竞争力有助于企业寻找差异化竞争的机会。通过数据分析，企业可以了解客户需求和趋势，从而开发具有竞争优势的产品和服务。这有助于企业在竞争激烈的市场中脱颖而出。企业数智竞争力可以帮助企业更好地了解客户的需求和偏好。通过分析客户数据，企业可以定制产品、提供个性化服务，并建立更紧密的客户关系。这有助于在竞争格局中赢得客户的忠诚度。数智化技术使企业能够更快速地做出反应。在竞争激烈的市场中，反应速度非常关键。企业可以利用数智竞争力来实时监测市场动态，调整战略，以适应竞争格局的变化。通过持续的数据分析和技术投资，企业可以建立可持续的竞争优势。这有助于在竞争格局中保持领先地位，并更好地抵御竞争者的挑战。综上所述，竞争格局对企业数智竞争力具有直接和深远的影响。企业需要借助数智竞争力来更好地理解和应对竞争者、客户和市场动态，以在竞争激烈的市场中取得成功。数智竞争力有助于企业在不断变化的竞争格局中找到机会、降低风险并提高竞争力。

第三，市场环境中的消费者行为对企业数智竞争力具有关键性的影响，两者之间存在紧密联系。消费者行为包括消费者的购买决策、偏好、需求、互动和反馈等方面的行为。企业数智竞争力可以通过数据分析帮助企业更深入地了解消费者行为。通过分析购买历史、在线活动和社交媒体互动等数据，企业可以洞察消费者的偏好、需求和行为趋势。这有助于企业更好地理解其目标市场，并根据消费者反馈做出相应调整。数字技术和数据分析使企业能够实施个性化营销策略。企业可以根据消费者的个性化需求和行为，提供定制的产品推荐、定价策略和营销活动，以提高购买转化率和客户满意度。数字技术和数据分析可以帮助企业更准确地预测消费者需求。通过分析历史销售数据、市场趋势和消费者行为，企业可以更好地规划生产、库存和供应链策略，以满足市场需求。企业数智竞争力可以帮助企业识别和维护忠诚客户。通过分析客户行为和反馈数据，企业可以识别潜在的忠诚客户、提高客户满意度，并开发客户忠诚度计划。数据分析和数智竞争力有助于企业更好地理解不同细分市场的消费者行为。这使企业能够开发定制的市场策略，满足不同细分市场的需求。数据分析也可以用于竞争分析，以了解竞争对手的消费者行为和市场表现。这有助于企业制定更有效的竞争策略，并更好地应对竞争对手的挑战。综上所述，消费者行为对企业数智竞争力具有关键影响，企业需要利用数智竞争力来更好地理解和应对消费者行为，以提高客户满意度、销售转化率、市场份额和竞争力。数据分析和数智竞争力使企业能够更快速、精确地适应消费者需求的变化，为市场环境中的不断变化做好准备。

第四，市场环境中的法规及合规性对企业数智竞争力具有深刻影响，并且两者之间存在密切关系。法规和合规性要求企业在其运营、数据处理和战略决策中遵守法律、法规、行业标准和道德准则。合规性要求企业保护客户和员工的个人数据，并确保数据不被滥用或泄露。企业数智竞争力需要确保数据的合规性，包括合法收集、处理和存储数据，以免触犯相关的数据隐私法规。这有助于建立信任，防止法律风险，并提升品牌声誉。法规要求企业保护知识产权，包括专利、商标和版权。企业数智竞争力需要确保其技术和创新不侵犯他人的知识产权，以避免法律纠纷和侵权责任。法规要求企业提供透明度,并定期报告其财务、环境、社会和治理绩效。数智竞争力可以通过数据分析和报告系统来支持合规性报告,确保信息准确、及时地提供给监管机构和股东。法规要求企业采取措施来防止洗钱和腐败行为。企业数智竞争力可以通过数据分析来检测和预防不法行为,确保合规性,降低法律和声誉风险。在国际市场竞争中,合规性对于进入新的市场至关重要。企业数智竞争力可以帮助企业更好地了解目标市场的法规要求,并确保其产品和服务满足这些要求。数智竞争力对企业法律风险管理的优化具有显著作用。借助数据分析手段,企业能够精准识别潜在的合规性挑战,并针对性地采取纠正措施,从而有效降低潜在的法律风险。合规性要求企业在供应链管理方面同样保持高度规范。

数智竞争力可以用于监控供应链中的合规性问题,如工作权益、环境法规和供应商行为合规。综上所述,法规及合规性与企业数智竞争力之间存在紧密关系,数智竞争力可以帮助企业更好地满足法规要求、降低法律风险、提高透明度和建立信任。企业需要将合规性考虑为数智竞争力战略的一部分,并确保其数据分析和技术运用符合法律法规,以确保合法经营并实现可持续的竞争力。

3. 组织文化对企业的竞争力具有重要影响,组织文化能够显著影响企业在数字化领域的竞争力和创新能力

以下从组织的创新文化、数据信息文化、学习与适应文化、领导力和管理文化四个方面进行阐述。

第一,组织的创新文化与企业数智核心竞争力具有密切关系,它可以在多个方面增强和促进企业的数智竞争力。创新学习鼓励员工不断尝试新的思维方式和方法,这种创新精神有助于企业更好地利用数据和技术,以创造新产品、服务和业务模式。创新学习可以激发员工寻找新的数据分析方法和工具,从而推动数智竞争力的发展。开放的学习文化鼓励员工分享知识、经验和见解。这意味着员工可以共享数据分析技巧、最佳实践和成功案例,以帮助组织更好地利用数据资源。这种文化有助于知识传递和互动学习。创新学习意味着不断适应新技术和工具。这意味着员工愿意学习和掌握新的数据分析工具、人工智能技术等。这有助于组织保持技术更新,提高数据分析和数智竞争力。创新学习鼓励实验

和快速迭代,这也适用于提高数智竞争力。员工可以在数据分析和解决问题方面进行实验,快速测试不同方法,以找到最有效的解决方案。这有助于提高数据驱动的决策效率。创新学习强调解决问题和面对挑战的能力。在数智化环境中,这意味着员工可以更好地应对数据相关的问题,包括数据质量、数据隐私和复杂的分析任务。这有助于提高数智竞争力。数智化领导力需要具备创新和学习的特质。创新学习可以帮助培养具有数字化战略眼光的领导者,他们能够引导组织朝着提升数智竞争力的目标前进。创新学习有助于提高员工的数字素养,包括数据分析、数据隐私和信息安全等方面的技能。这些技能对数智竞争力至关重要。综上所述,创新学习在多个层面上与企业数智核心竞争力相关联。它鼓励员工在数据和技术方面不断探索和进步,支持开放的知识共享,推动实验和迭代,培养解决问题的能力,以及提高数字素养。这些因素都有助于企业更好地利用数据和技术,实现数字化转型并提高数智竞争力。因此,组织应该积极培养和促进创新学习文化,以在数字化时代获得竞争优势。

第二,组织的数据信息文化与企业数智核心竞争力之间存在紧密关系,数据信息文化可以显著影响和增强企业的数智核心竞争力。数据信息文化强调数据和信息的价值。它帮助员工认识到数据和信息不仅是数字文件,而是支持决策制定、创新和业务增长的关键资源。这种认知有助于企业更好地利用数据来增强数智竞争力。数据信息文化鼓励数据和信息的透明性和共享性。员工被鼓励分享信息、见解和最佳实践,从而帮助组织更好地利用集体智慧,推动创新,发现新的商机,并提高数智竞争力。在数据信息文化中,关注数据和信息的质量和准确性至关重要。企业将资源投入到确保数据准确性和完整性的努力中,从而提高决策制定的可靠性,避免错误和不准确的信息对业务产生负面影响。数据信息文化将数据和信息视为决策制定的重要组成部分。它鼓励使用数据来支持战略规划、产品开发、市场营销和其他关键领域的决策,从而提高决策的科学性和有效性,增强竞争力。数据信息文化强调对数据和信息的监控和反馈。企业会持续监测关键指标和绩效,并根据数据的反馈进行调整。这有助于及时发现问题、识别机会,并采取行动来实现改进和创新。数据信息文化鼓励员工提高数据信息素养,包括数据分析、数据可视化和数据解释等技能。员工将能够更好地利用数据工具和技术来支持业务目标，从而提高数智竞争力。数据信息文化有助于企业更好地了解客户需求、偏好和行为，从而提供个性化的产品和服务。这有助于提高客户满意度，增强市场竞争力。数据信息文化也可以用于风险管理和合规性方面。通过数据分析，企业可以更好地监测和管理潜在的风险，确保合规性，并采取纠正措施以减少法律和声誉风险。综上所述，数据信息文化在多个层面上与企业数智核心竞争力相关联。它鼓励数据和信息的使用、共享和透明性，支持更明智的决策制定、创新和改进，并有助于提高员工的数据和信息素养。这些因素共同促进了企业的数字化转型，使其能够更好地应对市场竞争和变化从而提高数智竞争力。因此，组织应积极培养和促进数据信息文化，以在数字时代获得竞争优势。

第三，学习与适应的组织文化可以显著增强和支持企业的数智核心竞争力。学习和适应文化鼓励员工不断学习和适应新的知识和技能。在数字化领域，这包括数据分析、数据科学和人工智能等技术。这种文化鼓励员工积极参与培训和自我学习，以更好地理解和利用数据，从而提高数智竞争力。学习和适应文化鼓励员工不断实验和尝试新的方法。在数据领域，这意味着员工可以尝试新的数据分析技术和工具，寻找创新的解决方案。这有助于企业推动数智竞争力的发展。学习和适应文化培养了员工的问题解决能力。在数字环境中，这包括识别和解决数据相关的问题，如数据质量、数据隐私和安全问题。这有助于提高数智竞争力。学习与适应的组织文化有助于培养数字化领导力。这意味着领导者能够更好地理解数字化战略，鼓励数字化变革，并为员工树立榜样。数字化领导力是提高数智竞争力的关键因素。学习和适应组织文化通常鼓励内部协作和知识共享。在数智化环境中，这有助于员工在数据分析和创新方面相互学习和支持，从而提高数智竞争力。数智化环境要求员工具备数字素养，包括数据分析、数据可视化和数据解释等技能。学习和适应的组织文化有助于提高员工的数字素养，从而支持数智竞争力的建设。综上所述，学习和适应的组织文化在多个层面上与企业的数智核心竞争力相关联。它鼓励员工不断学习、创新和解决问题，支持数字化领导力的发展，促进内部协作，提高数字素养，推动数字化转型。这些因素共同有助于企业更好地应对数字时代的挑战，提高数智竞争力。因此，组织应促进学习和适应文化，以在数智时代取得竞争优势。

第四，组织的领导力和管理文化与企业数智核心竞争力之间存在紧密关系，可以直接影响和塑造企业的数智核心竞争力。领导力和管理文化对数智化战略的制定和执行起着关键作用。领导者和管理者的愿景、决策和优先事项会直接影响企业是否能够成功推动数智化转型和实现数智竞争力。领导者和管理者可以通过鼓励数智化文化的建立和推动来增强数智竞争力。他们的行为和言辞可以传达数智化转型的重要性，激励员工积极参与数智化创新。有领导力和管理文化的组织更有可能将数据驱动决策作为一项重要实践。领导者和管理者可以推动员工在决策中使用数据和分析，以提高决策的科学性和有效性。领导力和管理文化可以促进数字素养的培养。领导者和管理者可以支持员工参加培训和提供学习资源，从而提高他们在数智化环境中的能力。领导者和管理者的行为和决策对于风险管理和合规性非常重要。他们的关注和投入可以确保组织在数据隐私、法规合规性和信息安全方面不断提高，并减少法律和声誉风险。领导者和管理者的支持对组织内部的变革和创新至关重要。他们可以鼓励员工提出新的想法、尝试新技术，并为数字化创新提供资源和支持。领导者和管理者可以促进组织内部协作和知识共享。通过鼓励团队之间的合作和信息共享，可以更好地利用数据和知识资源，提高数智竞争力。数智化领导力需要领导者和管理者在数智化战略和技术方面发挥积极作用。他们应该树立数智化领导者的榜样，引领组织朝着提升数智竞争力的目标前进。综上所述，领导力和管理文化在塑造和支持企业的数智核心竞争力方面发挥着至关重要的作用。领导者和管理者的决策、行为和文化传播可以影响数智化转型、数据驱动决策、创新和数字素养的发展。因此，组织应积极培养和促进有利于提升数智竞争力的领导力和管理文化，以在数字时代获得竞争优势。

总之，组织文化在塑造和支持企业的数智核心竞争力方面起着关键作用。鼓励创新、数据驱动决策、协作、伦理和数智化领导力等文化元素可以帮助企业更好地应对数智时代的挑战，提高竞争力，并实现可持续增长。因此，组织文化应该与数智化战略相一致，以支持数智竞争力的建设。

2.3.1 企业数智竞争力与传统竞争力对比研究

企业数智核心竞争力与通常所说的核心竞争力有联系，但也存在一些重要的不同之处。以下是它们之间的联系点和不同点。

首先，是联系点：①共同目标。无论是传统核心竞争力，还是数智核心竞争力，它们的共同目标都是使企业在市场竞争中脱颖而出，实现长期竞争优势。②市场导向。两者都侧重于满足市场需求和客户期望。无论企业是否数智化都需要深入了解市场趋势和客户需求。③战略导向。无论是传统核心竞争力，还是数智核心竞争力都需要有效的战略规划和执行。企业必须制定战略来实现竞争优势。④创新。无论是传统核心竞争力，还是数智核心竞争力都鼓励创新。传统核心竞争力可能涉及产品、服务和价格等方面的创新，而数智核心竞争力强调数据驱动的创新和数字技术的应用。

其次，是不同点：①数据和技术。数智核心竞争力更加侧重于数据和技术的应用。它强调数据分析、人工智能、大数据、云计算和区块链等数字技术在企业竞争中的关键作用。传统核心竞争力可能不像数智核心竞争力那样依赖于这些技术。②灵活性和速度。数智核心竞争力强调灵活性和快速迭代。在数智时代，市场变化迅速，企业必须能够迅速调整战略和适应新的情况。传统核心竞争力也很重要，但可能不如数智核心竞争力那样强调速度和灵活性。③数据驱动决策。数智核心竞争力要求企业采取数据驱动的决策。这意味着决策不仅基于经验和直觉，还依赖于数据和分析。传统核心竞争力可能更加依赖领导层的经验和专业知识。④客户导向。传统核心竞争力强调客户导向，但数智核心竞争力更加深入地了解客户需求，利用数据来个性化产品和服务，提供更优质的客户体验。

以贵州茅台酒股份有限公司（简称贵州茅台）为例，对比说明数智核心竞争力与传统核心竞争力的联系。

传统核心竞争力：①白酒酿造工艺。茅台酒拥有悠久的白酒酿造历史和独特的传统酿造工艺，包括特定的发酵和窖藏过程。这使他们的酒具有独特的口感和风味，被视为高档白酒。②品牌价值。茅台酒以其卓越的品质和声誉而著称,被认为是中国最著名的白酒品牌之一。他们的品牌形象在国内外市场上具有很高的认知度和价值。③供应链控制。茅台酒拥有完善的供应链体系,从原料采购到酒类生产再到物流配送,都具有高度的自主控制,确保了产品质量和供应稳定性。

数智核心竞争力:①数据分析和市场洞察。茅台酒利用数智化技术来收集和分析市场数据,包括消费者偏好、销售趋势和市场需求等。这使他们可以更好地了解市场,调整营销策略和产品定价。②供应链优化。数智化技术有助于茅台酒优化其供应链。他们可以实时监测库存、生产进度和物流,以确保产品的及时供应,并减少库存积压。③客户互动和忠诚度。茅台酒通过数字渠道与客户互动,包括社交媒体和电子商务平台。他们提供在线销售和客户服务,增强了客户忠诚度,并积极回应客户反馈。④反欺诈和品质控制。数智技术可以用于监测产品的真伪,减少假冒产品的流通。此外,它还有助于品质控制和质量管理,确保产品一致性。

对比分析数智核心竞争力与传统核心竞争力的联系:①品牌价值强化。数智核心竞争力与传统核心竞争力相互加强。茅台酒通过数字渠道提供更好的客户体验,提升了其品牌的现代感和吸引力。②用户忠诚度增加。传统核心竞争力增加了用户对茅台酒的忠诚度,而数智核心竞争力通过提供更好的用户体验和个性化服务来加强这种忠诚度。用户更倾向于购买那些了解他们需求并提供个性化体验的产品。③市场竞争优势。数智化技术为茅台酒提供了市场竞争优势。他们能够更好地了解市场需求、优化供应链和提高客户互动,并在竞争激烈的市场中保持领先地位。④数字化对标。贵州茅台借助现代信息技术,以实施对标世界一流企业管理提升行动为核心目标,构建了数字化的“智慧茅台”平台。此举旨在推动品质管理的提升,使其达到世界一流水平。同时,贵州茅台还致力于强化企业管理的组织保障、人才储备及品牌文化建设等多个领域,以实现管理体系和治理能力的现代化。通过这一系列举措,贵州茅台将不断提升自身的竞争力和可持续发展能力。

贵州茅台展示了传统核心竞争力与数智核心竞争力之间的联系。它们相互增强,帮助企业提供更好的产品和服务,提高用户满意度,增加品牌价值,并在市场中保持竞争优势，突出了如何在数智时代，传统核心竞争力与数智核心竞争力相互结合，实现商业成功。

总的来说，企业数智核心竞争力是传统核心竞争力的升级版，更加强调数字技术和数据资源的应用，以适应数智时代的商业环境。在今天的竞争激烈的市场中，数字化和数据驱动已经成为取得竞争优势的关键。因此，企业需要关注并不断发展其数智核心竞争力，以确保在数智时代取得成功。

第3章　企业数智核心竞争力的理论框架与内涵

在数智时代，企业的竞争力已经不再仅取决于传统因素，如生产效率、市场份额或品牌知名度等。相反，数智时代对企业提出了新的要求，即必须具备数智核心竞争力，才能在竞争激烈的市场中立于不败之地。

其必要性可以概括为六个方面。第一，对企业数智核心竞争力进行概念界定，可以帮助企业明确他们希望在数智领域取得什么样的核心竞争力，以便更好地制定战略和计划，确保资源投入方向正确。第二，对企业数智核心竞争力进行概念界定，有助于在组织内部和外部清晰地传达企业数智核心竞争力战略。这可以帮助员工、合作伙伴和股东更好地理解企业的愿景和目标。第三，概念界定可以促进组织内部的学习和发展，使团队更好地理解数智核心竞争力的关键因素，从而提高组织在这一领域的能力。第四，概念界定可以帮助企业比较自己与竞争对手在数智核心竞争力方面的表现，并进行评估。这有助于识别自身的优势和劣势，从而采取适当的行动。第五，明确定义数智核心竞争力可以帮助企业识别潜在的风险和挑战，并制定相应的风险管理策略，以保护其竞争力。第六，概念界定可以鼓励企业寻求新的方法和创新，以增强数智核心竞争力，从而推动行业和市场的发展。

总之，对企业数智核心竞争力进行概念界定有助于企业更好地理解、规划和发展在数智时代中的核心竞争优势，以保持竞争力并实现长期成功。这有助于企业在复杂的数字环境中更好地导航和取得成功。

本章深入研究企业数智核心竞争力的概念，包括其要素、特征和重要性，以帮助企业理解和构建这一核心竞争力。

3.1　企业数智核心竞争力的概念

企业数智核心竞争力是数智时代商业战略中的一个关键概念，它代表了企业在数智化转型中的竞争优势和能力。企业数智核心竞争力是一种关键的、综合性的和长期的企业竞争优势,这种优势源于企业的数字技术和智能化技术的应用,以及这些技术如何转化为企业各项业务能力和生产力。它代表了企业在面对日益复杂多变的市场环境时,如何利用数字和智能技术提高决策效率、优化资源配置、降低运营成本、增强创新能力及提升客户价值等方面所具备的独特优势。下面将更深入地论述这一概念的三个要点。

3.1.1 数据的重要性

数据在当今数智时代,已成为企业核心竞争力的基石。对企业而言,有效收集、存储、分析和利用大数据至关重要,这不仅涵盖企业内部数据,还包括外部数据资源,如市场动向、竞争情报和社交媒体动态等。数据不仅是企业竞争的资源,更是推动决策制定和创新发展的基石。在当前的商业和社会环境下,数据对决策制定、创新发展、企业竞争力和社会进步具有深远的影响。

以下是关于数据重要性的几个核心要点:①决策依据。数据为企业的战略和运营决策提供了坚实支撑。从企业管理到政策制定,数据驱动的决策模式正逐渐取代传统的直觉和经验决策,提高了决策的准确性和可执行性。②创新动力。通过对数据的深入挖掘和分析,企业能够洞察市场趋势,发现新的商业机会,进而推动产品和服务的创新。这种创新不仅满足现有市场需求,还为企业创造了新的增长点。③个性化体验。随着数据收集和分析技术的进步,企业能够更精准地理解消费者需求,提供个性化的产品和服务。这种个性化的用户体验有助于提升客户满意度和忠诚度,增强企业的市场竞争力。④竞争优势。对数据的有效管理和利用已成为企业获取竞争优势的重要手段。通过数据驱动的决策和创新,企业能够更快速地适应市场变化,优化运营流程,提升服务质量,从而在激烈的市场竞争中脱颖而出。⑤预测与优化。通过对历史数据的分析,企业可以预测未来的市场动向和需求变化等,为企业的战略规划和运营管理提供有力支持。同时,数据还可以用于优化企业的生产流程、供应链管理等方面,提高企业的运营效率和成本控制能力。⑥社会价值。数据的应用不仅局限于商业领域,还在社会问题的解决中发挥着重要作用。例如,在医疗保健领域,数据分析有助于疾病预测、流行病控制和医疗资源分配等方面的工作，为社会的可持续发展做出了贡献。⑦隐私与安全挑战。随着数据的重要性不断提升，如何保护个人隐私和数据安全成为亟待解决的问题。企业需要采取有效的技术手段和管理措施来确保数据的安全性和完整性，避免数据泄露和滥用等风险。

总之，数据的重要性在现代社会中越发凸显。对企业而言，有效地管理、分析和利用数据已经成为取得成功的关键因素之一。同时，也需要关注数据隐私和安全等挑战，确保数据的合规性和安全性。

3.1.2　数智化技术与工具的应用

数智核心竞争力源于多种数字技术与工具的实践运用，诸如人工智能、大数据分析、云计算、物联网和区块链等。这些技术不仅推动了数据处理与分析的迅捷化，更催生了全新的商业模式与服务形态。数智技术及其工具应用，指的是运用数据分析、人工智能和机器学习等尖端技术与工具，实现对数据的获取、管理、分析与利用的过程。这些技术在各个领域均起到了举足轻重的作用，为决策制定、创新实践、效率提升及业务发展提供了强大的支持。

具体来说，数智技术与工具的应用体现在以下几个方面：①数据采集与整合。借助数智技术，组织能够在多个源头采集并整合数据，包括传感器、社交媒体、日志文件和数据库等，进而形成全面的数据集，为分析与决策提供更丰富的信息。②基础数据分析与可视化。分析工具助力企业从海量数据中提炼出有价值的见解与趋势。可视化工具则能将复杂数据转化为直观易懂的图表与图形，帮助决策者更透彻地理解数据内涵。③预测分析。基于历史数据，数智技术能够预测未来事件走向，这在需求预测、库存管理和市场趋势分析等领域具有极高的实用价值。④自然语言处理（natural language processing，NLP）。NLP技术赋予计算机理解、处理及生成自然语言文本的能力，对文本分析、情感分析和语音识别等应用具有重大意义。⑤机器学习与深度学习。通过机器学习与深度学习，计算机能够从数据中自主学习并做出决策，这在图像识别、语音识别和自动驾驶等领域发挥着关键作用。⑥人工智能助手。诸如虚拟助手和聊天机器人等人工智能助手，有效提升了客户服务水平，提供了便捷的信息查询与问题解答渠道，加强了企业与客户的互动沟通。⑦区块链技术。区块链以其去中心化、不可篡改的数据存储特性,确保了数据的安全性与可信度,对于数据保护具有重要意义。⑧智能决策支持系统。这些系统利用数据与算法辅助企业决策,广泛应用于金融、医疗保健和供应链管理等多个领域。⑨数据隐私与安全工具。随着数据泄露与隐私问题的日益凸显,数据隐私与安全工具的重要性越发突出,它们能够保护数据免受未经授权的访问与泄露风险。⑩云计算与大数据平台。云计算平台提供了强大的计算与存储资源,为大规模数据的存储与处理提供了有力支撑,对数据分析与数智应用的推进至关重要。

综上所述,数智技术与工具的应用对各行业均产生了深远影响,帮助组织更全面地理解业务、优化运营、提升客户体验并发掘新的商业机会。然而,随着数据量的不断增长与技术的持续发展,也带来了一系列挑战,如数据隐私问题、伦理问题及安全问题等。因此,组织在应用这些技术与工具时,需审慎考虑,确保数据的合法、道德与安全使用。

3.1.3 战略指引

在数智化浪潮中,企业需要构建数智化战略,使数智化技术与企业的长远目标保持高度一致。这包括探索数字技术在产品和服务创新、供应链优化及市场竞争力提升等方面的潜力,并致力于发掘新的市场机遇。

首先,整合内外资源和强化跨部门协作,对于提升企业的数字化核心竞争力至关重要。通过高效整合企业资源,促进内部部门的协同合作,企业不仅能够提高工作效率,还能更精准地把握市场脉搏,满足客户需求。同时,这种协作机制有助于应对数字化转型过程中遇到的技术挑战、组织机制和文化适应等难题。

其次,确保数据安全和隐私保护是构建企业数智核心竞争力的基石。企业需要采取严格措施,保障客户数据和商业机密的安全,防范数据泄露和网络攻击。这不仅关系客户权益和企业声誉,更是企业在数智时代保持竞争力的关键所在。同时,强化数据安全和隐私保护将推动企业不断创新和转型,为企业拓展更多商业机会。

最后,持续学习和持续改进是推动企业数智核心竞争力的核心动力。企业需要紧跟技术和市场的变化，不断优化决策流程、提升运营效率、激发创新活力和提升员工能力，并持续提高客户满意度。通过保持学习和改进的姿态，企业能够在激烈的商业竞争中保持领先地位，实现可持续发展。

综上所述，企业数智核心竞争力是企业在数智时代赢得竞争优势的关键能力。它涵盖了资源整合与协作、数据安全和隐私保护及持续学习与改进等多个方面。企业需要在这些领域实现平衡发展，以确保在数智时代的商业竞争中立于不败之地。这一竞争力的培育与提升对于企业的长期生存与发展具有至关重要的意义。

3.2　数智竞争力对于企业发展的重要意义

企业数智核心竞争力在数智时代具有重要的战略意义。以下是企业数智核心竞争力的几个重要方面。

3.2.1　增强市场竞争力

企业数智核心竞争力使企业能够更好地理解市场，满足客户需求，并与竞争对手保持竞争优势。通过数据分析，企业可以预测市场趋势、识别机会和威胁，制定更明智的战略。在调研中，本研究团队有幸接触到成都新浪潮科技有限责任公司（简称成都新浪潮），这是一家位于中国西南地区的小型电子商务公司，主要销售当地的特色产品。在未进行数智化转型之前，该公司面临着许多挑战，如销售增长缓慢、客户体验不佳和运营效率低下等。然而，通过实施数智化战略，该公司增强了自己的市场竞争力，并取得了显著的成功。成都新浪潮数智化转型路径可以归纳为以下几点。

1. 数据驱动决策

成都新浪潮通过收集和分析客户数据，更好地了解市场需求和消费者行为。这使公司能够制定更加精准的市场营销策略，提高销售转化率。例如，通过对用户购买记录的分析，成都新浪潮发现一些特定的商品组合更受消费者欢迎。因此，成都新浪潮对产品组合进行了调整，并成功提高了销售额。同时，成都新浪潮运用大数据技术对市场趋势进行分析，预测未来一段时间内哪些产品会受欢迎,从而提前做好库存管理和采购计划,进一步提升运营效率。

2. 智能化业务流程

成都新浪潮引入了自动化和智能化技术,优化了内部的业务流程。例如,通过使用智能化的库存管理系统,公司能够实时监控库存水平,并在库存不足时自动提醒补货。这大大提高了库存管理的效率和准确性,减少了断货现象。此外,公司还引入了智能化的订单处理系统,自动处理订单并跟踪物流信息,大大提高了订单处理的效率和准确性。

3. 客户体验优化

成都新浪潮注重提升客户体验,通过引入人工智能客服和个性化的推荐系统,更好地满足了消费者的需求。人工智能客服可以提供全天候的在线咨询,解决消费者的问题,提高了客户满意度。而个性化的推荐系统则根据消费者的购买历史和偏好,为他们推荐最符合其需求的产品。此外,公司还引入了虚拟现实技术,为消费者提供更加沉浸式的购物体验,进一步提高了客户满意度和忠诚度。

4. 组织学习和适应

成都新浪潮建立了灵活的学习机制,鼓励员工不断学习和尝试新的方法。通过这种方式,成都新浪潮能够快速适应市场的变化和需求的变化,并在竞争激烈的市场中取得优势。

在实施数智化战略后,成都新浪潮取得了显著的成果,销售额增长了50%,客户满意度提高了30%,运营效率也得到了显著提升。更重要的是,成都新浪潮在市场上的竞争力得到了增强,为其未来的发展奠定了坚实的基础。

深入分析成都新浪潮数智化转型,其成功的关键在于找到了适合自己的数智化战略并进行了精准的实施。第一,数据驱动决策和智能化业务流程是提高运营效率的关键。通过收集和分析数据,成都新浪潮能够更好地了解市场需求和消费者行为,从而制定更精准的市场营销策略。而智能化技术的引入则进一步优化了业务流程,提高了运营效率。第二,客户体验优化是提高客户满意度的关键。成都新浪潮通过引入人工智能客服和个性化推荐系统,解决了消费者的痛点,也满足了他们的需求。这种以客户为中心的理念,让公司在市场上树立了良好的形象，并提高了客户满意度。第三，组织学习和适应是保持竞争力的关键。在实施数智化战略的过程中，成都新浪潮建立了灵活的学习机制，鼓励员工不断尝试新的方法。这使公司在面对市场变化和需求变化时，能够快速适应并保持竞争优势。第四，成都新浪潮的成功还离不开公司领导层的远见卓识和执行力。公司领导层充分认识到数智化转型的重要性，并制订了详细的实施计划和时间表。他们注重引入先进的技术和人才，并与外部合作伙伴进行合作，共同推进数智化转型。同时，公司领导层也注重员工的培训和发展，提高了员工的技能水平和积极性。

总之，成都新浪潮通过数智化战略增强了自身的市场竞争力，取得了显著的成功。这个案例提供了一个极具参考意义的启示：在当今数智时代，企业应当紧跟时代的步伐，利用数智化战略来提升自身的竞争力，才能在市场上立于不败之地。同时，企业还需要注重优化业务流程，提升客户体验、组织学习和适应等方面的数智化转型，以进一步巩固市场竞争优势。

3.2.2　提高运营效率

数智核心竞争力有助于企业优化内部流程和资源利用，提高运营效率。自动化和智能化的解决方案可以降低成本，减少人为错误，提高生产效率。以重庆美利信科技股份有限公司（简称成都美利信科技）为例，该公司创立于2001年5月，主要从事通信领域和汽车领域铝合金精密压铸件的研发、生产和销售，拥有重庆、襄阳和东莞三大生产基地，以及国内领先的模具研发制造中心、全自动智能压铸岛、高精度加工中心、自动冷媒灌装线、自动喷粉线和精密质量检测系统，能够为客户提供涵盖产品同步设计开发、模具设计制造、压铸生产、精密机械加工、表面处理和喷粉、FIP（flip chinp interconnect packaging）点胶、装配及检验等完整业务流程的一体化服务。成都美利信科技与多家世界500强企业建立了长期战略伙伴关系，产品远销欧美、亚太等多个国家。公司先后获评“国家高新技术企业”“国家级两化融合管理体系贯标示范企业”、国家级“绿色工厂”“国家制造业单项冠军示范企业”“中国压铸生产企业20强”“重庆市认定企业技术中心”“重庆民营企业100强”“重庆市数字化车间”“5G+智慧工厂示范企业”等荣誉，同时入选国家2022年度智能制造示范工厂揭榜单位。

重庆美利信科技是一家专业从事通信设备、汽车电子、计算机及网络设备等领域的公司。在数智化转型方面，重庆美利信科技通过引入数智化技术和工具，提高了运营效率和创新水平，为公司带来了更多的商业机会和竞争优势。体现在以下几个方面：①在数据分析方面，公司利用数据分析工具对海量数据进行分析和挖掘，以获得有关客户、市场和业务的深入见解。通过数据分析，重庆美利信科技可以更好地了解客户需求，优化产品设计和营销策略，提高客户满意度和忠诚度。例如，通过分析客户行为数据，重庆美利信科技可以发现一些潜在的消费趋势和需求特点，从而提前做好规划和准备，为客户提供更加精准的产品和服务。②在自动化流程方面，重庆美利信科技利用自动化工具和技术来简化和优化业务流程，提高生产效率和质量，减少成本和错误率。自动化流程可以涵盖从生产和采购到销售和客户服务的各个环节。例如，通过引入自动化生产线，公司可以大幅提高生产效率，降低生产成本，同时减少人工干预和错误率。此外，自动化流程还可以提高产品的一致性和质量稳定性，从而提升客户满意度和忠诚度。③在云计算方面，重庆美利信科技利用云计算技术来扩展和优化计算和存储资源，提高数据安全性和可靠性，并实现更好的协作和共享。云计算可以帮助重庆美利信科技在不同地点和设备上访问和处理数据，实现跨平台和跨设备的无缝连接和协作。例如，重庆美利信科技利用云计算技术搭建远程服务器，让员工在不同地点都能够访问公司的数据和资源库，提高工作效率和协作效果。④在人工智能方面，重庆美利信科技利用人工智能技术来处理和分析复杂数据，提高决策和管理效率，优化生产和服务过程，创新产品和服务模式。人工智能帮助重庆美利信科技预测和应对市场变化，提高客户体验和满意度。例如，通过引入智能客服系统，重庆美利信科技可以大幅提高客户服务效率和质量，同时减少人工干预和成本。此外，人工智能还可以帮助重庆美利信科技预测市场趋势和客户需求，从而提前做好产品设计和市场规划。

总之，数智化转型是重庆美利信科技提高运营效率和创新水平的重要手段和方式。通过数智化转型，重庆美利信科技提高了生产效率、优化产品设计、提高客户满意度和忠诚度等优势。同时，数智化转型还可以帮助企业更好地了解市场需求和消费者喜好，从而创新商业模式和机会，提高企业的竞争力和盈利能力。可见，制造型企业成功关键在于如何利用数智化战略来提高运营效率。引入自动化生产线和智能检测系统是提高企业运营效率的关键。通过引入自动化技术和人工智能技术，企业可以在生产等环节实现流程自动化和优化，提高工作效率和准确性。

3.2.3　促进创新和持续改进

企业数智核心竞争力在于鼓励创新和持续改进。它使企业能够更好地了解客户反馈，及时调整产品和服务，推出新的解决方案，不断提高竞争力。以本研究调研过的四川科伦药业股份有限公司（简称科伦药业）为例，科伦药业是一家销售收入超400亿元的专业化创新医药领军企业，旗下包括四川科伦药业股份有限公司、四川科伦药物研究院有限公司、位于美国的Klus Pharma Inc.、哈萨克斯坦的科伦KAZ药业有限责任公司及四川科伦医药贸易集团有限公司等全球超过百家企业。2017年，科伦药业在中国制造业500强榜单中荣登第155位。2018年，因其在大容量注射剂领域的全球领先地位，荣获"制造业单项冠军示范企业"称号。至2022年，科伦药业已稳居中国医药制造业前三甲之列。

在未进行数智化转型之前，该公司面临着许多挑战，如生产效率低下、产品质量不稳定和无法准确预测市场需求等。然而，通过实施数智化战略，该公司提高了运营效率，并取得了显著的成果。在不断发展的过程中，科伦药业积极探索并实施数智化转型，从而推动了企业创新和持续改进。

首先，数智化转型促进企业创新。科伦药业的数智化转型始于2019年，当时公司面临业务发展需要及此前数十年数字化转型经验，决定启动第二代数字化体系建设。这一转型不仅提高了企业的运营效率，同时也催生了企业的创新。①创新生产方式。科伦药业引入了自动化生产线和智能检测系统，实现了生产流程的自动化和智能化。例如，在高端尾灌输液药品智能制造车间，公司运用工业互联网实现了设备的广泛互联，形成了统一的数据平台。这种新的生产方式不仅提高了生产效率，也降低了生产成本和人力资源的浪费。②创新管理体系。数智化转型使科伦药业的管理体系得到了创新。科伦药业通过引入数字化管理系统和工具,实现了管理流程的优化和再造。例如,通过使用大数据分析平台,公司可以实时了解和分析各个业务部门的工作情况,及时调整和优化管理策略。③创新研发模式。数智化转型还促进了科伦药业研发模式的创新。科伦药业通过引入数字化技术和工具,实现了产品的快速迭代和开发。同时,利用大数据分析技术,公司可以对市场需求进行深度挖掘,从而为新产品的研发提供更加精准的数据支持。

科伦药业于2010年6月成功在深圳证券交易所上市,随即启动了宏大的百亿产业投资计划,并制定了"三发驱动、创新增长"的发展战略。具体而言,第一项发展策略是不断推动产业升级和优化品种结构,以维持科伦在输液领域的领先地位;第二项策略是通过创新性地开发利用优质自然资源,构建涵盖中间体、原料药到制剂的抗生素竞争优势;第三项策略则是通过不断加强研发体系建设和推动多元化的技术创新,积累企业持续发展的核心驱动力。

其次,数智化转型促进企业持续改进。数智化转型为科伦药业提供了持续改进的动力和能力。①持续改进生产流程。通过引入工业互联网平台,科伦药业实现了生产过程的实时监测、质量控制和调度优化等目标。这使企业能够及时发现和解决生产过程中的问题,提高产品质量的同时降低了生产成本。这种持续改进的能力也推动了科伦药业在市场中的竞争力不断提升。②持续改进客户服务。数智化转型让科伦药业能够更加精准地了解客户需求,从而提供更加个性化的产品和服务。通过引入客户管理系统和数据分析技术,科伦药业可以实时收集和分析客户反馈信息,以便更好地满足客户需求并提高客户满意度。这种持续改进的服务模式为科伦药业赢得了更多的市场份额和客户信任。③持续改进供应链管理。数智化转型还促使科伦药业不断改进供应链管理。通过引入智能化的供应商管理系统和物流管理系统,科伦药业可以实现供应链的透明化和智能化管理。这有助于提高供应链的效率和降低成本并减少库存,为企业带来更多的经济效益。

科伦药业在输液产业领域已完成了全面的技术革新和产业升级,展现出高端制造与新型材料的双重优势,为公司赢得了强大的市场竞争力。公司凭借技术创新和卓越品质,稳固地占据了行业发展的战略高地。科伦药业构建了一套完整的药品研发、生产、物流及终端使用的闭环责任体系，旨在确保产品质量的绝对安全。科伦药业的主导产品已经批量出口至全球50多个国家和地区，赢得了广泛的市场赞誉。值得一提的是，科伦药业自主研发的可立袋产品，不仅在国内处于领先地位，更是国际首创，拥有二十余项专利，并荣获国家科学技术进步奖。与传统输液产品相比，可立袋具有更高的安全性和性价比，同时在节能减排和环境保护方面展现出显著的优势。这款产品的推出，无疑为中国输液产业的发展指明了方向，体现了科伦药业在推动行业发展中的引领作用。

在抗生素领域，公司衔枚西进，设立了伊犁川宁生物技术股份有限公司（简称川宁生物），生产硫氰酸红霉素和头孢系列中间体。通过研发试验、升级优化、创新合作和引进国内外先进技术设备，川宁生物获批建设国家环境保护抗生素菌渣无害化处理与资源化利用工程技术中心，解决了抗生素行业的源头性问题。2022年12月，川宁生物在深圳证券交易所创业板成功上市，全面进军合成生物学领域。

科伦药业自成立以来，始终致力于研发创新，已累计投入超过百亿元资金，公司建立了包括“国家企业技术中心”“国家大容量注射剂工程技术研究中心”和“大容量注射剂国家地方联合工程实验室”等多个国家级研发平台。此外，四川科伦博泰生物医药股份有限公司（简称科伦博泰）更是在2022年获得了国家发展改革委的批准，组建了全国唯一的“生物靶向药物国家工程研究中心”。截至2024年，科伦博泰已提交超过1500项发明专利申请，并获得其中500余项发明专利授权。在肿瘤、细菌感染和肠外营养等多个疾病领域，科伦博泰已相继启动了400余项重大药物的研制工作，展现了科伦博泰在医药研发领域的强大实力和坚定决心。2017年以来，科伦博泰每年获准上市20余项药品，成为中国仿制药龙头企业，并以超过90%的中标率成为国家药品集中采购的头部供应商；同时，近20项Ⅰ类创新药相继进入临床研究和申报生产阶段，十余个创新项目和专利实现了对欧美发达国家的海外授权，全面步入研发投入与产出的良性循环。2022年，科伦博泰与跨国巨头默沙东成功达成的三笔重大授权合作，合同总金额近118亿美元，不但在中国医药行业国际授权交易史上排名第一，而且荣登全球制药行业授权交易合作2022年TOP10排名榜首位，一举奠定了科伦博泰在国内创新药研发领域第一方阵的地位。2023年7月，科伦博泰在香港联交所成功上市，标志着科伦博泰的创新研发和全球化布局开启了新的征程。秉持“科学求真，伦理求善”的企业宗旨，科伦博泰历年为社会公益事业、光彩事业和慈善事业提供的捐助超过3亿元人民币，彰显出科伦博泰的财富品质观和社会正义感，展现出一个优秀的民营企业在市场经济条件下健康发展的良好形象。

总之，通过不断引入新的技术和理念，科伦博泰在生产方式、管理体系和研发模式等方面实现了不断的创新和升级。同时，数智化转型还为科伦博泰提供了持续改进的动力和能力，使企业能够在市场竞争中保持领先地位并实现可持续发展。这种转型对其他制造型企业也具有一定的借鉴意义，有助于推动整个制造业的数字化转型和发展。

3.2.4 提高决策质量

数智时代的复杂性要求企业领导者做出更明智的决策。数据驱动的决策可以降低决策的风险，提高决策的质量。企业数智核心竞争力通过提供实时数据和分析工具，有助于领导者做出更明智的决策。以笔者调研过的新希望乳业股份有限公司（简称新希望乳业）为例。新希望乳业是新希望集团旗下的集团化乳品企业，是中国最具活力与创新的企业之一，短短十几年，立足西南，并在华东、华中、华北和西北深度布局，构建了以“鲜战略”为核心价值的城市型乳企联合舰队。截至2020年年底，新希望乳业旗下有46家控股子公司、15个主要乳品品牌、16家乳制品加工厂，以及13个自有牧场。新希望乳业为用户提供优质营养的乳品，个性而多样化的消费体验，主张鲜活的生活态度，致力于成为“新鲜一代的选择”。

新希望乳业是中国领先的乳制品生产和销售企业，其数智化转型为企业提高决策质量发挥了重要作用。以下详细说明数智化转型如何提高企业的决策质量：①数据采集和整合。数智化转型使新希望乳业能够实时采集和整合来自各个业务领域的数据，包括生产、供应链、销售和市场营销等。这使企业能够获取全面的数据视图，从而更好地了解各个环节的表现和趋势。②数据分析和洞察。新希望乳业利用数据分析工具和技术对大数据进行挖掘和分析。这包括对销售数据、消费者行为和市场趋势等的深入分析。通过这些分析，企业可以获得有关产品销售、客户偏好和市场需求等方面的有价值洞察，这些洞察对决策制定非常重要。③预测分析。数智化转型使新希望乳业能够利用先进的预测分析工具来预测市场需求、库存需求和销售趋势等。这有助于企业更准确地规划生产、库存管理和供应链策略，从而避免库存积压或产品短缺。④个性化决策支持。数智化转型不仅提供了整体数据分析，还能够为各级管理人员提供个性化的决策支持。高级仪表板和报告使管理团队能够实时监控关键业务指标，并根据需要进行调整。这有助于更及时地做出决策并迅速应对市场变化。⑤风险管理和反欺诈。数智化技术还支持新希望乳业进行风险管理。通过分析大数据，企业可以监测和识别潜在的风险和欺诈行为，从而减少损失和财务风险。⑥优化生产流程。数智化可以帮助企业优化生产流程，通过实时监测设备状态和生产效率，企业能够及时发现问题并采取措施解决，从而提高生产效率和产品质量。⑦客户服务和反馈。新希望乳业通过数智化技术跟踪客户反馈和投诉，并及时做出回应和改进，这有助于提高客户满意度，并引导产品和服务的改进。

总之，新希望乳业的数智化转型为企业提高决策质量提供了强大的工具和能力。通过更好地利用数据分析和洞察、预测分析、个性化决策支持、风险管理和反欺诈等方面的功能，企业能够更明智地制定战略，提高生产效率，改善客户体验，并应对市场的不断变化，从而保持竞争力并实现可持续增长。这展示了数智化如何在企业中提高决策质量，并为企业在竞争激烈的市场中脱颖而出提供了竞争优势。

3.3　企业数智核心竞争力的深入界定与要素细化

企业数智化核心竞争力是指企业在数智时代通过充分利用数字技术和数据资源，实现高效、灵活、创新和可持续竞争的能力。它既代表了企业对数智时代的适应能力，也代表了企业的创新能力和市场敏感度。企业数智核心竞争力不仅依赖于技术和工具，还包括组织文化、战略规划和人才素养等多个方面。本研究会在以下五个方面对企业数智核心竞争力的概念进行更加细致的探讨。

3.3.1 数据驱动

企业数智核心竞争力的核心在于数据的驱动。它要求企业能够收集、存储、分析和利用大数据,以做出决策、优化运营、改进产品和服务。数据驱动意味着企业不再凭借直觉和经验,而是依赖事实和证据来指导行动。数据驱动对于企业数智化竞争的作用主要体现在以下四个方面:第一,提升客户满意度和忠诚度。通过数据驱动的数字化转型,企业可以更好地了解客户的需求和偏好,从而提供更加个性化和精准的解决方案,提高客户满意度和忠诚度。这种方式可以增加销售额,帮助企业发现大部分品牌推广工作的重点。第二,增强企业的创新能力。数据驱动可以帮助企业了解市场的最新动态和趋势,从而针对市场需求进行创新。例如,通过分析市场数据,企业可以发现新的市场机会和消费者需求,进而开发出新的产品或服务,提升企业的市场竞争力。第三,优化企业的运营效率。数据驱动的数字化转型可以帮助企业将传统的业务流程数字化,并借助数据分析工具实现对业务流程的精确控制和优化。这种方式可以提高企业的整体运营效率,降低成本,增加利润。第四,实现企业的战略目标。数据驱动可以帮助企业更好地了解市场需求和竞争状况,从而制定更加精准的战略决策。例如,通过数据分析,企业可以了解目标市场的消费者特征、消费习惯和购买行为等,进而制定更加精准的市场营销策略。总之,数据驱动对企业数字化竞争的作用主要体现在提升客户满意度和忠诚度、增强企业的创新能力、优化企业的运营效率及实现企业的战略目标等方面。通过数据驱动的数字化转型,企业可以更好地适应市场的不断变化和发展,提升企业的竞争力和市场地位。

3.3.2 创新和灵活性

数智时代要求企业具备创新和灵活性。企业必须不断探索新的商业模式、产品和服务,并迅速调整战略以适应市场变化。创新不仅限于产品,还包括流程、组织结构和客户体验的改进。实际上,创新和灵活性在企业数智化过程中扮演着至关重要的角色,它们是推动数智化转型、应对不断变化的市场和保持竞争优势的关键因素。以下是创新和灵活性在数智化过程中的关键作用:①推动数字化转型。创新是数字化转型的驱动力之一。企业需要不断寻找新的方法来应用数智化技术，以改进业务流程、提高效率和创造更好的客户体验。灵活性使企业能够快速采用新技术和方法。②快速适应市场变化。市场和客户需求不断变化，企业必须具备灵活性，以迅速调整战略和战术。数智化过程中的数据分析和实时信息让企业能够更好地了解市场趋势，从而更快地做出反应。③创造新的商机。数智化技术可以帮助企业发现新的商机和增长点。通过数据挖掘和分析，企业可以识别新的市场领域、客户需求或产品创新机会。④客户体验改进。创新和灵活性可被用于改进客户体验。企业可以利用新技术来提供个性化服务、交互式应用程序和更好的客户支持，以提高客户满意度。⑤成本控制和效率提高。数智化过程可以帮助企业降低成本并提高效率。通过自动化、数据分析和优化，企业可以更有效地管理资源和流程。⑥数据驱动决策。创新和灵活性有助于企业更好地利用数据来做出决策。数据驱动决策可以减少决策的不确定性，提高决策的质量。⑦战略调整。在数智化过程中的数据分析可以帮助企业识别不同战略方向的效果。灵活性意味着企业可以快速调整战略，以适应变化的市场条件。⑧创新文化。企业需要培养一种创新文化，鼓励员工提出新想法和尝试新方法。这种文化可以推动数智化的创新和灵活性。总之，创新和灵活性在企业数智化过程中是关键要素，它们帮助企业适应快速变化的市场、提高竞争力、探索新的商机、改进客户体验和提高效率。企业应该将创新和灵活性视为战略性优势，积极采用新技术和方法，不断提升自身的数字化能力，以实现可持续的增长和成功。

综上所述，创新和灵活性在企业数智化过程中具有非常重要的作用。通过不断探索和创新，企业可以适应市场的不断变化和需求，提高自身的竞争力和市场地位。同时，灵活的组织和运营模式也可以提高企业的响应速度和创新能力，实现可持续发展。

3.3.3 客户导向

企业数智核心竞争力强调客户导向。企业必须深入了解客户需求，提供个性化的产品和服务，并不断改进客户体验。客户导向有助于建立品牌忠诚度和口碑。客户导向在企业数智化过程中具有非常关键的作用。①深入了解客户需求。客户导向要求企业深入了解客户的需求、喜好和期望。通过数据分析和客户反馈,企业可以更好地理解客户的痛点和需求,从而制定更具针对性的数智化策略。②提供个性化服务和产品。数智化技术可以用于个性化定制产品和服务,以满足不同客户的需求。客户导向使企业能够利用数据来创建定制化的解决方案,提升客户满意度与忠诚度。③提升客户体验。客户导向的企业应将客户体验置于优先位置。他们使用数据分析来不断改进用户界面、交互和流程,以确保客户享受无缝、愉快的体验。这有助于提升品牌忠诚度和口碑。④预测客户行为。通过数据分析和机器学习,客户导向的企业可以预测客户的行为和趋势。这有助于提前采取行动,满足客户需求,甚至预防潜在问题。⑤提高市场竞争力。客户导向的企业更容易适应市场变化和客户需求的变化。他们可以快速调整策略,并根据数据反馈进行改进,从而保持竞争力。⑥数据驱动决策。客户导向鼓励企业采用数据驱动的决策方法。通过分析大量的客户数据,企业可以做出更明智的战略和战术决策,以满足客户的需求和期望。⑦增加收入和盈利能力。通过更好地满足客户需求、提高客户满意度和提供个性化服务,客户导向的企业通常能够增加销售额和盈利能力。这是因为忠诚的客户更有可能购买更多的产品或服务,并推荐给其他人。⑧持续改进和创新。客户导向的企业注重不断改进和创新。他们通过不断收集和分析数据,发现新的机会和改进点,以保持竞争优势。

总之,客户导向是企业数智化过程中的关键要素,它有助于企业更好地理解客户、提供更好的产品和服务,提高市场竞争力,增加盈利能力,并推动持续改进和创新。在数智时代,将客户置于核心位置是企业成功的关键要素。

3.3.4 技术应用

数字技术在企业数智核心竞争力中扮演关键角色。企业必须善于应用人工智能、大数据分析、云计算和区块链等技术,以提高效率、降低成本和创造价值。技术应用在企业数智化过程中扮演着至关重要的角色,它是实现数据驱动决策和提高业务效率的关键因素。以下是技术应用在企业数智化过程中的关键作用:①数据采集与存储。技术应用允许企业有效地采集、存储和管理大量的数据。这包括结构化数据（如销售数据、客户信息等）和非结构化数据（如社交媒体评论、文本、图像和视频等）。适当的数据存储和管理系统是数智化的基础，使企业能够快速访问和分析数据。②数据分析和挖掘。技术应用包括高级的数据分析和挖掘工具，如数据仓库、数据挖掘算法、机器学习和人工智能。这些工具可以帮助企业识别模式、趋势和洞见，从而更好地了解市场、客户行为和业务运营。③可视化和报告。技术应用使企业能够创建交互式的数据可视化和报告工具。这些工具可以将复杂的数据转化为易于理解的图形和图表，帮助决策者快速做出决策。数据可视化还有助于沟通数据驱动的见解，促进跨部门的合作。④自动化和优化。技术应用还包括自动化工具和智能系统，可用于自动化业务流程和优化运营。自动化可以减少人工错误，提高效率，节省时间和成本。例如，自动化的营销工具可以根据客户行为自动发送个性化的营销信息。⑤预测分析。技术应用还包括预测分析工具，可以帮助企业预测未来的趋势和结果。这对于库存管理、需求预测和风险管理等方面特别有用。企业可以更好地准备未来，并采取适当的行动。⑥安全和合规性。数智化涉及处理大量的敏感数据，因此安全和合规性是至关重要的。技术应用包括安全措施、身份验证和访问控制，以确保数据的保密性和完整性，并符合法规要求。⑦客户体验改进。技术应用可用于改善客户体验。通过数据分析和技术工具，企业可以更好地了解客户需求，提供个性化服务，改进网站和应用程序，从而提高客户满意度。⑧持续创新。技术应用为企业提供了不断创新的机会。通过利用新技术、平台和工具，企业可以开发新产品、服务和业务模型，以适应不断变化的市场。

总之，技术应用在企业数智化过程中是关键的推动力量。它们帮助企业更好地管理、分析和利用数据，实现更高的效率、更好的客户体验和更好的决策，从而提高竞争力并推动创新。对于现代企业来说，技术应用已经成为不可或缺的要素，有助于实现数智化转型和长期可持续发展。

3.3.5　数据安全和隐私保护

随着数智化的发展，数据安全和隐私保护变得尤为重要。企业必须采取有效的措施来保护客户数据和业务机密，以防止数据泄露和网络攻击。数据安全和隐私保护在企业数智化过程中扮演着至关重要的角色,它们是确保数据合法性、保护客户权益、维护企业声誉,以及遵守法律和法规的基础。以下是数据安全和隐私保护在数智化过程中的关键作用:①客户信任和声誉维护。数据安全和隐私保护对于建立客户信任至关重要。客户必须相信他们的个人信息和交易数据已经得到妥善保护,否则他们可能不愿意与企业合作或提供更多信息。一旦客户的隐私受到侵犯,企业的声誉可能受到永久性的损害。②法规合规。许多国家和地区都制定了数据隐私和安全的法律和法规,如美国的《加州消费者隐私法》和欧洲的《通用数据保护条例》。企业必须遵守这些法规,否则可能面临严重的罚款和法律责任。我国制定的数据隐私和安全的法律主要包括:《中华人民共和国网络安全法》:该法律规定了网络运营者、个人信息处理者的安全保护义务,以及违反相关规定的处罚措施;《中华人民共和国民法典》:该法律规定了公民个人信息的保护范围、权利主体、处理方式的合法性要求等;《中华人民共和国电子商务法》:该法律规定了电子商务经营者应当承担的各项责任和义务,包括保障消费者权益和遵守商业道德规范等方面;《中华人民共和国密码法》:该法律规定了国家对密码产品的管理要求、使用规定等内容,以确保信息安全和国家安全。除此之外,还有《中华人民共和国刑法》《中华人民共和国反不正当竞争法》等相关法律法规也涉及数据隐私和安全的问题。这些法律的制定和完善,为保护公民个人信息提供了有力的法律保障。③数据泄露和风险管理。数智化过程中的数据泄露可能导致严重的安全问题和财务问题。因此,数据安全和隐私保护措施可以帮助企业识别、减轻和管理潜在的风险,包括黑客攻击、内部泄露和技术故障。④竞争优势。将数据安全和隐私保护作为关键价值主张之一,可以成为企业的竞争优势。消费者越来越关心他们的数据如何被处理,企业可以通过提供更高水平的数据保护来吸引客户和合作伙伴。⑤数据合法性。在数智化过程中,企业通常需要访问和处理大量的数据。数据安全和隐私保护确保企业的数据收集和使用是合法的,遵守相关的法律和法规。⑥内部数据保护。不仅客户数据需要保护,企业内部的敏感信息也同样重要。数据安全和隐私保护措施可以确保企业内部数据不受未经授权的访问和泄露的威胁。⑦监管合规。一些行业(如金融和医疗保健等)受到更严格的监管。数据安全和隐私保护是满足这些监管要求的关键因素,不遵守可能导致严重的法律后果。⑧企业责任。企业有道德责任和法律责任来保护客户的数据和隐私。这是企业社会责任的一部分,也体现了企业对客户和合作伙伴的尊重。

综上所述,数据安全和隐私保护在企业数智化过程中具有关键作用,它们有助于建立信任、维护声誉、遵守法规、管理风险和提供竞争优势。企业应该将数据安全和隐私保护视为战略性优先事项,并将其整合到数智化战略中,以确保数据的合法性和保护客户权益。

第4章　贵州企业数智核心竞争力现状解析

4.1　贵州企业数智化核心竞争力研究背景

4.1.1　现实背景

2019年，贵州省委、省政府决策将大数据引领的电子信息产业列为重点培育的十大千亿级产业之一，经过一年的努力，该产业展现出强劲的发展势头。据统计，该产业全年实现总收入达到1500亿元，大数据对贵州省经济增长的贡献率超过20%，成为推动经济增长的关键力量。同时，根据中国信息通信研究院发布的《中国数字经济发展白皮书（2020年）》，贵州省的数字经济增速已经连续五年位居全国首位，2019年全省数字经济同比增长22.1%，进一步彰显了贵州省在数字经济领域的强劲发展势头。

深入研究企业数智核心竞争力发展体系，对于准确掌握企业数字化转型现状、提升企业数字化转型能力并增强市场竞争力具有重要的现实指导意义（陈畴镛等，2020）。企业数智化发展作为数字化建设的关键环节，其重要性不言而喻。

对于数字化能力的重要性，国外学者进行了深入的研究。欧哈拉（O'Hara）等人（2011）提出，接入互联网的组织均具备一定的数字化能力，而一旦连接问题得到解决，数字化水平将成为评估公司从互联网获取商业价值潜力的核心指标。柳（Yoo）等人（2016）强调，数字化水平涉及组织的可视化能力，这种能力有助于降低信息复杂性和不确定性，使数据和信息以适当形式呈现，从而促进研发与生产的全面整合。然而，蕾恩卡（Lenka）等人（2017）指出，尽管学者分析的一些能力可能对企业数字化转型产生影响，但对于哪些能力是数字化转型所必需的，目前尚未达成共识。因此，当前亟待解决的问题是明确数字化建设所必需的因素。

在国内研究方面，近三年内涌现出许多具有代表性的文献。例如，邵坤和温艳（2017）提出，企业数智化核心竞争力的评估应涵盖基础设备设施、企业绩效产出及企业创新能力三个维度。而易伟明（2018）则依据张量理论，从系统层级、智能功能和生命周期三个维度构建了一套三维评价指标体系，用以全面评价企业的数智竞争能力。这些研究为企业数智化发展的深入探索提供了宝贵的参考依据。

针对贵州省企业，齐亚丽（2018）在研究中以我国装备企业为对象，从创新资源的投入、产出、保障、转化吸收、环保和整合六个维度出发，深入评估了企业在工业化与信息化融合环境下的技术创新能力。其研究建议企业运用数字化研发工具，并加强对生产设施数控化比率的重视。同时，张艾莉和张佳思（2018）在"互联网+"背景下，以我国企业为研究对象，探讨了企业、互联网与企业创新之间的内在联系。他们通过信息乘数这一概念来量化传统企业在"互联网+"背景下的受影响程度，并从创新投入、实践和产出三个层面构建了一个综合评价体系。另外，陈畴镛等（2020）则从技术变革、组织变革和管理变革三个方面对企业数字化转型的指标体系进行了深入研究。

综上所述，本研究在充分考虑贵州省大、中、小型企业发展水平不均等及差异性较大的现实背景下，融合国内外研究成果，依据产业价值链理论的价值实现视角，构建了涵盖数字化投入、数字化应用和数字化效益三个维度的贵州省企业数智核心竞争力发展指标体系。并以此为基础，深入探讨了贵州省企业数智化应用与提升的研究路径与策略。

4.1.2 理论背景

国际数据公司（International Data Corporation，IDC）在其《2018年中国企业数字化发展报告》中明确指出，虽然制造业长期作为中国经济的支柱，但在金融、制造、教育、零售、文娱和政府这六大重点行业中，制造业的数字化进程相对较慢。该报告显示，超过50%的中国企业在数字化方面仍处于初级阶段，仅进行局部尝试和推广，这表明中国制造业在数字化方面仍有巨大的提升空间。

随着技术的迅猛发展和经济环境的持续变化，学术界对数字化的理解也在逐步深化和拓展。数字化不仅是一个单纯的技术过程,它还包括业务流程之间的网络连接、高效接口的创建及集成数据交换和管理等多个方面。

本研究认为,数字化是基于新一代信息与通信技术的广泛应用,通过数字编码将模拟信号转化为数字信号,从而推动社会经济结构发生深刻变革。在制造型企业的日常管理中,数字化意味着以数据为核心要素,将信息技术与制造技术深度融合,贯穿企业生产运营的全流程,进而推动企业生产制造、组织与管理等各方面的创新和变革,增强企业应对市场变化的能力(陈畴镛等,2020)。

近年来,随着信息技术的迅猛发展和广泛应用,服务型企业的数字化发展已成为业界关注的焦点。据IDC发布的《2018中国企业数字化发展报告》显示,尽管制造业作为中国的核心产业,但在六大重点行业中,其数字化水平相对较低。该报告进一步指出,超过半数的中国企业目前仍处于数字化发展的初级阶段,如单点试验和局部推广等,这表明中国制造业在数字化方面仍有巨大的提升空间。

随着科技的进步和全球经济环境的变化,数字化不再仅是信息处理或技术架构的转变,而是涉及更广泛的领域。数字化包括加强业务流程间的网络连接、创建高效接口,以及集成数据交换和管理等多个方面。

本研究认为,数字化发展是基于新一代信息与通信技术的深度应用,通过数字化技术将模拟信号转换为数字信号,推动社会经济结构的深刻变革。在服务型企业中,数智化意味着以数据为核心要素,全面融合信息技术与服务流程,贯穿于企业服务的各个环节,从而引发服务内容、服务方式及组织管理的全面创新。这种创新不仅提升了企业服务的质量和效率,还增强了企业应对市场变化的能力,为企业发展注入了新的活力(陈畴镛等,2020)。

因此,无论是制造型企业还是服务型企业,数智化的发展不仅彰显了技术进步的成果,更是企业在新时代背景下适应发展要求、提升核心竞争力的核心要素。展望未来,随着技术的持续进步和应用的不断深化,服务型企业的数字化发展将展现出更加广阔的发展空间和深远的社会影响。

4.1.3　贵州省企业数智化发展瓶颈

贵州省企业在数智化转型的道路上既遭遇挑战,也拥抱机遇。随着国家发展改革委将贵州省树立为国家大数据综合试验区的典范并向全国推广，贵州省的大数据产业已取得了全球瞩目的辉煌成果。此次经验的传播，重点涉及六大层面，即坚持数据治理与促进数据要素市场化的并行不悖、激励先行先试与包容创新的交融并进等。这些策略不仅凸显了贵州省在数据中心整合、数据资源应用等七项系统性试验中的杰出表现，更进一步肯定了贵州省在培育大数据骨干企业等关键工作上的显著成效。大数据建设让贵州省的社会信息化程度不断攀升，数字化的公共服务平台已初步构建，人们逐渐习惯在数据系统中以新的方式处理日常信息和事务。媒体用“迭代”“跨越”等词汇形容贵州正在经历的变化，这无疑是贵州省大数据发展的生动写照。

然而，作为企业管理研究者不仅要看到贵州省大数据建设的显著进步，更要关注当前大数据建设中贵州省企业所面临的瓶颈和问题。正如贵州省大数据政策法律创新研究中心副主任罗以宏所强调的，虽然贵州在大数据领域取得了显著成就，但在发展先进制造、促进制造业数智化方面，仍需努力。抢抓全球制造业向数字化、智能化发展的时代机遇，贵州的企业还有很长的路要走。

虽然贵州省在数字化领域的研究成果颇丰，但涉及较微观具体的企业数智化发展方面的学术研究却相对较少。在知网上输入“企业数字化”和“贵州”两个关键词，相关文献数量有限，量化和信度高的资料更是稀缺。这间接反映了贵州省实体产业在数智化转型方面的挑战。贵州省发展改革委2011年年度总结报告对本省的数字化发展有比较客观的认识。他们指出贵州的工业经济发展长期存在既要“赶”又要“转”的双重压力和双重任务。因此，着力推进新一代信息技术特别是数字技术与制造业的深度融合，推进制造业向数字化网络化智能化转型，是贵州省制造工业发展的大方向。

在此背景下，本研究选择“贵州省企业数智化发展体系设计与提升”为研究方向，无疑具有一定的难度。发展体系中发展指标的确定和验证，需要找到典型的样本，并得到该领域专家的评鉴和支持。然而，这也是一个巨大的机遇。相信本研究所做的贵州数智化发展研究，将为贵州省企业数智化研究提供可信的参数及资料，为贵州省乃至全国的企业数智化转型提供有益的参考和借鉴。

综上所述，贵州省企业在数智化发展过程中既面临着挑战，也拥有无限的机遇。通过深入研究和实践,本研究有望为贵州省乃至全国的企业数智化转型提供有力支持,推动企业在数字经济时代取得更大的发展。

4.1.4 贵州省企业数智化转型与数字经济价值链研究

随着信息技术的日新月异,大数据已成为推动经济社会发展的新动力。在这一大背景下,贵州省紧密跟随国家步伐,积极推动大数据与实体经济的深度融合。通过实施"千企改造"和"万企融合"行动,贵州省全面开展"数字经济"攻坚战,旨在促进实体经济向数字化、网络化、智能化转型。这一战略决策不仅符合时代发展的趋势,更彰显了贵州省在数字化转型进程中的坚定意志和远见卓识。

贵州省的转型策略与国内外学者的研究观点不谋而合。众多学者从价值链或产业链的角度深入探讨了企业数字化的重要性。毛光烈(2019)明确指出,企业的数字化是制造智能化的基石,平台作为大数据服务和人工智能应用的载体,与数字化共同构成了企业数智化转型的"两个轮子"。这意味着,在数字化转型的过程中,企业不仅要注重技术的创新与应用,还要搭建起高效、灵活的平台,以实现技术与业务的深度融合。

赖红波(2019)则从制造业、工业设计和互联网"三业"融合的角度出发,深入探究了传统制造产业转型的路径。他强调企业需要深度挖掘用户需求,探究用户行为规律,积极改进产品或服务,以适应市场的快速变化。同时,政府也应发挥重要作用,激发企业的主动性和积极性,将市场主导与政府引导相结合,共同推动产业转型的深入发展。

孟凡生和赵刚(2018)进一步指出企业数字化转型是将数字化技术与制造技术全面融合的过程。通过在制造全过程和生产全流程的每个环节全面采用大数据管控,可以实现大数据精准管理,使生产过程和资源配置达到最优状态。这不仅提高了企业的生产效率,也为企业创造了更多的价值。

胡查平等(2018)通过对3家本土企业的研究,将企业数字化转型过程分为关注产品生产制造、关注产品基础性服务提供和关注顾客三个阶段。这表明数字化转型是一个循序渐进的过程,企业需要根据自身的发展阶段和市场环境,不断调整和优化转型策略。

梁敬东等(2017)利用20个主要制造业国家的数据发现,数字化改造在节能减排、生产率提升等方面对企业效果明显,且有助于推动制造服务业发展。这一发现进一步验证了数智化转型对于提升企业竞争力和促进产业升级的重要作用。

综上所述,贵州省在推进企业数智化转型与数字经济价值链构建方面已经取得了显著的成效。然而,数智化转型是一项长期而艰巨的任务,需要政府、企业和社会各界的共同努力。未来,贵州省应继续抓住国家大力发展新基建的战略窗口期,进一步强化数智化基础设施建设,打造互联网数据中心产业集群,持续有力推动大数据产业向纵深发展。同时,还应积极借鉴国内外先进经验和技术成果,加强与国际同行的交流与合作,不断提升自身的数字化水平和竞争力。相信在不久的将来,贵州省将创造出更多更好的“贵州经验”,为全国的数智化转型提供有益的参考和借鉴。

4.1.5 贵州省企业数智化发展体系设计与提升

企业数智化发展指标体系的深入研究,对于掌握企业数字化转型的进度、推动企业提升数智化转型能力,并最终增强市场竞争力具有极其重要的价值(陈畴镛等,2020)。数智化发展作为企业数字化建设不可或缺的一环,其重要性不言而喻。

在国际学术界,已有一些学者对此进行了深入探讨。欧哈拉等(2011)指出,每一个接入互联网的组织都具备其独特的数字化能力。一旦解决了连接问题,数字化水平将成为衡量公司从互联网中获取商业价值潜力的关键指标。柳等(2016)则进一步阐释,数字化水平反映了组织的可视化能力,这种能力有助于减少信息的复杂性和不确定性,使数据和信息得以在适当的格式下呈现,从而实现研发与生产的全面整合。然而,蕾恩卡等(2017)也提出,尽管学者分析了多种可能影响企业数智化转型的能力,但究竟哪些因素是数智化转型所必需的,目前尚未达成共识。因此,明确这些关键因素已成为当前亟待解决的问题。

在国内,近三年的研究同样取得了显著进展。邵坤和温艳(2017)从企业的基础设备设施、企业绩效的产出及企业创新能力三个维度出发,构建了评价企业智能制造能力的指标体系。易伟明(2018)则基于张量理论,从系统层级、智能功能和生命周期三个维度构建了三维发展指标体系,用于评价企业的智能化发展能力。这些研究不仅丰富了企业数智化发展的理论内涵,也为实践提供了有力的指导。

就贵州省的企业而言,齐亚丽(2018)对我国装备企业的技术创新能力进行了深入研究。该研究从创新资源的投入、产出、保障、转化吸收、环保和整合六个维度出发,评估了企业在工业化与信息化融合环境下的技术创新表现。齐亚丽(2018)建议,企业应当采用数字化的研发工具,并注重提高生产设施数控化的比率,以提升技术创新能力。张艾莉和张佳思在"互联网+"背景下,探讨了我国企业、互联网与企业创新之间的内在联系。他们运用信息乘数这一概念,量化了传统制造业受"互联网+"影响的程度,并从创新投入、实践和产出三个层面构建了一套综合评价体系。此外,陈畴镛等(2020)从技术变革、组织变革和管理变革三个方面出发,对企业数字化转型的指标体系进行了深入探讨。

总之,本研究根据贵州省大、中、小型企业参差不齐并且发展程度很不均衡的实际情况,结合国内外已有的研究成果,基于价值实现视角下的产业价值链理论,从数字化投入、数字化应用和数字化效益三个主要方面设计贵州省企业数智化发展指标体系,并由此展开贵州省企业数字化应用与提升的研究。

4.2 贵州企业数智化核心发展现状

2021年11月,贵州省工业和信息化厅正式发布了《贵州省先进装备制造业"十四五"发展规划》。这一规划强调了传统产业与大数据技术的深度融合,预示着一场深刻的产业变革。作为全国首个国家大数据综合试验区,贵州省近年来积极推进大数据与实体经济的深度融合。通过实施"千企改造"和"万企融合"等行动计划,贵州省不断加速产业数智化进程,使大数据与实体经济的深度融合成为推动该省转型升级的新引擎。根据相关数据,贵州省已累计打造了401个"大数据+"实体经济的融合标杆项目和4234个示范项目,成功带动了8485户企业开展融合工作,并推动了23128家企业实现上云。[1]这些成果充分展示了数智化在重塑产业核心竞争力方面的重要作用。近年来,贵州省积极布局工业互联网,以

[1] 资料来源:贵州省统计局官网(http://stjj.guizhou.gov.cn)。

抢抓数字经济的新机遇，进一步拓展以制造业为代表的工业经济增长新空间。在这一过程中，许多企业受益于数智化的赋能、赋值和赋智，实现了产业链和价值链的全方位改造升级。对于大多数制造业企业，特别是对于流水线生产企业而言，提高生产效率和实现精准管理是关键。而工业互联网正是实现这一目标的重要工具。例如，贵州新曙光电缆有限公司作为贵州长通集团旗下的电缆企业，其生产的35kV及以下的电力电缆产品在市场上广受欢迎。自2020年年底，该电缆企业开始尝试工业互联网以来，其产品竞争力得到了进一步提升，产值逐月上升，去年累计成交金额近2亿元。这一案例充分展示了大数据设备监控平台在帮助企业实时监控生产进展、有效减少库存、缩短生产周期及提升生产效率方面的巨大潜力。

4.2.1　贵州企业数智化发展概况

1. 电子信息制造业稳定发展

2019年，贵州省规模以上电子信息制造业增加值同比增长12.9%，较上年同期提高1.7个百分点，高于全部规模以上工业增速（9.6%）3.3个百分点。电子元件、集成电路产量和智能手机产量分别增长36.1%、53.1%和188.1%以上。贵安新区电子信息制造业成为全省的亮点。2019年，电子信息制造业对新区经济拉动持续发力，新区电子信息制造业总产值预计完成250亿元，同比增长6.82%，占新区工业总产值的94%。富士康完成产值193.54亿元，同比增长14.87%，生产手机4090.90万台，同比增长35.00%；浪潮完成产值26.80亿元，同比增长31.60%，生产服务器8.19万台，同比增长6.00%。[1]

2. 软件与信息服务业快速发展

2019年，贵州省软件和信息技术服务业收入（全口径）420亿元，同比增长21.30%，高于全国平均水平近6个百分点，连续六年增速超过20%。随着云计算、人工智能、区块链、工业互联网、移动互联网等技术和服务的融合发展与创新应用，贵州省加快软件开发、信息系统集成和集成电路设计企业发展，引导贵阳、遵义和贵安新区等地积极培育新一代信息技术发展应用新业态、新模式。2019

[1] 资料来源：贵州省统计局官网（http://stjj.guizhou.gov.cn）。

年，贵阳市信息技术服务产业集群入选国家发展改革委首批战略性新兴产业集群目录；全市软件和信息技术服务业收入增长25.00%以上，占全省的份额超过80%；服务外包及呼叫中心累计签约投运规模达10万席，建设规模达15万席，成为继北京、上海、广州和江苏后的第五大服务外包及呼叫中心产业集聚地。全市积极培育软件和信息技术服务业产业链，引进大数据优强企业60户以上，投资额185亿元以上，新增大数据规上企业20家，培育大数据核心品牌3个。[1]贵阳市软件与信息服务业龙头地位进一步巩固。

3. 大数据集聚发展态势日益明显

基本形成以首个国家级大数据产业发展集聚区——贵阳、贵安国家大数据产业集聚区为核心，遵义等其他市（州）错位、协同发展的布局。贵阳市已形成16个特色鲜明的集聚区（基地、中心）。依托华为、富士康、浪潮和海信等龙头企业，引进、布局和培育一批智能终端产业链配套企业，共同构建较为完整的智能终端产业链，将贵阳、贵安建成西部重要智能终端制造基地。遵义市“一核四园多点”的空间布局正在形成，新蒲智能终端产业集聚区汇聚了财富之舟等超过100家电子信息企业，规模以上电子信息制造业在全省仍旧占据着主要引领地位。

4.2.2 贵州省数字化发展的横向比较

随着贵州省内陆开放型经济试验区建设的深入推进，贵州省大数据产业以及数字经济产业得到了快速发展，数字经济规模连续稳步上升（图4-1）。

贵州省的大数据产业和数字经济产业虽然在国内起步较早，且发展势头迅猛，但在当前的横向对比中，仍处于相对劣势地位（图4-2）。此外，其增长速度也呈现出逐年放缓的趋势。就全国范围而言，数字经济的区域中心主要集中在长三角、珠三角、京津冀、东北及西北地区，而西南地区并未被确立为数字经济发展的核心区域。

[1] 资料来源：贵州省统计局官网（http://stjj.guizhou.gov.cn）。

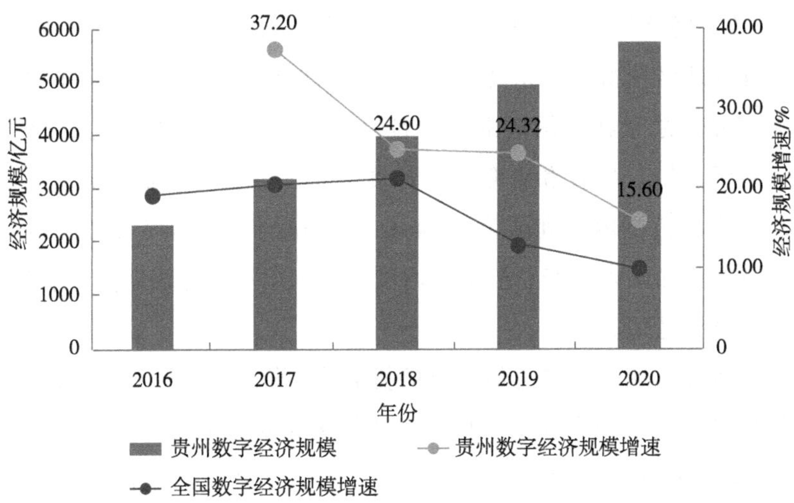

图4-1　数字经济规模变化

数据来源：贵州大数据中心网站。

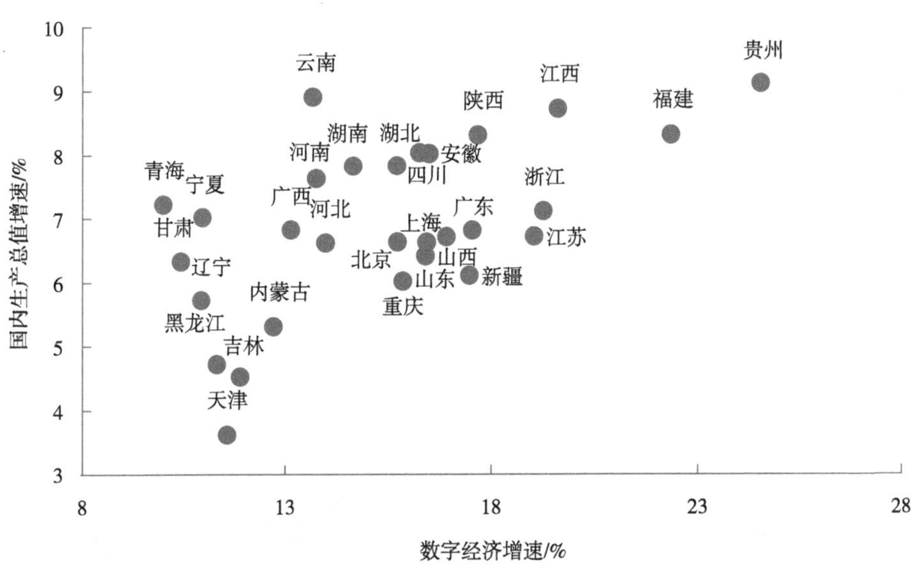

图4-2　2018年29个省份数字经济增速比较

资料来源：中国信息通信研究院．中国数字经济发展与就业白皮书(2019年)[R]．北京：2019中国数字经济发展论坛．

《中国数字经济发展与就业白皮书(2019年)》显示,2018年全国数字经济总量排名前五的地区依次为广东、江苏、山东、浙江和上海(图4-3)。相比之下,贵州省的数字经济总量在全国范围内排名较为靠后,位列倒数第七,仅优于内蒙古、山西、新疆、甘肃、宁夏和青海。尽管贵州的数字经济产业总量相对较少,但其增速却在全国范围内名列前茅(图4-4)。根据同一份白皮书,2018年贵州省的数字经济增速和国内生产总值增速均位居全国第一。这表明贵州省的数字经济产业发展势头迅猛。

在数字经济占地区生产总值比重的排名中,前五位地区分别为北京、上海、广东、天津和浙江,贵州省在这一指标上的排名相对落后。然而,从纵向发展速度来看,2016—2020年,贵州省数字经济对国内生产总值的贡献呈现出明显的上升趋势,表明该省在全国范围内正逐步赶超(图4-5)。这充分说明贵州省经济的数字化转型取得了显著成效。

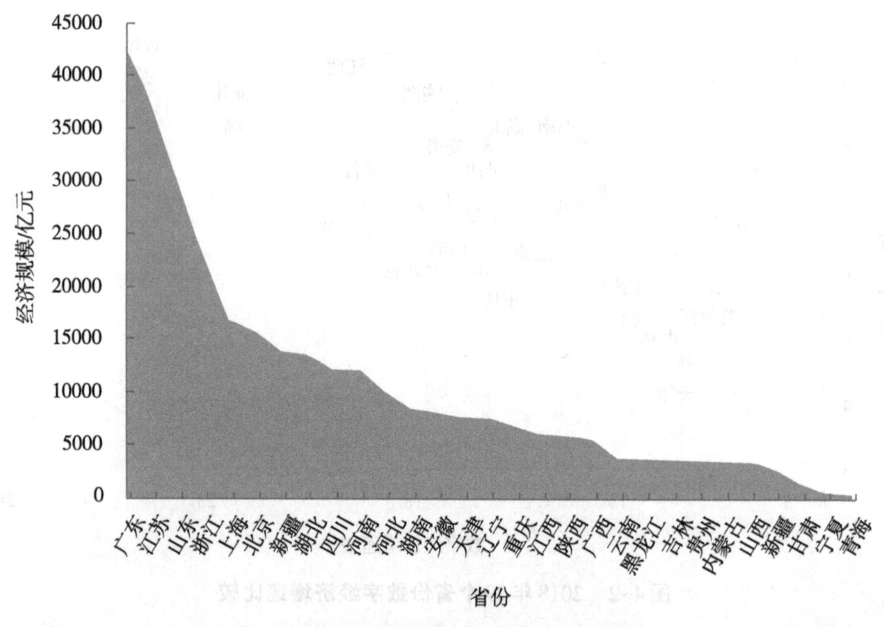

图4-3 2018年29个省份数字经济规模

资料来源:中国数字经济发展与就业白皮书(2019年)[R].北京:中国信息通信研究院,2019.

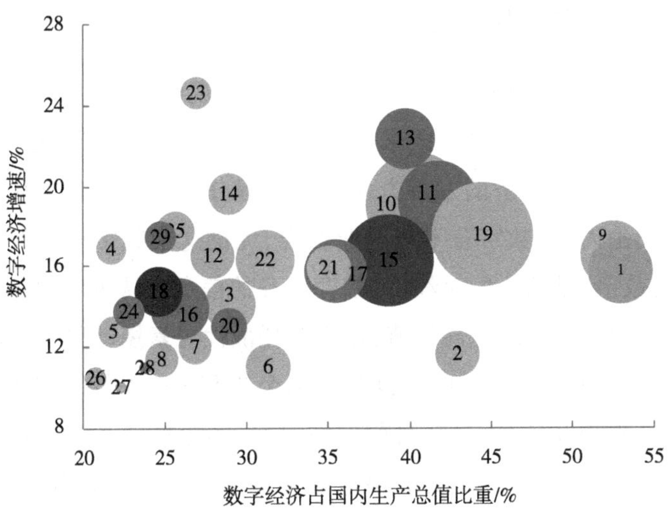

1. 北京；2. 天津；3. 河北；4. 山西；5. 内蒙古；6. 辽宁；7. 吉林；8. 黑龙江；9. 上海；10. 江苏；11. 浙江；12.安徽；13.福建；14.江西；15. 山东；16. 河南；17. 湖北；18. 湖南；19. 广东；20. 广西；21. 重庆；22. 四川；23. 贵州；24. 云南；25. 陕西；26. 甘肃；27. 青海；28. 宁夏；29. 新疆

图4-4　2018年省(区、市)数字经济占国内生产总值比重

资料来源：中国信息通信研究院．中国数字经济发展与就业白皮书(2019年)[R]．北京：2019中国数字经济发展论坛．

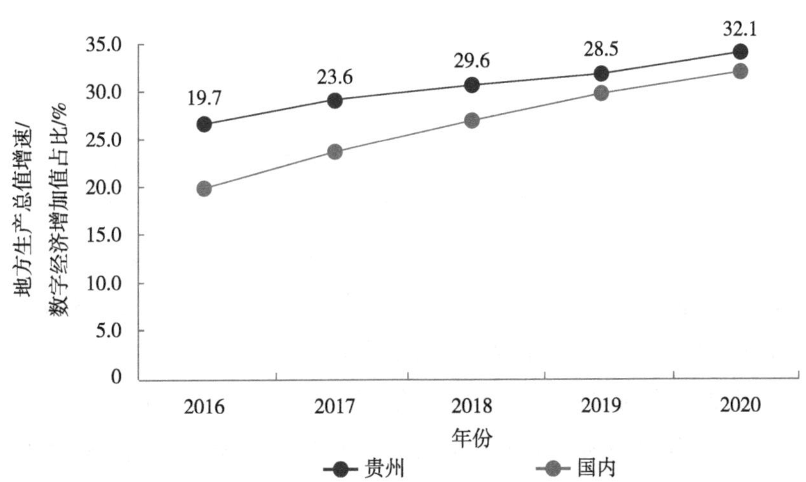

图4-5　贵州省数字经济增加值占地区生产总值比重

资料来源：根据贵州大数据安全工程研究中心网站数据整理。

4.2.3 贵州省数字化的产业构成

知识与信息经济时代的增长源泉仍旧来自微观要素，只不过在“质”与“量”，以及配置方式等方面发生了前所未有的变化，其最显著的特点是“数字化进程”下的“大数据”。数字经济的发展方向或者进程分为数字产业化和产业数字化，具有深刻的理论内涵：数字若不与产业融合，无论这个数字多么庞大，多么有价值，它仍旧是数字，是低阶的对经济、社会事务的信息化认识和编码形式；数字只有与产业融合才能产生内生性价值，作为非耗散性要素撬动整个经济模式。

在数字与产业融合的过程中也分为两个进程——数字产业化和产业数字化。这两个进程相互依存，且从目前的情况看，还存在动态的进阶关系：数字产业化是初阶形态，产业数字化是数字产业化价值泛化之后的高阶形态。现代经济条件下的大数据不再是纸质化编码的简单数字化，而是现代数字技术对传统生产要素“质”与“量”，以及配置方式的深层次改造，是现代经济条件下互联网与信息技术对传统生产要素的剥离重塑与创新。

大数据的现代经济价值并不仅是业界所乐见的新概念、新业态，还在于其对现代经济深层次本源的异化，对经济创新系统的异化重构，即数字经济系统下的破坏性创新实践。

贵州省的大数据发展历程印证了上述观点。2016年，贵州省产业数字化与数字产业化在数字经济中的占比分别为86.90%和13.10%，2017年该组数字为88.40%和11.60%，到2020年该组数字变为91.75%和8.25%（图4-6）。从数据的动态变化上可以直观地得到这样一个结论：贵州省大数据发展的内部结构存在显著的变化趋势，产业数字化明显上升，而数字产业化则明显下降，形成一个严格的“发散”结构。这种显著的“发散”结构是大数据乃至数字经济发展高质量发展的显著特征，意味着大数据与实体经济融合的“质”与“量”在迅速提升。此外，相比全国数字经济发展是一般情况，同期贵州数字产业化的占比低于全国平均水平，而产业数字化的占比高于全国平均水平（图4-6和图4-7）。

大数据的现代经济价值并不仅是业界所乐见的新概念、新业态，还在于其对现代经济深层次本源的异化，对经济创新系统的异化重构，即数字经济系统下的破坏性创新实践。

2005年，贵州省信息传输、软件和信息技术服务业企业共789家，城镇就业人数1.6万人，固定资产投资29.8亿元。2018年，上述三个指标的数字分别为：8179家、3.47万人、187亿元，分别增长了10.37倍、2.19倍和6.28倍。特别是2016—2018年，发展趋势更为显著（图4-8）。

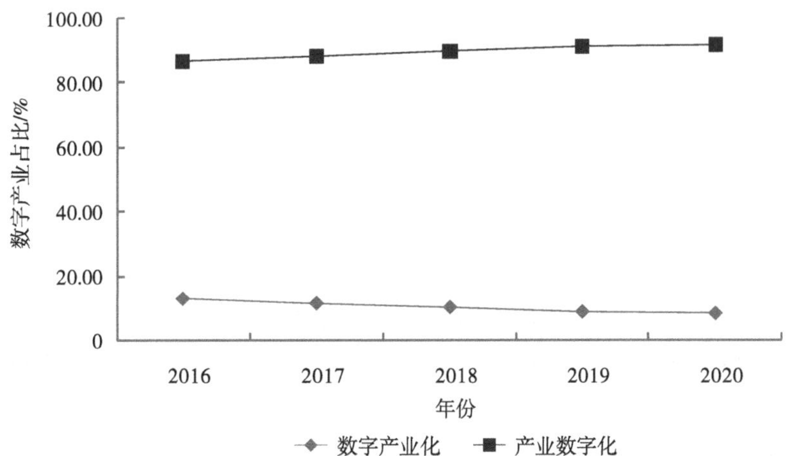

图4-6　贵州省数字经济构成及其发展速度

数据来源：根据贵州大数据安全工程研究中心网站数据整理。

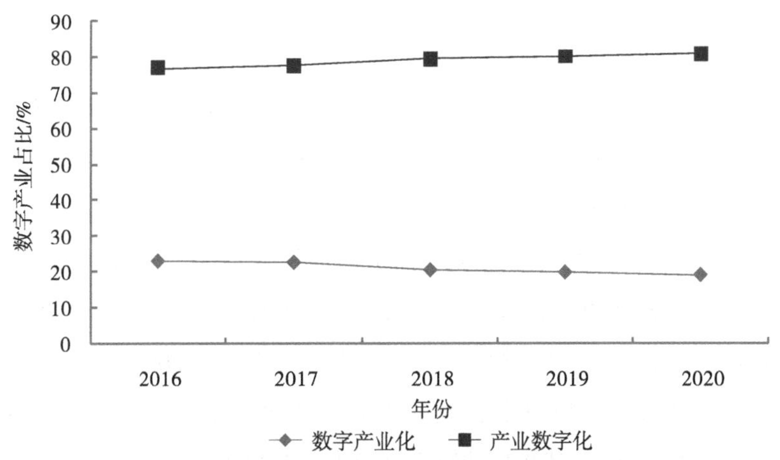

图4-7　全国数字经济构成及其发展速度

数据来源：根据贵州大数据安全工程研究中心网站数据整理。

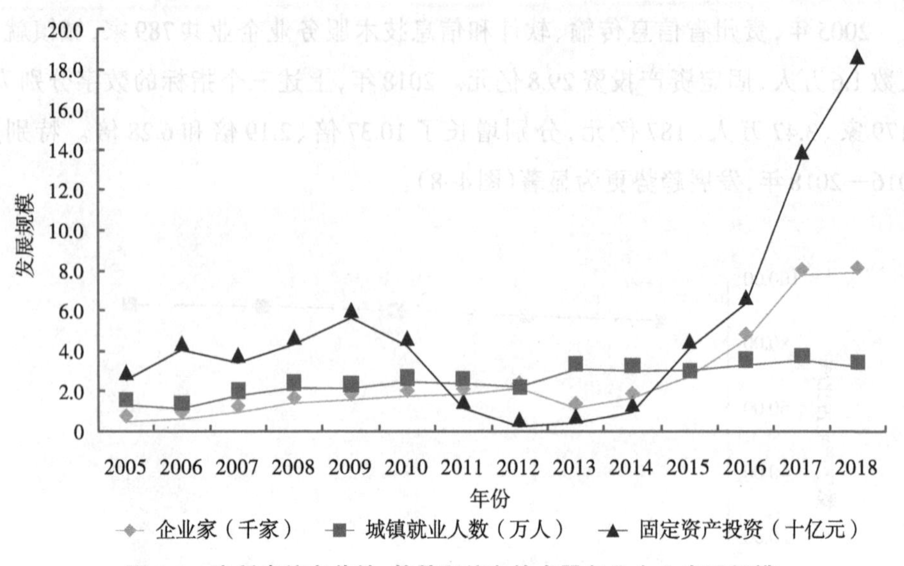

图4-8　贵州省信息传输、软件和信息技术服务业企业发展规模

数据来源：根据电子期刊数据库（electronic periodical serrices datebase，EPS）数据整理。

在提升企业发展效率方面，贵州省信息传输、软件和信息技术服务业企业同样效果显著。2012年，贵州省信息传输、软件和信息技术服务业企业的软件业务收入为60.83亿元、软件产品收入为25.67亿元、信息技术服务收入为35.1亿元和嵌入式系统软件收入为0.67亿元。

2019年，上述四个指标的数字分别为212.3亿元、24.0亿元、182.8亿元、1.4亿元，分别增长了2.49倍、0.93倍、5.22倍和2.10倍，特别是近几年，发展势头迅猛（图4-9）。

制造业方面，2005年贵州省计算机、通信和其他电子设备制造业规模以上企业数22个、平均就业人数1.02万人、资产总计71.91亿元。2018年，上述三个指标的数字分别为：60家、5.42万人和381.80亿元，分别增长了1.73倍、4.31倍和4.30倍。特别是近几年，发展趋势更为显著（图4-10）。在企业发展效率方面，贵州省计算机、通信和其他电子设备制造业规模以上企业同样效果显著。2005，年计算机、通信和其他电子设备制造业规模以上企业的工业总产值为27.77亿元、企业利润总额为-3.09亿元。2018年，上述指标的数字分别为：670.00亿元、21.70亿元（图4-11）。

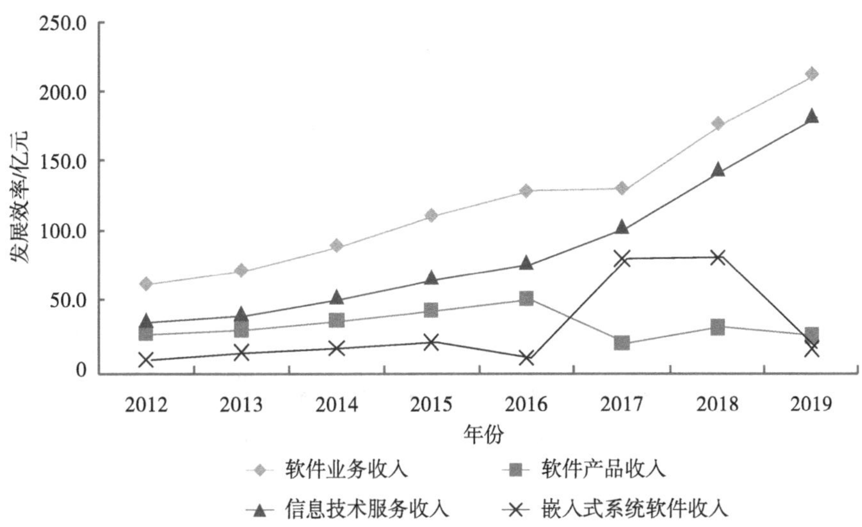

图4-9　贵州省信息传输、软件和信息技术服务业企业发展效率

数据来源:根据国家统计局发布的相关数据整理。

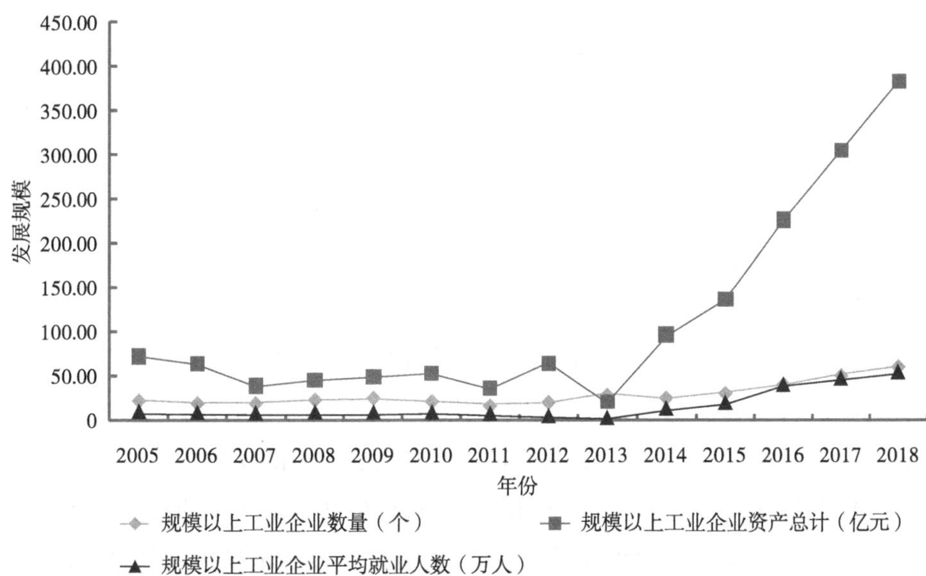

图4-10　贵州省计算机、通信和其他电子设备制造业规模以上企业发展规模

数据来源:根据电子期刊数据库(electronic periodical serrices datebase,EPS)数据整理。

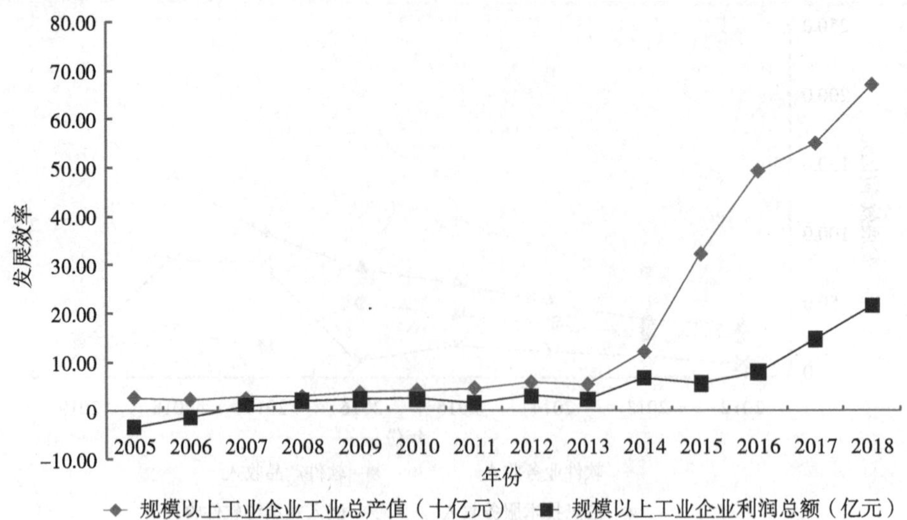

图 4-11 贵州省计算机、通信和其他电子设备制造业规模以上企业发展效率

数据来源：根据电子期刊数据库（electronic periodical serrices datebase，EPS）数据整理。

4.2.4 贵州省数字化基础设施建设现状

近年来，贵州省深入实施大数据战略行动，以信息基础设施建设为突破口，数字设施投资金额逐年递增（图 4-12），成效显著。2019 年，完成贵阳·贵安国家级互联网骨干直连点扩容工程建设，获批建设贵阳·贵安国际互联网数据专用通道；建成投运中西部地区第一个根服务器镜像节点（K 根镜像服务器节点），建成国家顶级域名贵州节点；农村实现行政村 4G 网络、光纤全覆盖；启动 5G 商用，完成 5G 基站建设 2038 个；贵阳市成为全国首批 5G 试点城市，启用全国第一个省级 5C 融媒体中心。通过实施信息基础设施建设"三年会战""六网会战"等重大行动，加大投入，全省信息基础设施水平大幅提升，全国排名由 2015 年的排名靠后上升至第二方阵，为贵州省大数据快速发展提供了有力的支撑。

虽然贵州省大数据基础设施建设成效显著，但从各地州市的投资情况来看，无论规模还是增速均表现出异质性的特点，投资建设规模较大的是贵阳市和贵安新区（图 4-13）。

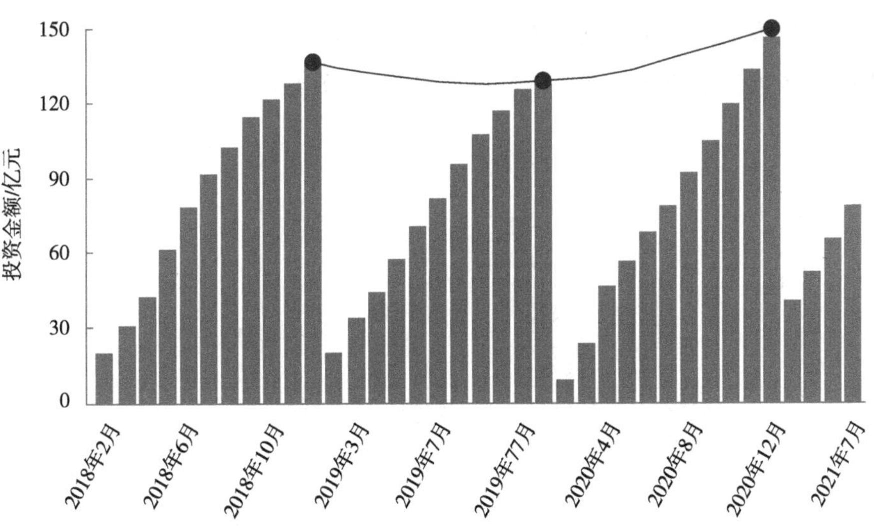

图4-12　贵州省累计完成数字设施投资金额

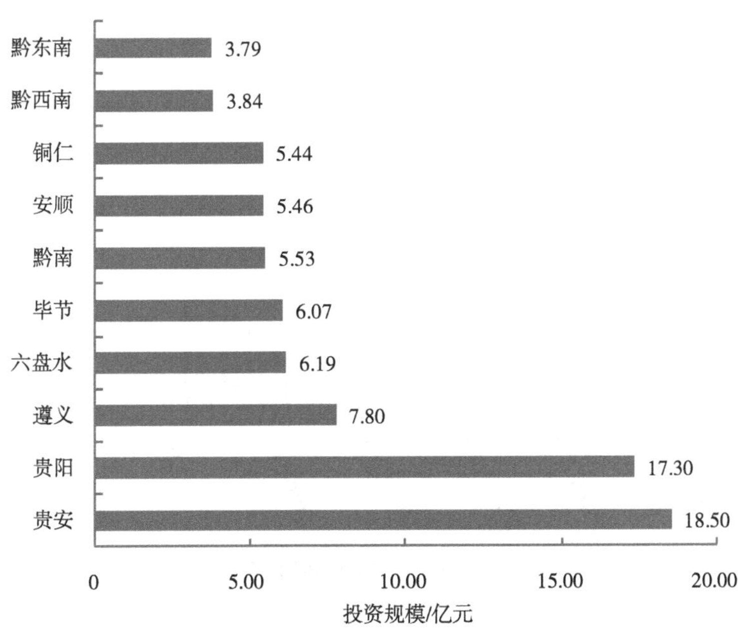

图4-13　贵州省各市(州)累计数字设施投资排名(截至2021年7月)

投资规模下降的主要地区有铜仁市、遵义市、黔东南苗族侗族自治州、黔西南布依族苗族自治州和黔南布依族苗族自治州(图4-14)。

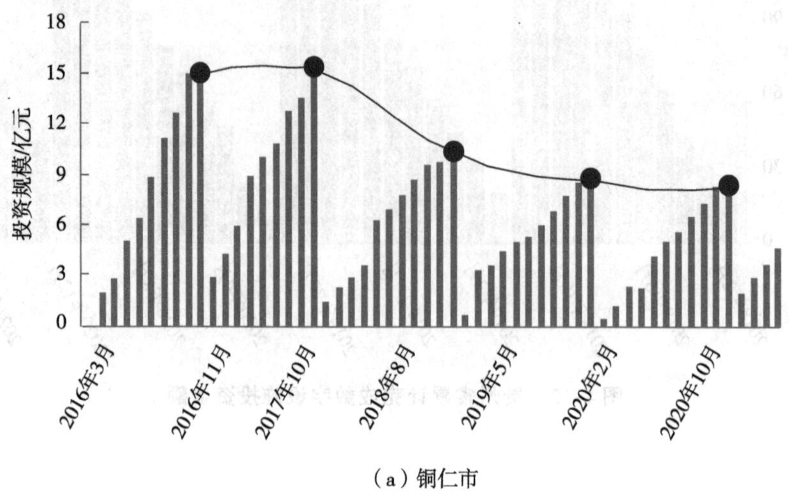

(a)铜仁市

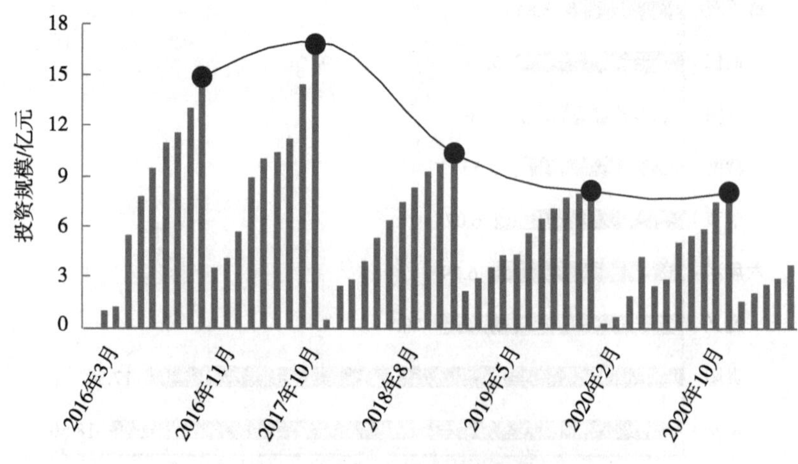

(b)黔东南苗族侗族自治州

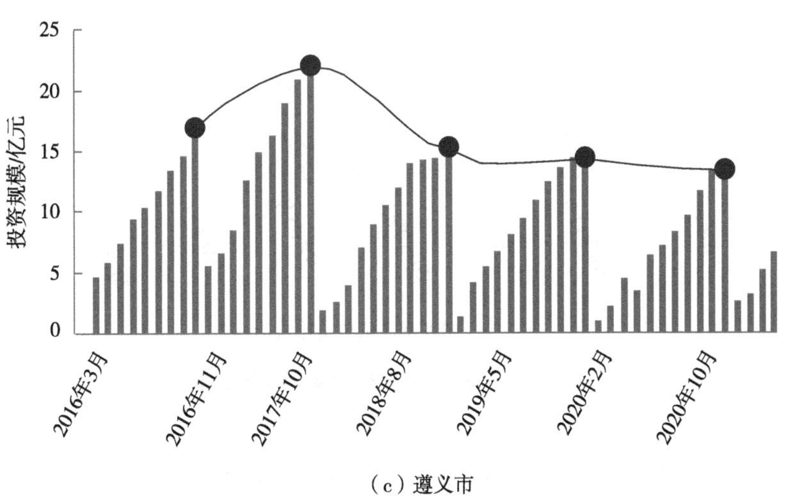

（c）遵义市

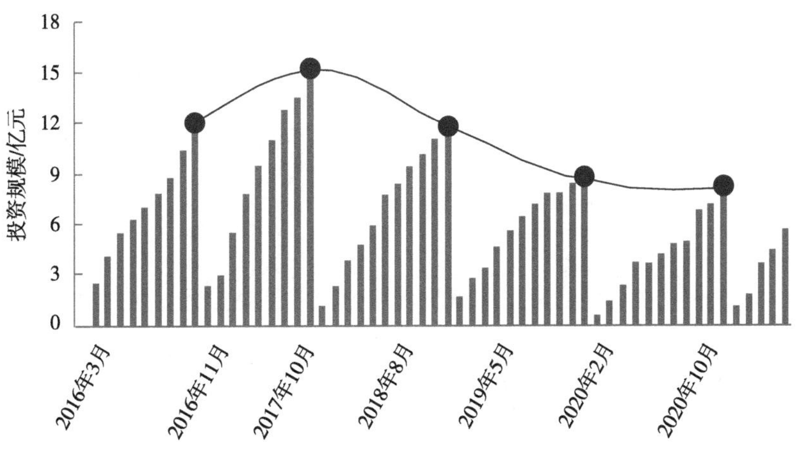

（d）黔南布依族苗族自治州

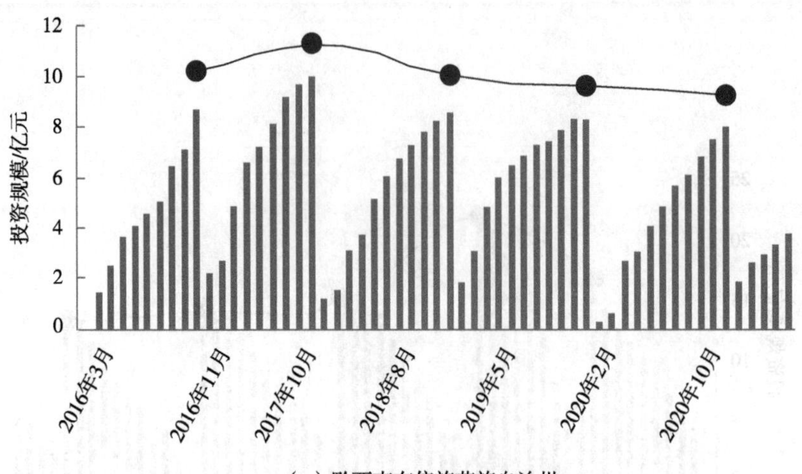

（e）黔西南布依族苗族自治州

图 4-14　贵州省数字设施投资规模下降的市（州）

投资规模提升的主要有贵安新区和毕节市（图 4-15）。

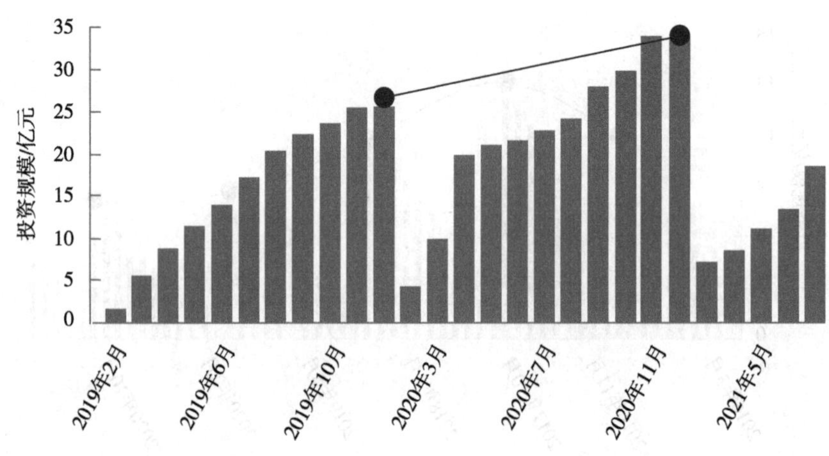

（a）贵安新区

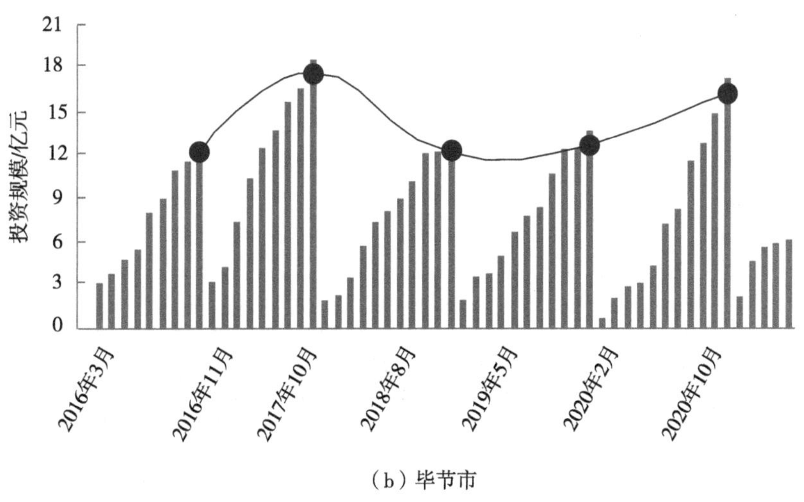

（b）毕节市

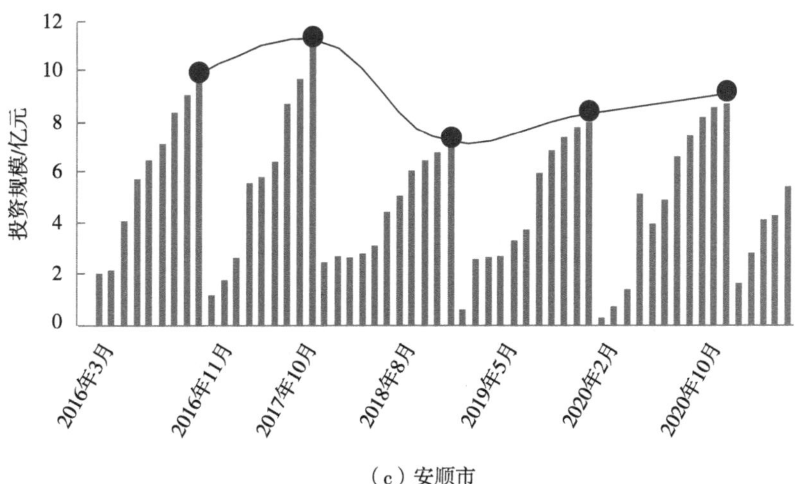

（c）安顺市

图4-15　贵州省数字设施投资规模提升的市（州）

投资规模波动的主要有贵阳市和六盘水市（图4-16）。

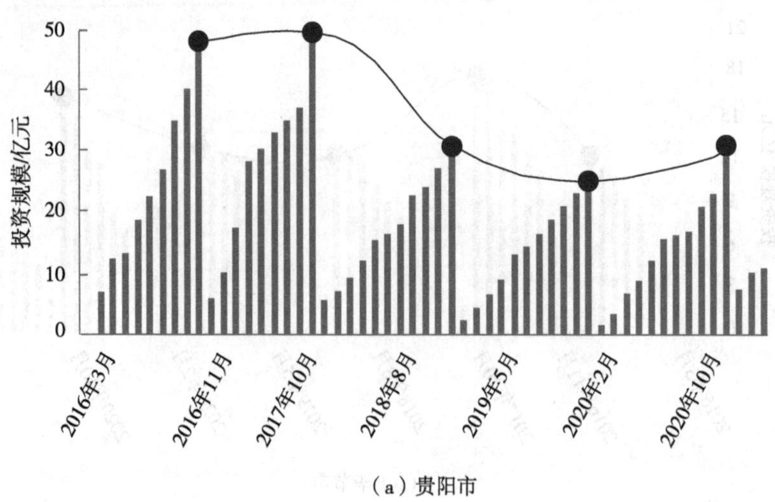

（a）贵阳市

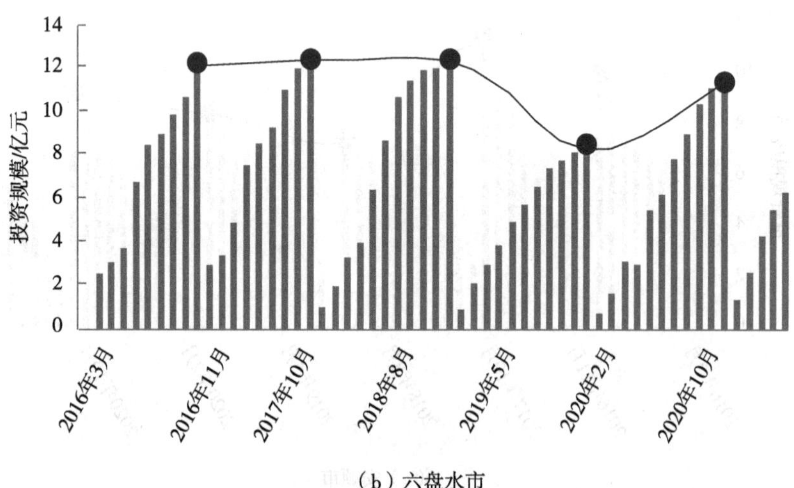

（b）六盘水市

图4-16 贵州省数字设施投资规模波动的市（州）

4.2.5 贵州省企业数智化核心发展现状

目前，国家还未出台相关规定对何类企业属于大数据企业进行界定，贵州省也没有出台相关文件。但是，国内不少地区已开始出台了大数据企业认定和管理的相关规定，如天津、青岛、西安、铜陵和合肥等。从这些城市出台的大数据企业认定和管理的规定来看，基本认为从事大数据服务、大数据应用和大数据产品制造的企业即为大数据企业，本研究援用此认定。

本土重点企业持续发力，在行业内已具有较强影响力。贵阳朗玛通信科技有限公司连续四年入选中国互联网企业100强榜单，是国内唯一连续四年入选“互联网+医疗”企业；满帮集团上榜“2019中国互联网企业100强”；贵州白山云科技股份有限公司连续两年软件收入突破10亿元，入选中国“科创企业百强榜”和硅谷“红鲱鱼亚洲百强”；黔南州梦动数据工场获工信部“创客中国”企业组唯一特等奖。贵州讯飞智联科技有限公司、贵州人和致远数据服务有限责任公司等人工智能企业，云景文旅科技有限公司、中声科技（贵州）有限公司等5G应用企业快速成长；贵州远东诚信管理有限公司、贵阳翼帆金融科技有限公司等4家区块链企业入选中国区块链企业百强。

贵州兴达兴建材股份有限公司、中国振华电子集团、贵州货车帮小额贷款有限公司、贵州盘江精煤股份有限公司4个企业上云案例入选工信部“企业上云”典型案例，成为入选案例最多的省份之一。贵州航天云网科技有限公司、贵州汉方药业有限公司等企业获国家级示范企业称号。成功引进浪潮软件科技有限公司、奇安信科技集团股份有限公司等企业落户贵州，持续筑牢数字产业化的发展基础。北京易鲸捷信息技术有限公司荣获2018世界物联网博览会新技术新产品新应用成果银奖，其数据库已在金融系统、FAST项目被很多国内外大型企业推广使用；宽凳智云科技有限公司于2019年1月获得甲级导航电子地图资质，是贵州首家获得相关资质企业；贵州远东诚信管理有限公司于2019年2月入选境内区块链信息服务备案清单（第一批），是贵州唯一入选的企业；贵州航天云网科技有限公司、贵州柯雅通信技术有限责任公司等企业获评贵州省大数据“百企引领”示范企业。白山云、云上艾珀（贵州）技术有限公司发展迅猛，贵州数据宝网络科技有限公司等企业快速成长，累计营业收入近30亿元。

遵义市成立了中国联通（遵义）物联网应用研究院，并紧紧依托新蒲智能终端产业园、汇川智能终端产业园，打造遵义物联网智能终端产业基地，相继引进和培育华颖泰科、上海远御等一批物联网建设及开发应用企业，涉及物联网的企业近80家。

黔西南州以义龙新区大数据产业园为重点，大力发展电子政务云、医疗云、教育云、公安云、智慧城市、智慧消防和智慧环卫等，通过引进和培育，发展大数据企业96家，形成了贵州振华新材料股份有限公司、贵州指趣网络科技有限公司等一批支柱性优强企业。

铜仁市深入实施数字经济提升行动，全市大数据企业达271家，比2017年新增113家。贵州山久长青科技集团等优秀场景大数据企业正以大数据平台经济模式向外拓展。引进华为公司、杭州海康威视数字技术股份有限公司、印度国家信息技术学院和北京奇虎360科技有限公司等大数据企业落户铜仁市，全市网络货运、数据标注等新业态迅速兴起。

安顺市以西秀智能终端产业园和大数据产业发展中心为重点，积极发展电子信息制造业和软件与信息技术服务业。西秀智能终端产业园以开发电子信息、智能终端、高端制造和人工智能等行业为重点，已进驻企业40家，其中规上企业21家。大数据产业发展中心为软件研发、信息技术和文化创意动漫设计等企业（团队）提供“一站式服务平台”服务，已入驻各类创新创业企业（团队）61家，其中营业收入500万元以上的软件和信息技术服务企业4家。

黔南州重点发展百鸟河数字小镇，按照服务于数字融合应用、创新创业等打造智慧小镇，打通大数据全产业链，引进北京百度网讯科技有限公司、宏达国际电子股份有限公司等80多家省内外企业落户，成功培育贵州梦动科技有限公司官网等一批具有核心竞争力的数字经济骨干企业，形成了一个初具规模的大数据应用产业集聚园。

黔东南州按照物联网研发孵化园、大数据产业园、物联网推广应用园、物联网器件制造园（集成电路产业园）和服务配套区“四园一区”规划建设，重点发展大数据拓展应用、智能终端制造产业链和集成电路产业集群带三大业态。其中，贵州中科汉天下电子有限公司是贵州省首家获得工信部认定的集成电路设计企业。

六盘水市积极推动以物联网为主导的新一代信息技术产业发展，构建了涵盖芯片、传感器及其配套元器件制造的完整产业链，代表性企业有贵州高通科技有限公司和贵州龙芯威集成电路有限公司等。截至目前，全市物联网及相关领域存量企业总数达到216家，其中包括14家规模以上企业和19家高新技术企业。2019年，全市新增规模以上企业1家，高新技术企业6家，物联网及相关产业规模达到116亿元，展现出强劲的发展势头。

2020年1月，贵州省首次发布了大数据企业50强榜单（表4-1）。从这些企业的业务构成来看，基本都符合国内相关省、市对于大数据企业的认定规定，是贵州大数据企业的典型代表。

表4-1　2020年贵州省大数据企业50强

序号	公司名称
1	云上贵州大数据产业发展有限公司
2	贵州亨达集团信息安全技术有限公司
3	满帮集团
4	贵州多彩宝互联网服务有限公司
5	贵州阿里云计算有限公司
6	贵州翔明科技有限责任公司
7	贵州白山云科技股份有限公司
8	贵州海誉科技股份有限公司
9	中电科大数据研究院有限公司
10	贵州数安汇大数据产业发展有限公司
11	贵州易鲸捷信息技术有限公司
12	中国联合网络通信有限公司贵州省分公司
13	贵阳朗玛信息技术股份有限公司
14	贵州宏立城智慧科技集团公司
15	贵阳块数据城市建设有限公司
16	贵州医渡云技术有限公司
17	贵阳大数据交易所有限责任公司
18	中国电信股份有限公司贵州分公司
19	贵州航天云网科技有限公司
20	贵州金指纹科技有限公司
21	凯里云瀚智慧城市运营管理有限公司
22	贵州图智信息技术有限公司

续表

序号	公司名称
23	贵州小爱机器人科技有限公司
24	贵州中科恒运软件科技有限公司
25	贵州省广播电视信息网络股份有限公司
26	奇安信安全技术(贵州)有限公司
27	贵州远东诚信管理有限公司
28	贵州鹤庭沃德环境工程有限公司
29	贵州东方世纪科技股份有限公司
30	贵州省通信产业服务有限公司
31	贵州数联铭品科技有限公司
32	贵阳讯鸟云计算科技有限公司
33	食品安全与营养(贵州)信息科技有限公司
34	贵州东冠科技有限公司
35	贵州惠智电子技术有限责任公司
36	贵阳移动金融发展有限公司
37	贵州华美达科技有限公司
38	贵州省邮电规划设计院有限公司
39	贵州华城楼宇科技有限公司
40	贵阳深醒科技有限公司
41	贵州智诚科技有限公司
42	贵州科讯慧黔信息科技有限公司
43	贵州数据宝网络科技有限公司
44	信通达智能科技有限公司
45	贵州电子商务云运营有限责任公司
46	贵州守望领域数据智能有限公司
47	年华数据科技有限公司
48	数字遵义建设投资有限公司
49	贵州华云创谷科技有限公司
50	贵州耕云科技有限公司

4.3　贵州企业数智化核心发展体系构建

在当前竞争日益激烈的市场环境中，企业竞争力已成为决定其成功与否的核心要素。这种竞争力不仅体现在产品或服务的质量上，更在于企业如何高效运用自身资源和能力，以及如何有效获取并整合外部资源，从而在为客户创造价值的同时，实现自身价值的持续增长。特别是在全球数字化浪潮的背景下，企业数智化竞争力状态直接影响了宏观层面数字经济发展的质量。

大数据企业作为数字经济的关键支柱，其竞争力的评估不仅关乎企业自身的存亡与发展，更直接关系整个国家数字经济的繁荣与稳定。为了全面、精准地评估大数据企业的竞争力，需要在现有企业竞争力评价研究的基础上，构建一套科学、合理的大数据企业竞争力综合评价指标体系。

本调研以A股上市的大数据企业为参照样本，深入剖析大数据企业的核心资源、技术能力、市场表现、创新能力及发展潜力等多个维度，构建了一个多维度、全方位的大数据企业竞争力综合评价指标体系。该体系不仅涵盖了传统的财务指标，如盈利能力、偿债能力和运营效率等，还纳入了反映大数据企业特色的关键指标，如数据处理能力、数据安全性和数据分析应用等。

这一综合评价指标体系的建立，旨在为贵州大数据企业竞争力评价提供一套科学、实用的工具。借助此体系，可以对贵州大数据企业在市场中的地位、发展潜力及竞争优势进行全面、客观的评价，从而为企业制定合理的发展战略、优化资源配置和提升竞争力提供有力支持。

在大数据产业迅猛发展的当下，构建一个科学、合理的大数据企业竞争力综合评价指标体系，对推动贵州乃至全国大数据产业的健康发展具有重要意义。并期待这一体系在实践中不断完善，为大数据企业的竞争力提升和数字经济的繁荣发展贡献更多力量。

4.3.1　评价指标体系构建的原则

评价体系的构建需要遵循科学性、导向性、可比性、可操作性和渐进性的原则。第一步；在现有研究的基础上，以科学性、导向性、渐进性等原则为导向,放松可比性和可操作性原则,构建充分非必要条件下大数据企业竞争力评价体系,尽可能全面地收集可用指标,以供下一阶段筛选;第二步,通过专家审议、模型筛选及约简重构指标体系,得到充分必要条件下的大数据企业竞争力评价指标体系。

4.3.2 企业竞争力构成要素和逻辑

经过深入研究和综合考量,本研究认为企业竞争力的构成要素主要包括产品市场适应能力、成本和价格竞争力、产品质量、服务能力、企业形象和品牌形象、规模经济及技术壁垒等关键方面。这些要素为构建大数据企业竞争力评价指标体系提供了重要的参考。然而,考虑到不同企业所处的环境和从事行业的差异性,企业竞争的过程具有极大的多样性。因此,基于企业竞争过程所形成的评价指标体系可能在某些特殊行业的竞争力评判中存在偏差。

企业竞争所展现的比较优势最终都会通过其经营过程和结果得以体现。经过对企业竞争过程和结果的细致考察,本研究认为企业竞争力可以大致划分为五个方面的能力,分别是企业盈利能力、偿债能力、成长能力、运营能力及收益质量。这些能力构成了评估企业竞争力的核心指标,对于全面、准确地衡量企业在市场竞争中的地位和表现具有重要意义。

盈利能力始终是企业发展的核心关切。作为企业,盈利不仅是其存在的天然使命,更是其持续发展的基石。那么,企业究竟应如何实现盈利,以及通过何种策略来获得利润?相较于其他企业,在同一市场环境下展现出的盈利能力,直接反映了企业所具备的市场竞争优势。

在现代经济环境中,企业若欲在严格的市场规范下实现迅速扩张,则必须借助融资手段提升其发展杠杆。在市场竞争中,企业融资的速度与效率直接取决于其展现给融资方的偿债能力。偿债能力强大,企业融资进程则会更为顺畅,从而加快杠杆式增长,为企业赢得更多的市场竞争优势。

在快速变化的市场环境中,若企业过于保守,仅维持现有业务规模或在经营结构、效率等方面的成长滞后于竞争对手,则其现有市场份额将面临被迅速侵蚀的风险。企业的运营能力,即在外部市场条件限制下,通过内部人力资源与物质资源的优化配置实现经营目标的能力，不仅直接反映了企业资源调配的效能，更构成其竞争力的核心要素。

收益质量是指企业财务收益中与企业经济价值相关信息的可信赖程度。若经营收益对企业历史及当前经济状况及未来前景的描述存在误导，则该收益被视为质量低下。这一要素深刻体现了企业竞争力来源的稳定性。

由此，我们认为大数据企业竞争力评价应遵循上述五个方面的基本逻辑，见图4-17。

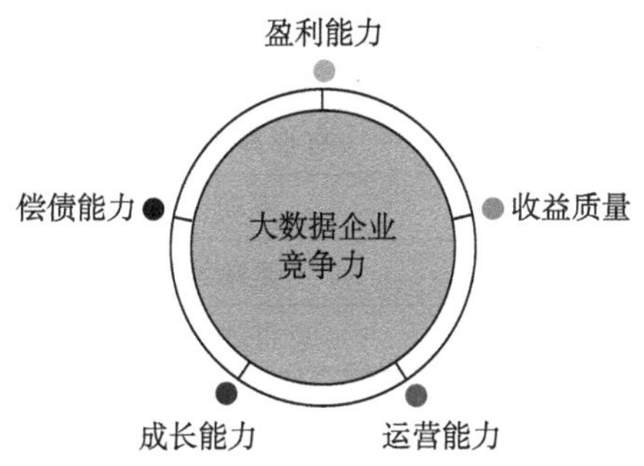

图4-17　大数据企业竞争力评价要素与逻辑

4.3.3　企业竞争力评价指标选择

企业的数智化进程是动态发展的过程，承载着企业不断前行的动力。在这个进程中，企业的数智竞争力则表现为一种持续的运动状态。运动作为绝对的存在，意味着大数据企业的竞争力始终处在变化之中，不能用固定的标准和视角来评判它。相对而言，静止只是暂时的，它体现在大数据企业的综合竞争力所展现的财务指标等结果上，这些只是当前阶段的静态表现。它们能够反映出企业的一部分竞争力，但并不能完全涵盖企业所有的竞争力要素。运动和静止是相互依存的，没有运动就没有静止的存在。它们之间相互渗透、相互影响。因此，在构建大数据企业的竞争力指标体系时，必须全面考虑企业综合竞争力的动态和静态因素。这两者之间是相互联系、相互促进的，只有充分理解和把握这种关系，才能更准确地评估和提升企业的数智竞争力。

鉴于上述认识，我们从A股大数据上市公司的年报中寻找能够反映大数据企业竞争过程和竞争结果的指标，如表4-2所示。

表4-2 大数据企业竞争力评价指标

序号	指标
1	主营业务利润率
2	总资产利润率
3	净资产利润率
4	经济增加值
5	资产负债率
6	已获利息倍数
7	有形净值债务率
8	流动比率
9	速动比率
10	总资产周转率
11	存货周转率
12	应收账款周转率
13	流动资产周转率
14	管理费用率
15	成本费用利润率
16	产权比率
17	市场占有率
18	市场应变能力
19	市场拓展能力
20	产品能力
21	营销能力
22	人均技术装备水平
23	国际化销售能力
24	劳动生产率
25	设备先进程度
26	生产能力有效利用率

续表

序号	指标
27	职工总数
28	资产总额
29	R&D经费比率
30	技术开发人员的比例
31	新产品开发成功率
32	新工艺、产品产值率
33	战略性产品占比
34	高级管理人员的综合素质
35	具有大专学历以上人员的比例
36	人均利润率
37	员工观念素质综合指标
38	员工的信息技术水平
39	组织向外拓展能力
40	生产能力有效利用率
41	可持续增长率
42	企业文化建设投资率
43	信息技术拥有率
44	信息技术保障率
45	信息技术使用率
46	信息技术投资收益率
47	信息技术投入增长率
48	企业经营权力系数
49	社会责任成本率
50	社会贡献率
51	社会积累率
52	政府经济政策对企业的影响
53	企业社会形象

4.3.4 企业竞争力评价指标分组

对于这些指标，我们需要采用因子分析法将其按照本研究构建大数据企业竞争力构成要素和逻辑进行分类。所用到的样本企业即A股上市大数据企业（870家）。

1. 相关系数矩阵与KMO检验

通过变量的相关矩阵可知，大多数变量的相关系数大于0.3，具有较强的相关性（表4-3），同时，对上述变量进行了KMO检验和Bart1ett球体检验可知，KMO检验值为0.815，可以运用因子分析方法。

表4-3 KMO检验和Bartlett球形检验

KMO检验		0.815
Bartlett球形检验	近似卡方	6794.578
	df	627
	Sig.	0

2. 提取公因子

根据变量特征根大于1的原则，变量相关系数矩阵有8大特征根，即9.678%、2.739%、2.588%、2.485%、2.307%、2.160%、2.062%和2.003%（表4-4）。这8个特征根解释了92.791%的A股大数据样本企业的竞争力。

表4-4 解释总方差

单位：%

成分	初始特征值			提取平方和载入			旋转平方和载入		
合计	方差的百分比	累积百分比	合计	方差的百分比	累积百分比	合计	方差的百分比	累积百分比	合计
1	10.597	49.325	49.325	10.597	49.325	49.325	9.678	47.926	56.055
2	4.336	12.120	61.445	4.336	12.120	61.445	2.739	8.129	64.184
3	3.387	8.955	70.400	3.387	8.955	70.400	2.588	7.627	71.811
4	3.001	7.669	78.069	3.001	7.669	78.069	2.485	6.283	78.094

续表

成分	初始特征值			提取平方和载入			旋转平方和载入		
合计	方差的百分比	累积百分比	合计	方差的百分比	累积百分比	合计	方差的百分比	累积百分比	合计
5	2.566	6.221	84.29	2.566	6.221	84.29	2.307	5.690	83.784
6	1.070	4.566	88.856	1.070	4.566	88.856	2.160	4.201	87.985
7	1.627	2.089	90.945	1.627	2.089	90.945	2.062	2.779	90.764
8	1.554	1.846	92.791	1.554	1.846	92.791	2.003	2.027	92.791
9	0.429	1.528	94.319						
10	0.316	1.454	95.773						
11	0.299	1.396	97.169						
12	0.210	1.201	97.169						
13	0.172	1.074	98.243						
14	0.143	0.908	99.151						
15	0.094	0.514	99.665						
16	0.082	0.174	99.839						
17	0.043	0.103	99.942						
18	0.028	0.058	100						

按理应提取8个公共因子，但是根据前文大数据企业竞争力构成要素和逻辑，只包含了5个要素。因此，此处只提取前5个特征根作为公共因子，解释了83.784%的A股大数据样本企业的竞争力。

SPSS18.0软件以表格的形式给出了因子分析的初始结果(略)。原始53个指标变量在因子分析后，有20个因子变量解释的方差在0.8以上，说明提取的因子包含了原始变量的绝大部分信息，完全可以满足统计分析的需要。通过对提取的5个公因子F1、F2、F3、F4和F5建立原始因子载荷矩阵，对原始因子载荷进行旋转，得出方差最大正交旋转矩阵，再根据因子正交旋转矩阵，将指标分别归入5个公共因子。

3. 因子归类与指标体系设计

第一个公因子序号为N1、N2、N3、N6、N23、N24、N25、N26、N30、N36，即主营业务利润率、总资产利润率、净资产利润率、已获利息倍数、国际化销售能力、劳动生产率、设备先进程度、生产能力有效利用率、技术开发人员的比例和人均利润率，这10个指标上有较大的载荷。这10个指标主要体现的是A股上市大数据企业的盈利能力，因此归入盈利能力一级指标。

第二个公因子序号为N5、N7、N8、N9、N14、N15、N28，即资产负债率、有形净值债务率、流动比率、速动比率、管理费用率、成本费用利润率和资产总额7个指标上有较大载荷。这7个指标反映的是企业偿还外部债务的能力，因此归入偿债能力一级指标。

第三个公因子序号为N10、N11、N12、N13、N34、N35、N37、N38、N43、N44、N45、N46、N47、N48，即总资产周转率、存货周转率、应收账款周转率、流动资产周转率、高级管理人员的综合素质、具有大专学历以上人员的比例、员工观念素质综合指标、员工的信息技术水平、信息技术拥有率、信息技术保障率、信息技术使用率、信息技术投资收益率、信息技术投入增长率和企业经营权力系数14个指标上有较大载荷。这14个指标主要反映的是企业在运营过程中的水平和状态，因此归入运营能力一级指标。

第四个公因子序号为N16、N17、N18、N19、N20、N21、N22、N27、N29、N41、N52，即产权比率、市场占有率、市场应变能力、市场拓展能力、产品能力、营销能力、人均技术装备水平、职工总数、R&D经费比率、可持续增长率和政府经济政策对企业的影响11个指标上有较大的载荷。这11个指标反映的是企业的成长性及企业成长性的影响因素，因此归入成长能力一级指标。

第五个公因子序号为N4、N31、N32、N33、N39、N40、N42、N49、N50、N51、N53，即EVA、新产品开发成功率、新工艺与产品产值率、战略性产品所占比率、组织向外拓展能力、生产能力有效利用率、企业文化建设投资率、社会责任成本率、社会贡献率、社会积累率、企业社会形象11个指标上有较大的载荷。这11个指标体现的是企业经营结果层面的优劣状态，因此归入收益质量一级指标。

4.3.5 企业竞争力评价指标分组

大数据企业竞争力完备评价体系(表4-5)。之所以称为“完备”评价指标体系,因为其全面性、系统性、完整性和充分性。它尽可能全面地包含企业竞争的方方面面。正是这种完备性,导致大数据企业竞争力完备评价指标体系的具体操作性大打折扣。首先,整个指标体系所包含的具体指标太过繁杂,部分指标之间存在较强的相关性;其次,在进行评价的时候,会发现部分指标的数据可得性较差。因此,需要对大数据企业竞争力完备评价体系进行化简,将其中多重共性较大、数据可得性较差等指标合并、删除和重组。为了达到这样一个目的,本研究引入了粗糙集方法,采用的软件是ROSSET2.0。

表4-5　大数据企业竞争力完备评价体系

内容	一级指标	序号	观测指标
大数据企业竞争力	盈利能力	N1	主营业务利润率
		N2	总资产利润率
		N3	净资产利润率
		N6	已获利息倍数
		N23	国际化销售能力
		N24	劳动生产率
		N25	设备先进程度
		N26	生产能力有效利用率
		N30	技术开发人员的比例
		N36	人均利润率
	偿债能力	N5	资产负债率
		N7	有形净值债务率
		N8	流动比率
		N9	速动比率
		N14	管理费用率
		N15	成本费用利润率
		N28	资产总额

续表

内容	一级指标	序号	观测指标
大数据企业竞争力	运营能力	N10	总资产周转率
		N11	存货周转率
		N12	应收账款周转率
		N13	流动资产周转率
		N34	高级管理人员的综合素质
		N35	具有大专学历以上人员的比例
		N37	员工观念素质综合指标
		N38	员工的信息技术水平
		N43	信息技术拥有率
		N44	信息技术保障率
		N45	信息技术使用率
		N46	信息技术投资收益率
		N47	信息技术投入增长率
		N48	企业经营权力系数
	成长能力	N16	产权比率
		N17	市场占有率
		N18	市场应变能力
		N19	市场拓展能力
		N20	产品能力
		N21	营销能力
		N22	人均技术装备水平
		N27	职工总数
		N29	研发经费比率
		N41	可持续增长率
		N52	政府经济政策对企业的影响
	收益质量	N04	经济增加值
		N31	新产品开发成功率
		N32	新工艺、产品产值率
		N33	战略性产品占比

续表

内容	一级指标	序号	观测指标
大数据企业竞争力	收益质量	N39	组织向外拓展能力
		N40	生产能力有效利用率
		N42	企业文化建设投资率
		N49	社会责任成本率
		N50	社会贡献率
		N51	社会积累率
		N53	企业社会形象

1. 样本选取与数据处理

对完备指标体系进行约简的条件是，必须在具有代表性意义的样本数据的基础上进行，否则将无法约简。本研究以870家A股上市大数据企业作为研究对象，获取指标数据。

为了方便起见，对870家企业数据进行无量纲处理，采用的方法是归一法，即

$$a_{ij} = \frac{a'_{ij} - \min\left|a'_{ij}\right|}{\max\left|a'_{ij}\right| - \min\left|a'_{ij}\right|} \tag{4-1}$$

式中，a'_{ij}为第i个企业第j项指标的原值；a_{ij}为标准化之后的数值。

2. 完备评价指标信息表的设定

在模型构建之前，本研究将评价指标及其指标值汇总到一个信息表里，为下一步的约简奠定基础。汇总信息见表4-6。

表4-6　汇总信息

学生指标	x_1	x_2	…	x_i
r_1				
r_2				
⋮				

续表

学生指标	x_1	x_2	…	x_i
r_j				

表4-6中所列为样本对象和对象的各属性值，行为属性及各样本的属性值。x_i为第i个企业；r_j为第j个指标。

上述的信息表用四元组表示

$$S = \langle U,R,V,f \rangle \tag{4-2}$$

式中，U为论域，$U = \{x_1,x_2,\cdots,x_n\}$，在大数据企业竞争力评价中指的是企业集合；$R$为属性集合，$R = \{r_1,r_2,\cdots,r_n\}$，在本研究中，具体模型里的指标和属性被理解为一个概念。V为属性r的值域。f为信息函数，它为每个属性赋予一个信息值。

3. 数据离散

根据初始指标数据信息，本研究进行无量纲化处理，根据无量纲化后的标准化数据进行离散化处理。因指标体系约简只能对离散化数据进行运算，对于连续性数据无能为力。因此，按照惯例，我们将所有指标数值按照等距离法划分为4个等级，分别赋值为1、2、3、4，详见表4-7。

表4-7 数据离散表

序号	X_1	X_2	X_3	X_4	…	X_{870}
N1	1	1	1	1		1
N2	1	1	2	1		1
N3	2	0	0	4		1
N4	1	2	4	4		1
N5	1	1	1	1		1
N6	1	1	1	1		1
N7	1	1	2	1		1
N8	1	1	1	1		1

续表

序号	X_1	X_2	X_3	X_4	…	X_{870}
N9	4	2	4	4		2
N10	3	1	4	4		3
N11	3	2	4	3		2
N12	3	3	4	3		1
N13	3	1	3	3		1
N14	1	1	1	1		1
N15	3	1	4	4		2
N16	1	1	1	1		1
N17	4	2	4	4		3
N18	4	2	4	4		3
N19	4	3	4	4		1
N20	4	3	4	4		4
N21	4	2	4	4		1
N22	4	2	4	4		2
N23	3	3	3	3		3
N24	3	3	4	3		1
N25	4	3	4	4		1
N26	4	4	4	4		3
N27	4	3	4	4		3
N28	4	3	4	4		2
N29	1	1	1	1		1
N30	3	1	3	3		1
N31	4	1	4	4		4
N32	4	3	4	4		1
N33	3	1	3	4		2
N34	3	2	4	3		3
N35	3	4	4	4		1
N36	3	3	4	4		1
N37	3	2	4	3		2

续表

序号	X_1	X_2	X_3	X_4	…	X_{870}
N38	4	1	4	4		1
N39	4	2	4	3		1
N40	4	3	3	4		1
N41	2	2	4	3		1
N42	4	1	4	4		1
N43	3	1	4	3		3
N44	4	1	4	4		1
N45	3	3	4	3		2
N46	2	3	3	4		1
N47	3	2	4	4		1
N48	3	3	4	3		2
N49	3	3	4	4		3
N50	4	4	4	4		3
N51	3	3	4	4		1
N52	3	3	4	4		2
N53	1	1	1	1		1

注：最左边一列为实践教学质量完备指标体系中的具体指标序号。

数据来源：在原始数据基础上，通过Rosetta2.0计算得到，由于篇幅所限，表4-7只展示了部分数据。

4. 基于属性重要度的约简

设 $S=(U,R)$ 为知识表达系统，对于等价关系 $P\subseteq R$ 有分类 $U/\mathrm{ind}(P)=\{X_1,X_2,\cdots,X_n\}$，则 P 的信息量记为

$$I(P)=\sum_{i=1}^{n}\frac{|X_i|}{|U|}\left[1-\frac{|X_i|}{|U|}\right]=1-\frac{1}{|U|^2}\sum_{i=1}^{n}|X_i|^2 \tag{4-3}$$

属性的重要度和属性的信息量的关系表述如下

$$S_P(r_i)=I(P)-I(R-\{r_i\}) \tag{4-4}$$

式中，r_i为某个属性；$P \subseteq R$为等价关系集R中的一个等价子集。公式(4-4)表明：$r \in R$在R中的重要性由R中去掉r后引起的信息量变化大小来度量。当$S_P(r_i)$值越大，说明R中去掉属性r的信息量变化越大，即该属性在属性集中的重要程度就越高。

经过约简，可得到指标体系的若干个核，这些核的并集则是最小的指标体系的核，用公式表示

$$\mathrm{Red} = \mathrm{Red}_1 \cup \mathrm{Red}_2 \cup \cdots \cup \mathrm{Red}_n \tag{4-5}$$

约简后的指标体系，详见表4-8。对于各指标的权重，本研究邀请专家采用德尔菲法进行打分获取。

表4-8　大数据企业竞争力评价指标体系

一级指标	序号	观测指标	权重
盈利能力	R1	主营业务利润率	4.00%
	R2	总资产利润率	4.00%
	R3	净资产利润率	2.00%
	R4	已获利息倍数	2.00%
	R5	劳动生产率	3.00%
	R6	生产能力有效利用率	3.00%
	R7	人均利润率	2.00%
偿债能力	R8	资产负债率	5.00%
	R9	速动比率	7.00%
	R10	成本费用利润率	4.00%
	R11	资产总额	4.00%
运营能力	R12	存货周转率	4.00%
	R13	应收账款周转率	4.00%
	R14	流动资产周转率	4.00%
	R15	高级管理人员的综合素质	2.00%
	R16	员工观念素质综合指标	2.00%
	R17	信息技术拥有率	2.00%

续表

一级指标	序号	观测指标	权重
运营能力	R18	企业经营权力系数	2.00%
成长能力	R19	市场占有率	5.00%
	R20	市场应变能力	5.00%
	R21	产品能力	2.00%
	R22	营销能力	2.00%
	R23	研发经费比率	3.00%
	R24	可持续增长率	3.00%
收益质量	R25	经济增加值	4.00%
	R26	新产品开发成功率	4.00%
	R27	新工艺、产品产值率	3.00%
	R28	组织向外拓展能力	2.00%
	R29	社会责任成本率	2.00%
	R30	社会贡献率	2.00%
	R31	企业社会形象	3.00%

4.4 贵州大数据企业核心竞争力评价

4.4.1 典型大数据企业发展现状

从企业层面看，贵州省数字经济的代表企业主要有大唐高鸿数据网络技术股份有限公司、贵阳朗玛信息技术股份有限公司和贵州省广播电视信息网络股份有限公司。这3家公司都是A股上市企业。通过对这3家公司的盈利能力、运营能力和偿债能力的分析，可实现对贵州省代表性大数据企业发展进行一般性分析。

从分析结果看,2002年是大唐高鸿数据网络技术股份有限公司盈利能力的拐点。在此之前,其盈利能力持续走低,2002年后快速提升,此后一直保持水平发展趋势。贵阳朗玛信息技术股份有限公司上市之初,盈利能力逐步提升,但2010年至今持续下滑。贵州省广播电视信息网络股份有限公司的盈利能力与贵阳朗玛信息技术股份有限公司一样呈倒"U"形趋势。

偿债能力方面,除贵阳朗玛信息技术股份有限公司在2011—2014年实现迅速提升并回落外,大多数时间与另两家公司均表现为水平发展趋势。

成长能力方面,上述三家公司均表现出强烈的波动趋势,并在近几年开始逐渐下滑。运营能力方面,三家公司均表现出逐渐下滑的趋势(贵阳朗玛信息技术股份有限公司在2011—2014年表现出迅速提升,随后回落)。收益质量方面,大唐高鸿数据网络技术股份有限公司在最近几年提升明显,另两家公司表现平平(图4-18~图4-22)。

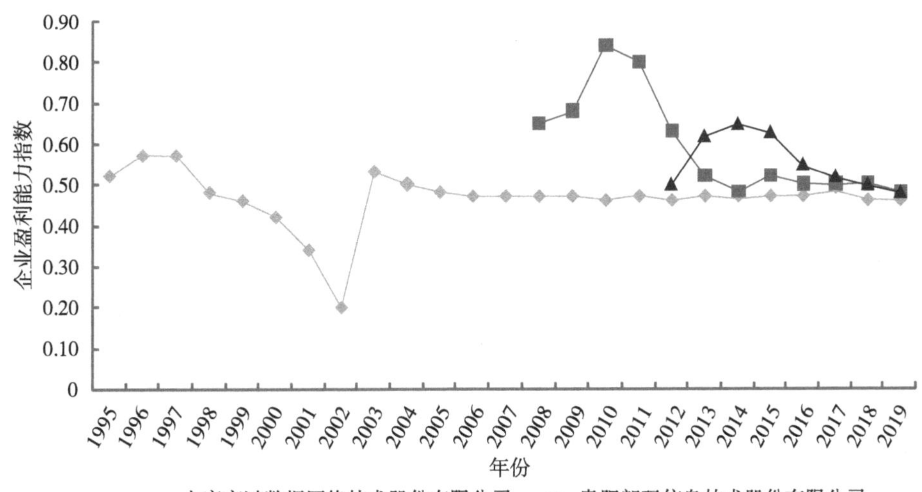

图4-18　贵州省典型大数据企业盈利能力

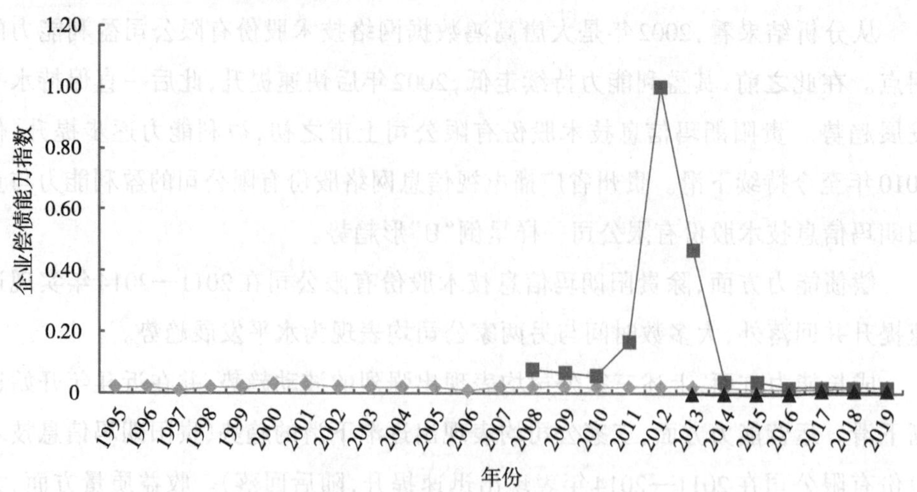

图 4-19 贵州省典型大数据企业偿债能力

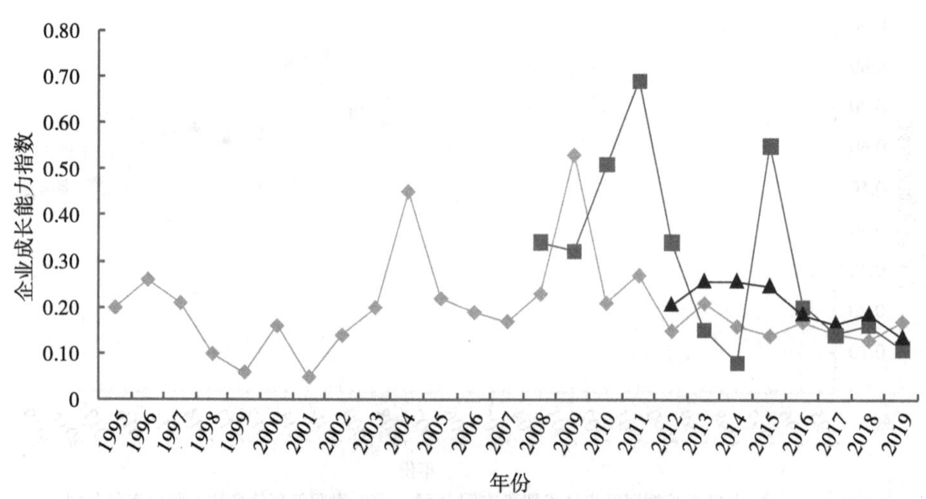

图 4-20 贵州省典型大数据企业成长能力

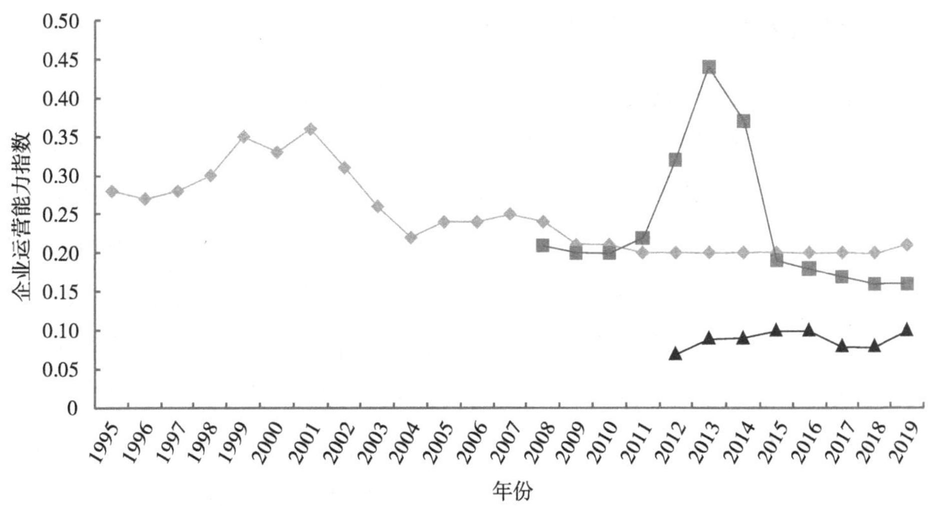

图 4-21　贵州省典型大数据企业运营能力

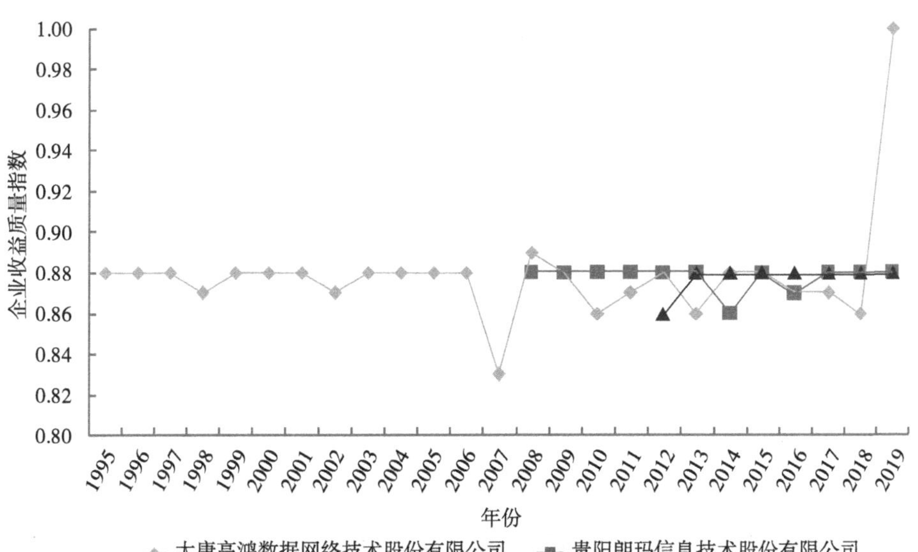

图 4-22　贵州省典型大数据企业收益质量

4.4.2 典型大数据企业竞争力评价

根据前文的分析,我们发现贵州省数字经济与大数据产业发展迅速,但典型大数据企业的具体运营却并不理想。这是一个悖论。产生这一悖论的原因值得深究。本研究认为,宏观层面贵州省数字经济与大数据产业表现出来的快速发展可能有两个方面的原因:其一,贵州省经济发展底子薄,从纵向维度进行观察,则会出现发展迅猛的主观偏差;其二,国家大数据试验区首先在贵州省设立,导致贵州省近几年得到了较多的政策红利,同时,数字经济更多地由政府行为进行引导和扶持,短时间内导致宏观层面的快速发展,但市场的资源配置深度还不够,企业在具体运营上表现得不尽如人意。贵州省数字经济和大数据产业要实现真正意义上的跨越式发展必须以培育企业核心竞争力为依托。

经过对三家公司五个方面的竞争能力的综合分析,本研究发现,在2011—2014年,贵阳朗玛信息技术股份有限公司的竞争力出现了明显的向上剧烈波动。然而,在其他时间段,这三家公司的竞争力均呈现出一种相对稳定的缓慢下滑趋势。这一趋势可以从图4-23中清晰地观察到。

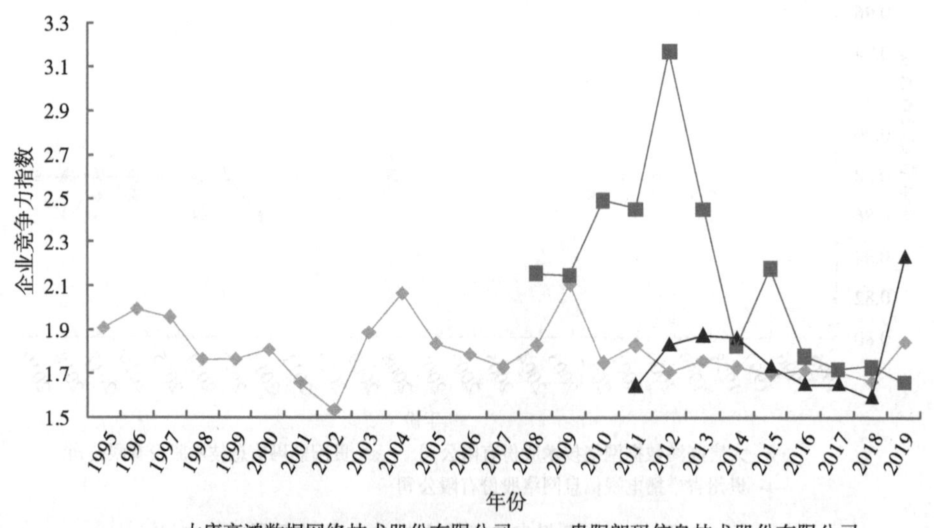

图4-23 贵州省典型大数据企业竞争力比较

4.5 研究结论

本研究经过文献整理、实地访谈，对新时代贵州省企业数智化发展背景进行了深入探究。结合样本调研，梳理了贵州省企业数智化核心发展的特征与现状，并研究了其数智核心竞争力的构成体系，为进一步提升贵州省企业的数智核心竞争力提供了理论基础。同时，以融合发展的视角，探索了基于供应链协同、平台共建、知识共享、商誉共用和价值共创的贵州省企业数智核心竞争力提升路径。本研究发现以下几点。

1. 宏观数字经济趋势与企业数智竞争力水平的不一致

虽然贵州省数字经济与大数据产业在近年来表现出迅猛的发展势头，然而在实际运营层面，部分大数据企业并未能展现出令人满意的成绩。这种宏观趋势与微观实体的非对称性可能源于多重因素的综合作用，包括贵州省经济基础的相对薄弱、政策利好的短暂性效应，以及市场资源配置的不尽完善。为此，为推动贵州省数字经济与大数据产业的全面升级与实质性飞跃，应聚焦于培育并增强企业的核心竞争力，确保产业发展既能把握宏观大势，又能在微观层面实现稳健、高效的运营。

2. 贵州省企业数智竞争力提升的模式与路径

经过深入研究，本书提出提升贵州省企业数智竞争力的模式与路径应涵盖以下要义：首先，是构建大数据商业生态系统、完善大数据供应链价值共创机制以及强化自主创新能力。大数据商业生态系统作为贵州大数据企业竞争力提升的重要载体和系统边界，将为企业提供广阔的发展空间和无限的可能性。其次，大数据供应链价值共创机制将成为贵州省企业数智竞争力提升的核心驱动力，通过促进各方合作与共赢，实现价值的最大化。而自主创新能力的提升，则是贵州省企业数智竞争力提升的内在要求和关键环节，将为企业注入源源不断的创新动力。为此，我们建议贵州省企业应积极构建大数据商业生态系统，完善大数据供应链价值共创机制，并不断加强自主创新能力，从而全面提升企业的数智竞争力。这些措施将共同构成企业数智竞争力提升的系统框架、驱动力和关键内涵，为贵州企业的持续发展提供有力支撑。

3. 贵州省企业数智竞争力的融合提升

为推进贵州省企业数智核心竞争力的全面提升,本研究建议采纳供应链协同、平台共建、知识共享、商誉共用和价值共创等策略作为指导思想。这些策略不仅有助于强化企业间的协作与沟通,更能推动数智技术的持续创新与应用,进而实现价值的共同创造,最终实现数智竞争力的显著提升。

4. 贵州省企业数智竞争力提升的政策建议

为强化贵州省企业在数字化智能领域的核心竞争力,本研究提出以下策略性建议:政府应从财政补贴、税收减免及金融支持等角度,向大数据企业提供更多扶持;加强企业间的合作与交流机制,促进数字化智能技术的共享与创新应用;重视并加大人才培养与引进力度,以提升企业自主创新能力;同时,完善政策法规体系,为企业提供稳定且透明的营商环境,从而推动贵州省企业的数智核心竞争力的全面提升。

综上所述,贵州省企业数智核心竞争力的提升是一个长期且复杂的过程,需要政府、企业和社会各界的共同努力。通过实施上述策略,可以有效提升贵州省企业的数智竞争力,推动经济的高质量发展。

第5章　贵州省制造型企业数智化平台调研

5.1　调研背景

谈及大数据发展，贵州省作为我国国家大数据综合试验区的代表，其建设经验已被国家发展改革委在全国范围内推广。这一经验涵盖了多个方面，包括数据治理与促进数据要素市场化的结合、先行先试与包容创新的结合等。这些方面的实施不仅体现了贵州省在数据中心整合、数据资源应用等方面取得的突出成绩，而且充分肯定了贵州在培育大数据骨干企业等方面所取得的显著成效（陈毓钊，2021）。

大数据建设的推进，使贵州省的社会信息化程度持续提升，公共服务平台逐渐实现数字化，民众在日常信息与事务处理中开始适应新的数据系统方式。媒体纷纷以"迭代""跨越"等词汇形容贵州正在经历的这一深刻变化。然而，在对此表示肯定的同时，作为企业管理领域的研究者，我们更关注贵州省制造型企业在大数据建设中遇到的瓶颈与问题。

正如贵州省大数据政策法律创新研究中心副主任罗以宏所强调的，推动先进制造业发展、促进制造业数智化转型，是全球制造业发展的时代趋势。贵州省的制造型企业在这方面还有很长的路要走，需要持续努力以抓住这一历史机遇。

贵州省正致力于推动大数据与实体经济的深度融合，通过实施"千企改造"和"万企融合"两大行动，积极参与数字经济的攻坚战，旨在促进实体经济的数字化、网络化和智能化转型。这一战略思路与国内外学者关于制造型企业数字化从价值链或产业链角度的研究相契合。

毛光烈（2019）强调，企业数字化是制造智能化的基石，而平台则是大数据服务和人工智能应用的关键载体。数字化与平台化是推动企业数字化转型不可或缺的两个组成部分。赖红波（2019）探讨了制造业、工业设计和互联网三者之间的融合机制，以及传统制造产业的转型路径。他特别指出制造型企业需深入挖掘用户需求，研究用户行为规律，持续改进产品或服务，同时政府应激发企业的主体性和积极性，实现市场主导与政府引导的有效结合。

孟凡生和赵刚（2018）认为，制造型企业数字化转型的核心在于将数字化技术与制造技术全面融合，通过在整个制造过程和生产流程中全面应用大数据管控，实现精准管理，优化生产过程和资源配置。胡查平等（2018）将制造型企业数字化转型过程划分为关注产品生产制造、关注产品基础性服务提供和关注顾客三个阶段。梁敬东等（2017）利用20个主要制造业国家的数据发现，数字化改造在节能减排、提高劳动生产率等方面对企业产生了显著效益，对推动制造服务业的发展具有重要意义。

本研究认为，贵州省应把握国家大力发展新基建的战略机遇期，进一步加强数智化基础设施建设，构建互联网数据中心产业集群，持续推动大数据产业向更深层次发展。在此过程中，贵州省应努力创造更多更好的贵州经验，为其他地区提供有益的参考和借鉴。

开展制造型企业数字化评价指标体系的研究，对了解企业数字化转型状况，推动制造型企业提升数字化转型能力，从而提升市场竞争力具有重要意义（陈畴镛等，2020）。企业数字化评价是企业数字化建设的重要组成部分。国外学者欧哈拉等（2011）认为，每个具备互联网连接的组织都具有其固有的数字化能力。一旦连接问题解决，数字化水平就成为衡量企业从互联网获得商业价值的潜力指标。柳等（2016）将数字化水平定义为组织的可视化能力，可视化能力有助于组织减少信息复杂性和不确定性，使数据和信息以适当格式呈现，从而实现研发和生产的全面整合。而蕾恩卡等（2017）强调，尽管学者分析的一些能力会对企业数字化转型产生影响，但究竟哪些方面是企业数字化转型所必需的尚无统一定论，因此“明确哪些因素是企业数字化建设所必需的”已成为当前亟须解决的问题。

在最近几年的国内代表性研究文献中，邵坤和温艳（2017）从企业的基础设施、业绩产出及创新能力三个维度，全面评估了企业的智能制造能力。易伟明（2018）则运用张量理论，从系统层级、智能功能及生命周期三个维度，构建了一套评价体系，用以衡量企业的智能制造能力。

针对贵州省企业，齐亚丽（2018）以我国的装备制造型企业为研究对象，从创新资源的投入、产出、保障、转化吸收、环保和整合六个方面，深入评价了企业在工业化与信息化融合环境下的技术创新能力，并强调了数字化研发工具的重要性以及生产设施数控化的比率。张艾莉和张佳思（2018）在"互联网+"背景下，以我国制造型企业为研究对象，深入探讨了制造型企业、互联网和企业创新之间的相互关系，提出了信息乘数这一概念，用以量化"互联网+"对传统制造业的影响，并从创新投入、实践和产出三个方面，构建了一套综合评价体系。陈畴镛等（2020）则从技术变革、组织变革和管理变革三个方面，对制造型企业数字化转型的指标体系进行了深入研究。

综合以上分析，本研究结合贵州省大型制造型企业（2001人以上）、中型制造型企业（1000人以内和2000人以内）、小型制造型企业（300人以内）的发展实际情况，以及国内外已有的研究成果，基于价值实现视角下的产业价值链理论，从数智化投入、数智化应用和数智化效益三个方面，设计了贵州省制造型企业的数字化评价指标体系，并以此为基础，深入探讨了贵州省制造型企业的数智化应用与提升的路径和方法。

5.2　调研方法

本研究关注的是被列入贵州省"双百强"企业名录的制造型企业。

本研究沿用实证研究方法，强调获取贵州省前沿制造型企业的第一手资料与数据。本研究向贵州省的制造型企业分发262份问卷，并成功回收所有有效问卷。这些问卷涵盖了20个行业，为我们提供了宝贵数据。就职务层级而言，中层管理者占比最大，达到39.31%，其次是员工，占比为33.21%。高层管理者和基层管理者分别占比为8.40%和19.08%。这一数据明确地反映了中层管理者在企业中的核心地位，而高层管理者相对较少。

在企业性质方面，私营企业占据主导，占比高达52.29%。集体所有制企业紧随其后，占比为22.90%，全民所有制企业和混合所有制企业分别占比为17.56%和7.25%。这凸显了私营企业在贵州省经济发展中的重要地位。同时，内资企业占比最大，达到78.63%，中外合资企业、外商独资企业和中外合作企业分别占比为9.92%、5.34%和6.11%。这表明贵州省制造型企业主要为内资企业，外商独资企业数量相对较少。

就员工规模而言，超过2000人的企业占比为32.82%，而在300人以内的企业占比为42.37%。此外，有19.47%的企业员工人数在1000人以内，仅有5.34%的企业员工人数在2000人以内。这表明贵州省的制造型企业模相对较小，但同时也存在一定数量的大型企业。

调研成果主要体现在以下三个方面。

第一，通过文献调查法，收集企业数字化发展的相关文献，并进行深入解读，弥补研究团队在该问题上的研究缺陷，提升关于企业数字化构成要素、培育模式、实现路径等相关问题的理性认识。

第二，通过实地考察法，实地走访贵州省大数据发展管理局、贵阳国家高新技术产业开发区等部门，与贵州省大数据企业管理局相关部门进行深度交流，近年来探讨贵州省制造型企业的数字化发展动态、相关政策落实与效果，并获取政府层面的一手数据，为项目研究奠定了现实基础。

第三，通过问卷调查法，围绕贵州省制造型企业数字化发展中的关键因素设计调查问卷，从贵州省大数据企业库中筛选具有代表性的制造型企业，对其不同层级的员工进行问卷调查，获取企业层面的一手数据，为确定贵州省制造型企业数字化评价标准提供可靠数据。

5.3 调研前的文献准备

在制造型企业的数智化水平方面，本研究根据相关理论文献的综合分析，以及贵州省制造型企业的实际情况，详细研究了以下四个方面的文献：①企业在数智化方面的投入。例如，数字智能设备的装备率、企业设备的联网率、数字智能主管部门在组织机构中的地位、企业在数智化知识学习及人才培养方面的投入等。②企业数字智能技术的实际应用程度。例如，企业在研发设计方面的数智化核心应用（包括设计软件或产品的应用、方案设计阶段的数智化能力及产品和工艺设计能力），企业在生产制造方面的数智化程度（包括各生产环节的自动化程度、生产管理的数智化应用和生产协同方面的数智化程度等），企业生产运行维护方面的数智化程度，企业经营管理方面的数智化程度，企业综合集成方面的数智化程度，企业决策支持方面的数智化程度等。③企业数智化产生的效益。例如，直接经济效益、间接经济效益、产品创新增值（产品研发周期或开发周期缩短比例和新产品销售额等）和商业模式创新等。

数字化转型是渐进的、逐步迈向愿景的过程，非一蹴而就。本次调研以国内外成熟度模型的等级划分为参照，并结合预实验的结果，对贵州省制造型企业的数字化水平的特点进行了深入总结。经过严谨的研究和认证，我们将制造型企业的数字化成熟度水平划分为五个等级，分别为数字化入门者、数字化升级者、数字化转型者、数字化专家及数字化引领者。这一分类方法确保了数据的信度和效度，为制造型企业的数字化转型提供了有力支持。

5.4 调研方案与技术路线

根据研究内容和主要目标，本研究开展了以下工作。

第一，在文献综述的基础上，界定数智化、制造型企业数智化的概念内涵；第二，基于产业价值链理论，针对制造型企业数智化的特点，提出一套制造型企业数智化评价指标体系；第三，在对现有评价方法分析的基础上，确定本研究的评价方法，进而构建制造型企业数字化评价体系；第四，以贵州省制造型企业为评价对象，通过问卷调查的方式获取样本数据，开展评价研究，检验评价体系的有效性。

本章研究技术路线，如图5-1所示。

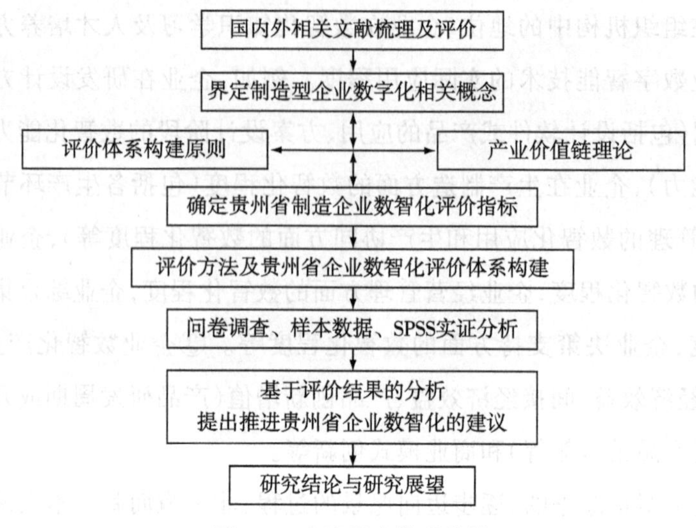

图5-1　本章研究技术路线

本章所涉及的重点内容如下。

第一，对贵州省及国内外制造型企业信息通信技术应用评价的研究进行了系统性综述，探讨了制造型企业数字化的发展动态；明确了本研究的研究方法、研究内容和技术路线，并揭示了其创新之处。

第二，概述了制造型企业数字化相关理论，深入探讨了数字化与信息化的区别与联系，明确界定了数字化的内涵。在此基础上，本研究通过文献分析，界定了制造型企业数字化的概念，并详细阐述了构建数字化评价体系的理论依据。

第三，介绍了贵州省制造型企业数字化评价指标体系的构建原则，随后基于创新价值链理论，构建了制造型企业数字化评价指标体系，并对每个指标的含义及计分方式进行了详细解释。

第四，在对现有评价方法进行深入研究的基础上，结合本研究需求，确定了合适的评价方法。随后，本研究结合前文构建的评价指标体系和评价方法，构建了制造型企业数字化评价体系。

第五，本研究通过问卷调查的方式收集样本数据，并运用已构建的制造型企业数字化评价体系对调查对象进行评价研究，以验证评价体系的有效性和适用性。

第六，本研究基于以上研究及评价结果的分析，从政府和企业两个层面提出了推进贵州省制造型企业数字化转型的建议。

第七，总结了本研究的不足之处，并指出了未来拓展研究的方向。

5.5　问卷设计与调查

5.5.1　量表设计的原则与步骤

量表的构建需要遵循科学性、导向性、可比性、可操作性和渐进性的原则。基于以上原则，在现有研究的基础上，以科学性、导向性、渐进性原则为导向，放松可比性和可操作性原则，构建贵州省制造型企业数字化调查量表。为使问卷调查更具备有效性，问卷设计结束后，须选取样本企业的员工进行初步的问卷调查，并询问被调查人员是否存在对调查问卷内容有疑惑的部分。另外，在正式调研过程中，因为有贵州省“双百企业”员工的大力配合，本研究所获数据真实可靠。

5.5.2　贵州省制造型企业数字化调查量表的构成要素和逻辑

从开放视角看，制造型企业数字化行为存在内生传导机制，即在企业产权系统内推进要素配置的数字化转型，核心特点体现于企业数字化制造投入时的要素来源。制造型企业数字化属综合概念，依据数字化活动流程，可划分为数字化活动的基础准备、行为过程及结果等维度。基于此，贵州省制造型企业数字化的理性表达可用向量表示

$$\boldsymbol{R}=\begin{bmatrix} r_1 \\ r_2 \\ \vdots \\ r_i \end{bmatrix} \tag{5-1}$$

企业作为运动着的物质实体，是发展的载体，而制造型企业数字化，则是这一运动过程的动态呈现。运动具有绝对性，意味着制造型企业数字化处于持续

变化中，不能用一成不变的标准与视角去评判；静止是相对的、暂时的，制造型企业数字化所呈现出的结果等指标，只是特定阶段的静态体现，虽能反映其变化趋势，却无法涵盖全部状态 。运动与静止相互依存，无运动则无静止，二者相互渗透。这启示我们，构建制造型企业数字化 评价指标体系时，需兼顾其动态与静态因素，且认识到二者相互关联、彼此促进 。

随着中国数字经济的快速发展，各界对于数字经济的概念、范围和边界的认识出现了较多争论。鉴于此，国家统计局在梳理国内外业界及学界研究成果的基础上，于2021年出台了《数字经济及其核心产业统计分类(2021)》，首次明确了数字经济的行业范围。该分类将数字经济的行业构成确定为计算机制造、通信设备制造、雷达设备制造、广播电视设备制造、智能设备制造、电子元器件及设备制造、其他数字产品服务业、软件开发、其他数字化效率提升业、其他数字要素驱动业等。这一分类是在《国民经济行业分类》(GB/T 4754—2017)基础上，对数字经济相关行业进行的重新梳理和细化，与《国民经济行业分类》(GB/T 4754—2017)保持了同质性。

鉴于上述认识，我们通过研究分析，结合现有研究成果，构建了贵州省制造型企业数字化调查量表，详见附录二。

5.5.3 数据采集情况及统计

本次调研共发放问卷262份，回收262份，问卷全部有效，覆盖了贵州省的20个行业的制造型企业。具体数据显示，高层管理者占比为8.40%，中层管理者占比为39.31%，基层管理者占比为19.08%，员工占比为33.21%。从职务层级上看，中层管理者的比例最高，其次是员工，高层管理者占比最低。关于企业性质数据，私营企业是本次单选题中被选择最多的选项，占比为52.29%。其次是集体所有制企业，占比为22.90%。全民所有制企业占比为17.56%，混合所有制企业占比为7.25%。可以看出，私营企业在企业性质中占据了较大的比例，说明私营企业在当前经济发展中具有重要的地位。而混合所有制企业的比例较小，说明混合所有制企业在当前的企业经营中并不是主流。另外，内资企业占比最大，达到了78.63%；其次是中外合资企业，占比为9.92%；外商独资企业占比为5.34%；

中外合作企业占比为6.11%。从以上数据可以看出，大部分企业都是内资企业，外商独资企业数量较少。

参与调研的贵州省制造型企业中，员工人数在2001人以上的企业占比为32.82%，在300人以内的企业占比为42.37%，占比为19.47%的企业在1000人以内，而只有5.34%的企业在2000人以内。从262份问卷的数据统计看，所涉及制造行业的占比，如图5-2所示。

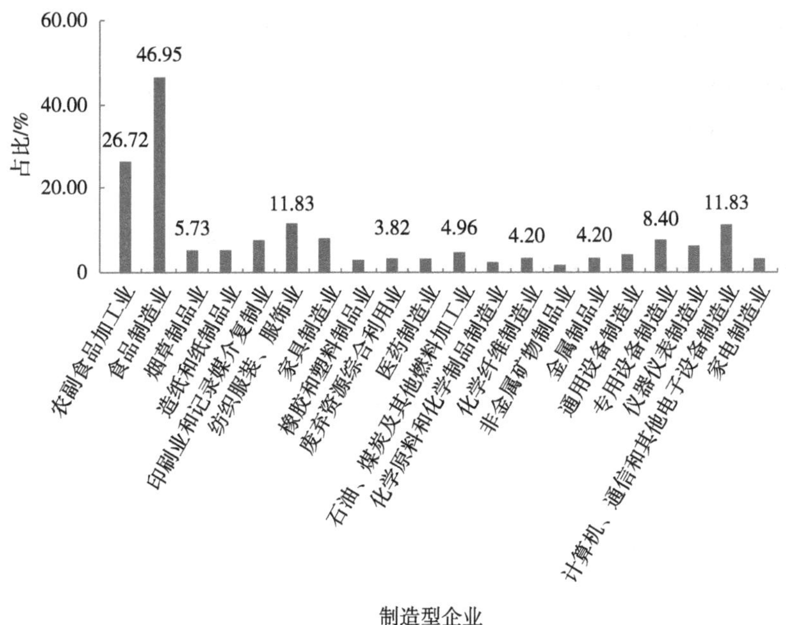

图5-2 本研究所涉及的制造行业的占比

其中，占比最大的是食品制造业，为46.95%，其次是农副食品加工业，占比为26.72%。纺织服装、服饰业和计算机、通信和其他电子设备制造业占比相同，都为11.83%。

5.6 贵州省制造型企业数字化综合评价

5.6.1 相关系数矩阵与KMO检验

经过对相关矩阵的细致分析，能够观察到绝大多数变量间的相关系数均超过了0.3，显示出较强的相关性。为了进一步验证这些变量是否适合进行因子分析，我们还对它们进行了KMO检验和Bartlett球体检验。两项检验的结果均表明，这些变量适用于因子分析的方法。基于这些分析，我们得出结论，运用因子分析对这些变量进行进一步的研究是合理且有效的。

通过KMO检验和Bart1ett球体检验可知，KMO检验值为0.915，结果表明可以运用因子分析方法（表5-1）。

表5-1　KMO检验和Bartlett球体检验

KMO检验		检验值
		0.915
Bartlett球体检验	近似卡方	4871.147
	自由度	496
	显著性	0

5.6.2 提取公因子

通过SPSS软件的因子分析，原有观测指标共计32个指标。这些指标在理论上应该测度的是与制造型企业数字化相关的具体领域和方向。在设计指标体系时，我们需要用客观的方法对这些指标进行分类，即因子分析。因此，分析的基本逻辑是，在众多的因素中寻找公因子，而这些公因子就是我们在设计指标体系时需要关注的结构维度。在分析中，我们以数据指标所体现出的方差大小所包含的信息作为提取公因子的主要依据。本研究所选取的观测指标包含的公因子方差信息都比较大，可以判断所选择的观测指标都是必要的（表5-2）。

表5-2　公因子方差

题项	初始	提取
6．数字化设备装备率。在贵州省企业所有设备中，已经嵌入数字化技术的设备占总设备的比例为	1.000	0.696
7．企业设备联网率	1.000	0.684
8．数字化主管部门在企业组织机构中的级别	1.000	0.653
9．贵州省企业聘用管理人员需要有完备的数字化知识	1.000	0.782
10．贵州省企业对数字化技术等有关知识开展了持续性的内部学习	1.000	0.795
11．贵州省企业具备的设计软件或产品包括（可多选）：（二维CAD软件）	1.000	0.648
12．方案设计阶段的数字化能力	1.000	0.553
13．产品和工艺设计能力	1.000	0.712
14．企业目前在以下哪些生产环节实现了自动控制：	1.000	0.561
15．生产管理的数字化应用（可多选）：（生产计划与排程）	1.000	0.719
16．企业通过互联网渠道或互联网技术哪些业务环节实现了协同（可多选）（生产计划）	1.000	0.721
17．产品本身的数字化和智能化程度	1.000	0.582
18．交付	1.000	0.615
19．运行	1.000	0.669
20．维修/维护	1.000	0.423
21．贵州省企业正在使用的企业管理软件或系统（可多选）：[OA（办公自动化）]	1.000	0.725
22．贵州省企业正在使用外部关系管理方面的软件或系统（可多选）：[SCM（供应链管理）]	1.000	0.733
23．贵州省企业使用数字化相关技术方面的软件或应用（可多选）：（数据挖掘软件）	1.000	0.757
24．贵州省企业数字化技术在业务流程中的自动化覆盖率	1.000	0.626
25．贵州省企业在数字化综合集成方面处于哪个阶段	1.000	0.624
26．贵州省企业决策中对数字化的支持程度	1.000	0.638

续表

题项	初始	提取
27. 贵州省企业应用数字化技术提高库存资金周转率的情况符合以下哪一项	1.000	0.722
28. 数字化、智能化等方面建设使企业的整体成本降低	1.000	0.628
29. 贵州省企业数字化技术使得产品的合格率提高比例	1.000	0.720
30. 贵州省企业近三年主要产品的订单响应时间缩短	1.000	0.704
31. 贵州省企业近三年主要产品的订单按期完成率提高	1.000	0.739
32. 贵州省企业近三年主要产品的新产品研发周期缩短	1.000	0.728
33. 贵州省企业数字化技术使产品开发周期缩短比例	1.000	0.738
34. 贵州省企业数字化技术带来的新产品销售额占总销售额比例	1.000	0.739
35. 贵州省企业依托数字化技术已经或正在实施以“产品+软件+服务”为核心的商业模式	1.000	0.739
36. 贵州省企业依托数字化技术已经或正在实施规模化定制模式	1.000	0.703
37. 贵州省企业依托数字化技术已经或正在努力成为平台型企业	1.000	0.708

注:提取方法为主成分分析法。

公因子方差仅能表明,我们所选观测指标对制造型企业数字化影响重大,蕴含大量公因子信息。而这些公因子信息的具体描述方式、分布是否均匀,对指标体系设计至关重要。那么,公因子信息该如何分类,具体体现在哪些方面?可通过解释总方差分析。从表5-3的解释总方差可知,指标体系的32个观测指标,共体现出三个公因子,它们涵盖了32个指标96.912%的信息。由此可判定,指标体系的主成分有三个,这三个主要成分就是所构建指标体系的结构维度 。

表5-3 解释总方差(一)

成分	初始特征值			提取载荷平方和			旋转载荷平方和		
	总计	方差百分比	累积百分比	总计	方差百分比	累积百分比	总计	方差百分比	累积百分比
1	10.934	34.168	34.168	10.934	34.168	34.168	8.075	25.234	25.234

续表

成分	初始特征值			提取载荷平方和			旋转载荷平方和		
	总计	方差百分比	累积百分比	总计	方差百分比	累积百分比	总计	方差百分比	累积百分比
2	3.636	11.363	45.531	3.636	11.363	45.531	4.284	13.388	38.622
3	2.348	7.337	52.868	2.348	7.337	52.868	2.278	7.119	45.741
4	1.485	4.640	57.508	1.485	4.640	57.508	2.159	6.747	52.488
5	1.291	4.035	61.542	1.291	4.035	61.542	1.758	5.493	57.981
6	1.070	3.343	64.886	1.070	3.343	64.886	1.675	5.235	63.217
7	1.021	3.190	68.076	1.021	3.190	68.076	1.555	4.859	68.076
8	0.812	2.536	70.612						
9	0.739	2.310	72.922						
10	0.705	2.204	75.126						
11	0.657	2.053	77.179						
12	0.638	1.994	79.173						
13	0.569	1.779	80.952						
14	0.546	1.707	82.659						
15	0.513	1.603	84.263						
16	0.479	1.496	85.758						
17	0.451	1.411	87.169						
18	0.440	1.374	88.543						
19	0.392	1.227	89.769						
20	0.362	1.131	90.900						
21	0.347	1.085	91.985						
22	0.316	0.986	92.971						
23	0.314	0.982	93.953						
24	0.293	0.915	94.868						
25	0.284	0.887	95.755						
26	0.258	0.805	96.561						
27	0.235	0.734	97.295						
28	0.208	0.650	97.945						

续表

成分	初始特征值			提取载荷平方和			旋转载荷平方和		
	总计	方差百分比	累积百分比	总计	方差百分比	累积百分比	总计	方差百分比	累积百分比
29	0.189	0.590	98.535						
30	0.178	0.556	99.091						
31	0.161	0.502	99.594						
32	0.130	0.406	100.000						

注：提取方法为主成分分析法。

5.6.3 指标聚类

上文提取的三个主要成分，每个具体观测指标在各成分中均有对应信息表达，差异在于同一指标在不同成分上的信息占比不同。将32个观测指标按主成分分类，是指标体系构建的关键环节。本研究依据旋转后成分矩阵（表5-4）里，指标在不同成分的信息载荷量进行分类：若某指标在特定成分上的载荷量最大，就将其归为该成分。

表5-4　旋转后成分矩阵（一）

题项	成分						
	1	2	3	4	5	6	7
33．贵州省企业数字化技术使产品开发周期缩短比例	0.848	0.067	0.056	0.012	0.002	0.102	0.003
34．贵州省企业数字化技术带来的新产品销售额占总销售额比例	0.846	0.054	0.067	0.049	0.063	0.091	−0.031
32．贵州省企业近三年主要产品的新产品研发周期缩短	0.839	0.089	0.083	0.015	0.099	0.016	−0.002
31．贵州省企业近三年主要产品的订单按期完成率提高	0.828	0.156	0.138	−0.008	0.025	0.035	0.091

续表

题项	成分						
	1	2	3	4	5	6	7
35. 贵州省企业依托数字化技术已经或正在实施以“产品+软件+服务”为核心的商业模式	0.813	0.085	0.155	0.097	0.158	0.061	−0.088
30. 贵州省企业近三年主要产品的订单响应时间缩短	0.812	0.113	0.105	0.035	−0.013	0.129	0.049
36. 贵州省企业依托数字化技术已经或正在实施规模化定制模式	0.802	0.109	0.103	0.092	0.124	0.116	−0.003
29. 贵州省企业数字化技术使得产品的合格率提高比例	0.774	0.127	0.229	0.054	0.051	0.191	0.102
37. 贵州省企业依托数字化技术已经或正在努力成为平台型企业	0.756	0.186	0.177	0.114	0.216	0.102	−0.020
28. 数字化、智能化等方面建设使企业的整体成本降低	0.732	0.039	0.187	0.111	0.099	0.140	0.114
27. 贵州省企业应用数字化技术提高库存资金周转率的情况符合以下哪一项	0.676	0.106	0.439	0.032	0.019	0.238	0.061
24. 贵州省企业数字化技术在业务流程中的自动化覆盖率	0.499	0.109	0.487	0.068	0.110	0.331	−0.051
23. 贵州省企业使用数字化相关技术方面的软件或应用(可多选):(数据挖掘软件)	0.151	0.849	0.074	0.056	0.027	0.0030	0.060
21. 贵州省企业正在使用的企业管理软件或系统(可多选):[OA(办公自动化)]	−0.032	0.837	0.104	0.044	−0.020	0.103	0.013

续表

题项	成分						
	1	2	3	4	5	6	7
22．贵州省企业正在使用外部关系管理方面的软件或系统(可多选):[SCM(供应链管理)]	0.133	0.819	0.172	0.002	0.0720	0.042	0.084
15．生产管理的数字化应用(可多选):(生产计划与排程)	0.154	0.803	0.078	0.152	0.124	0.001	−0.079
16．企业通过互联网渠道或互联网技术哪些业务环节实现了协同(可多选):(生产计划)	0.195	0.786	0.021	0.174	0.170	0.040	−0.064
11．贵州省企业具备的设计软件或产品包括(可多选):(二维CAD软件)	0.123	0.733	0.130	−0.106	0.038	0.075	0.246
26．贵州省企业决策中对数字化的支持程度	0.297	0.185	0.694	0.022	0.058	0.135	0.109
25．贵州省企业在数字化综合集成方面处于哪个阶段	0.341	0.216	0.671	−0.033	0.005	0.020	0.097
14．企业目前在以下哪些生产环节实现了自动控制	0.285	0.216	0.525	0.270	0.235	−0.172	−0.007
19．运行	0.040	0.035	0.147	0.792	0.068	0.032	0.111
17．产品本身的数字化和智能化程度	0.071	0.048	−0.066	0.754	0.027	0.026	−0.018
18．交付	0.121	0.142	0.080	0.636	−0.043	−0.030	0.408
20．维修/维护	0.094	0.070	−0.061	0.428	−0.135	0.189	0.411
10．贵州省企业对数字化技术等有关知识开展了持续性的内部学习	0.168	0.135	0.095	0.033	0.851	0.101	0.063
9．贵州省企业聘用管理人员需要有完备的数字化知识	0.207	0.149	0.065	0.004	0.833	0.134	0.030

续表

题项	成分						
	1	2	3	4	5	6	7
8．数字化主管部门在企业组织机构中的级别	0.244	0.064	−0.151	0.011	0.218	0.709	0.127
7．企业设备联网率	0.369	0.184	0.321	0.097	0.070	0.626	−0.063
6．数字化设备装备率。在贵州省企业所有设备中，已经嵌入数字化技术的设备占总设备的比例为	0.409	0.038	0.402	0.070	0.031	0.598	−0.048
13．产品和工艺设计能力	−0.039	0.045	0.027	0.087	0.053	−0.026	0.835
12．方案设计阶段的数字化能力	0.077	0.091	0.187	0.390	0.1420	0.036	0.575

注：1．提取方法为主成分分析法。旋转方法为凯撒正态化最大方差法。

2．旋转在7次迭代后已收敛。

5.6.4　成分命名

通过上述办法，我们基本上可以对所构建的指标体系的结构维度进行确定，详见表5-5。同时，根据指标分类考察其表现出来的共同特性，对成分进行命名。

表5-5　旋转后成分矩阵（二）

题项	成分						
	数字化产出	数字化投入	数字化决策	数字化运营	数字化学习	数字化设备	数字化设计
33．贵州省企业数字化技术使产品开发周期缩短比例	0.848						
34．贵州省企业数字化技术带来的新产品销售额占总销售额比例	0.846						

续表

题项	成分						
	数字化产出	数字化投入	数字化决策	数字化运营	数字化学习	数字化设备	数字化设计
32. 贵州省企业近三年主要产品的新产品研发周期缩短	0.839						
31. 贵州省企业近三年主要产品的订单按期完成率提高	0.828						
35. 贵州省企业依托数字化技术已经或正在实施以“产品+软件+服务”为核心的商业模式	0.813						
30. 贵州省企业近三年主要产品的订单响应时间缩短	0.812						
36. 贵州省企业依托数字化技术已经或正在实施规模化定制模式	0.802						
29. 贵州省企业数字化技术使得产品的合格率提高的比例	0.774						
37. 贵州省企业依托数字化技术已经或正在努力成为平台型企业	0.756						

续表

题项	成分						
	数字化产出	数字化投入	数字化决策	数字化运营	数字化学习	数字化设备	数字化设计
28. 数字化、智能化等方面建设使企业的整体成本降低	0.732						
27. 贵州省企业应用数字化技术提高库存资金周转率的情况符合以下哪一项	0.676						
24. 贵州省企业数字化技术在业务流程中的自动化覆盖率	0.499						
23. 贵州省企业使用数字化相关技术方面的软件或应用(可多选):(数据挖掘软件)		0.849					
21. 贵州省企业正在使用的企业管理软件或系统(可多选):[OA(办公自动化)]		0.837					
22. 贵州省企业正在使用外部关系管理方面的软件或系统(可多选):[SCM(供应链管理)]		0.819					
15. 生产管理的数字化应用(可多选):(生产计划与排程)		0.803					

续表

题项	成分						
	数字化产出	数字化投入	数字化决策	数字化运营	数字化学习	数字化设备	数字化设计
16. 企业通过互联网渠道或互联网技术哪些业务环节实现了协同（可多选）:（生产计划）		0.786					
11. 贵州省企业具备的设计软件或产品包括（可多选）:（二维CAD软件）		0.733					
26. 贵州省企业决策中对数字化的支持程度			0.694				
25. 贵州省企业在数字化综合集成方面处于哪个阶段			0.671				
14. 企业目前在以下哪些生产环节实现了自动控制			0.525				
19. 运行				0.792			
17. 产品本身的数字化和智能化程度				0.754			
18. 交付				0.636			
20. 维修/维护				0.428			
10. 贵州省企业对数字化技术等有关知识开展了持续性的内部学习					0.851		

续表

题项	成分						
	数字化产出	数字化投入	数字化决策	数字化运营	数字化学习	数字化设备	数字化设计
9．贵州省企业聘用管理人员需要有完备的数字化知识					0.833		
8．数字化主管部门在企业组织机构中的级别						0.709	
7．企业设备联网率						0.626	
6．数字化设备装备率						0.598	
13．产品和工艺设计能力							0.835
12．方案设计阶段的数字化能力							0.575

注：1．提取方法为主成分分析法。旋转方法为凯撒正态化最大方差法。

2．旋转在7次迭代后已收敛。

成分1主要由题项33、题项34、题项32、题项31、题项35、题项30、题项36、题项29、题项37、题项28、题项27、题项24构成，其特点主要围绕制造数字化产出展开，因此将成分1命名为数字化产出。

成分2主要由题项23、题项21、题项22、题项15、题项16、题项11构成，其特点主要围绕数字化投入展开，因此将成分2命名为数字化投入。

成分3主要由题项26、题项25、题项14构成，因此将成分3命名为数字化决策。

成分4主要由题项19、题项17、题项18、题项20构成，因此将成分4命名为数字化运营。

成分5主要由题项10、题项9构成，因此将成分4命名为数字化学习。

成分6主要由题项8、题项7、题项6构成，因此将成分6命名为数字化设备。

成分7主要由题项13、题项12构成，因此将成分7命名为数字化设计。

5.6.5 贵州省制造型企业数字化评价体系权重

构建完指标体系后，需要确定各指标的权重。本研究采用客观赋权法确定各指标的权重。根据表5-6解释总方差，可得到各一级指标的权重。计算公式为

$$成分i权重 = \frac{成分i方差百分比}{方差百分比累积} \tag{5-2}$$

表5-6 解释总方差（二）

成分	初始特征值			提取载荷平方和			旋转载荷平方和			权重
	总计	方差百分比	累积百分比	总计	方差百分比	累积百分比	总计	方差百分比	累积百分比	
1	10.934	34.168	34.168	10.934	34.168	34.168	8.075	25.234	25.234	0.371
2	3.636	11.363	45.531	3.636	11.363	45.531	4.284	13.388	38.622	0.197
3	2.348	7.337	52.868	2.348	7.337	52.868	2.278	7.119	45.741	0.105
4	1.485	4.640	57.508	1.485	4.640	57.508	2.159	6.747	52.488	0.099
5	1.291	4.035	61.542	1.291	4.035	61.542	1.758	5.493	57.981	0.081
6	1.070	3.343	64.886	1.070	3.343	64.886	1.675	5.235	63.217	0.077
7	1.021	3.190	68.076	1.021	3.190	68.076	1.555	4.859	68.076	0.071

需要明确的是，主成分权重可通过解释总方差获取，而观察指标的权重可通过熵值法获取。

则设 x'_{ij} 为第 i 个观测者的第 j 个指标的数值。（$i = 1,2,\cdots,n$；$j = 1,2,\cdots,m$）。为了方便起见，仍记数据 $x'_{ij} = x_{ij}$。

计算第 j 项指标下第 i 个观测者占该指标的比重

$$p_{ij} = \frac{X_{ij}}{\sum_{i=1}^{n} X_{ij}},\left(i = 1,2,\cdots,n;\ j = 1,2,\cdots,m\right) \tag{5-3}$$

计算第 j 项指标的熵值

$$e_j = -k\sum_{i=1}^{n} p_{ij}\ln\left(p_{ij}\right) \tag{5-4}$$

式中，$k > 0, k = 1/\ln(n), e_j \geqslant 0$。

计算第 j 项指标的差异系数。对第 j 项指标，指标值的差异越大，对方案评价的影响就越大，熵值就越小，定义差异系数

$$g_j = \frac{1 - e_j}{m - E_e} \tag{5-5}$$

式中，$E_e = \sum_{j=1}^{m} e_j, 0 \leqslant g_i \leqslant 1, \sum_{j=1}^{m} g_j = 1$

求权值

$$w_j = \frac{g_j}{\sum_{j=1}^{m} g_j} \tag{5-6}$$

计算结果如表5-7所示，将各题项权重与标准化之后的数据进行加权可得合成主成分的数值。

表5-7　各题项权重与得分

题项	权重	得分
6. 数字化设备装备率。在贵州省企业所有设备中，已经嵌入数字化技术的设备占总设备的比例为	3.33%	0.016139138
7. 企业设备联网率	2.64%	0.015848585
8. 数字化主管部门在企业组织机构中的级别	2.44%	0.013441427
9. 贵州省企业聘用管理人员需要有完备的数字化知识	1.08%	0.006592572
10. 贵州省企业对数字化技术等有关知识开展了持续性的内部学习	0.94%	0.005663609
11. 贵州省企业具备的设计软件或产品包括（可多选）：（二维CAD软件）	7.71%	0.015945919
12. 方案设计阶段的数字化能力	1.71%	0.011791636
13. 产品和工艺设计能力	2.34%	0.013832851

续表

题项	权重	得分
14．企业目前在以下哪些生产环节实现了自动控制	3.21%	0.014274295
15．生产管理的数字化应用(可多选)(生产计划与排程)	6.64%	0.022766182
16．企业通过互联网渠道或互联网技术哪些业务环节实现了协同(可多选)(生产计划)	5.12%	0.01922837
17．产品本身的数字化和智能化程度	2.68%	0.015026844
18．交付	1.20%	0.009410001
19．运行	2.05%	0.013382533
20．维修/维护	4.59%	0.026218194
21．贵州省企业正在使用的企业管理软件或系统(可多选):[OA(办公自动化)]	6.19%	0.017006779
22．贵州省企业正在使用外部关系管理方面的软件或系统(可多选):[SCM(供应链管理)]	7.39%	0.025149256
23．贵州省企业使用数字化相关技术方面的软件或应用(可多选):(数据挖掘软件)	7.02%	0.02303012
24．贵州省企业数字化技术在业务流程中的自动化覆盖率	2.52%	0.013771552
25．贵州省企业在数字化综合集成方面处于哪个阶段	3.93%	0.019176276
26．贵州省企业决策中对数字化的支持程度:	2.56%	0.01306543
27．贵州省企业应用数字化技术提高库存资金周转率的情况符合以下哪一项	2.27%	0.012218419
28．数字化、智能化等方面建设使企业的整体成本降低	2.02%	0.010875531
29．贵州省企业数字化技术使得产品的合格率提高比例	2.22%	0.012501869
30．贵州省企业近三年主要产品的订单响应时间缩短	1.96%	0.011546536
31．贵州省企业近三年主要产品的订单按期完成率提高	2.10%	0.01198388
32．贵州省企业近三年主要产品的新产品研发周期缩短	2.23%	0.01176012
33．贵州省企业数字化技术使产品开发周期缩短比例	1.87%	0.010518548
34．贵州省企业数字化技术带来的新产品销售额占总销售额比例	1.77%	0.009962213
35．贵州省企业依托数字化技术已经或正在实施以“产品+软件+服务”为核心的商业模式	2.11%	0.011665872

续表

题项	权重	得分
36．贵州省企业依托数字化技术已经或正在实施规模化定制模式	2.07%	0.01150736
37．贵州省企业依托数字化技术已经或正在努力成为平台型企业	2.08%	0.011639608

5.6.6 交叉对比分析

以下将各题项与合成主成分进行对应顺序匹配计算平均数，并与主成分权重进行加权平均，运用具体数据分析贵州省制造型企业数字化综合水平。参考表5-7中的数据，首先，题项6~10的数据可归类为企业对数智化的重视和投入程度。其次，题项11~26可归类为企业的数智化应用程度，其中题项11~13的数据可归类为企业研发设计方面的数智化应用水平，题项14~16的数据可归类为企业生产制造方面的数智化应用水平；题项17~20的数据可归类为企业运营维护的数智化应用水平；题项21~24可归类为企业经营管理的数智化应用水平；题项25的数据可归类为企业综合管理集成的数智化水平；题项26的数据可归类为企业在经营决策支持方面的数智化应用水平。最后，题项27~37的数据归类为企业的数智化效益水平。以下是具体的数据分析。

1．贵州省制造型企业对数智化的重视程度和投入程度

分类调研数据，从样本制造型企业数字化设备装备率、设备联网率和数字化主管部门在企业组织结构中的级别、管理人员的数字化知识水平和数智化技术学习五个方面，分析贵州省制造型企业对数智化的重视和投入程度。

第一，企业数字化设备装备率是制造型企业数字化水平的关键指标。如图5-3所示，将数字化设备装备率与企业员工规模做交叉分析，对比数据显示，在2001人以上规模的企业中，31.40%的测试者认为自己企业的数字化设备装备率已经达到71%以上的水平。在1001~2000人规模的企业中，绝大部分的测试者认为自己企业的数字化设备装备率等于或低于31%~50%。在301~1000人规模的企业中，只有3.92%的人认为自己企业的数字化设备装备率能够达到71%以

上。在300人以内规模的企业中，有5.41%的人认为自己企业的数字化设备装备率能够达到71%以上。

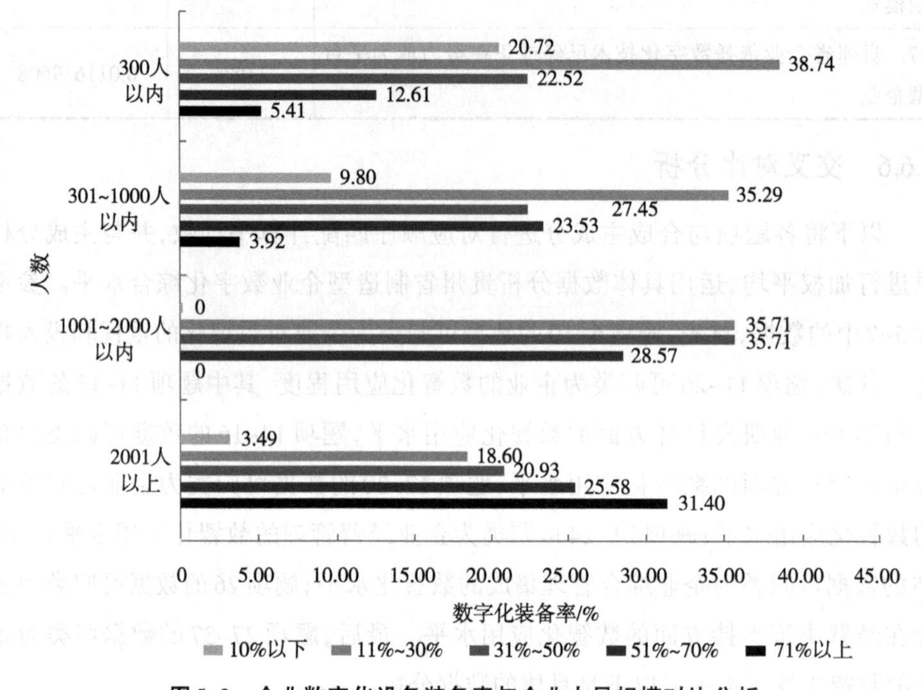

图5-3　企业数字化设备装备率与企业人员规模对比分析

如图5-3所显示，无论什么性质的企业，其数字化设备装备率大多低于50%。

第二，企业设备联网率对于企业实现智能化制造、提高生产效率、降低成本和提高质量等方面都具有重要意义。如图5-4和表5-8数据显示，内资企业样本最多，共计206人，其中60人认为企业设备联网率在71%以上，35人认为企业设备联网率在51%~70%，46人认为企业设备联网率是31%~50%，43人认为企业设备联网率在11%~30%，22人认为企业设备联网率在10%以下。

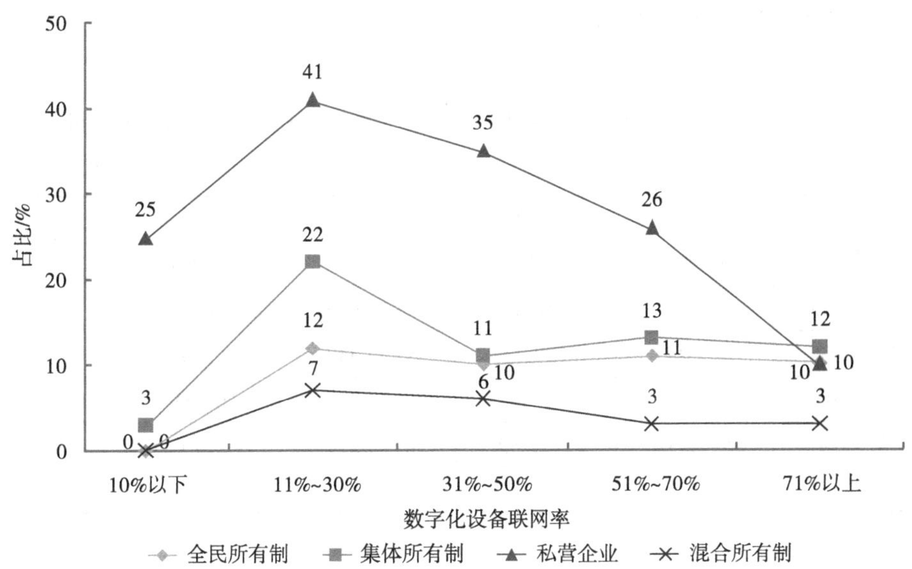

图5-4　企业数字化设备装备率与企业人员规模对比分析

表5-8　企业设备联网率与企业性质交叉分析

单位:家(%)

企业设备联网率	内资企业	外商独资企业	中外合资企业	中外合作企业	小计
10%以下	22(91.67)	1(4.17)	0(0)	1(4.17)	24
11%~30%	43(78.18)	2(3.64)	6(10.91)	4(7.27)	55
31%~50%	46(80.70)	5(8.77)	5(8.77)	1(1.75)	57
51%~70%	35(70.00)	3(6.00)	5(10.00)	7(14.00)	50
71%以上	60(77.92)	3(3.90)	11(14.29)	3(3.90)	77

第三,数字化主管部门是企业运营中的关键环节,数字化主管部门在企业组织机构中的级别间接反映该企业数字化发展水平。如表5-9中的调研数据所示,数字化主管部门在其企业组织机构中是管理层的有112人。认为数字化主管部门在其企业组织机构中是操作层的有70人。选择数字化主管部门外包维护的有33人。而选择未设主管部门的有30人%。值得关注的是,选择数字化主

管部门是决策层的人数为18人。

表5-9 数字化主管部门在企业组织机构中的级别与企业人员规模交叉分析

单位：人(%)

内容	全民所有制企业	集体所有制企业	私营企业	混合所有制企业	小计
未设主管部门	6(20.00)	5(16.67)	17(56.67)	2(6.67)	30
外包维护	3(9.09)	9(27.27)	19(57.58)	2(6.06)	33
操作层	10(14.29)	15(21.43)	38(54.29)	7(10.00)	70
管理层	25(22.32)	29(25.89)	54(48.21)	4(3.57)	112
决策层	2(11.11)	3(16.67)	9(50.00)	4(22.22)	18

第四，企业在任用干部时对数智化知识的考核力度。从图5-5显示的数据看，44.44%的企业高层管理者选择了“不同意”和“极不同意”，他们没有认识到数智化知识对企业发展的重要性，企业高层管理者的忽视意味着企业决策上的疏忽和企业投入上的缺失。

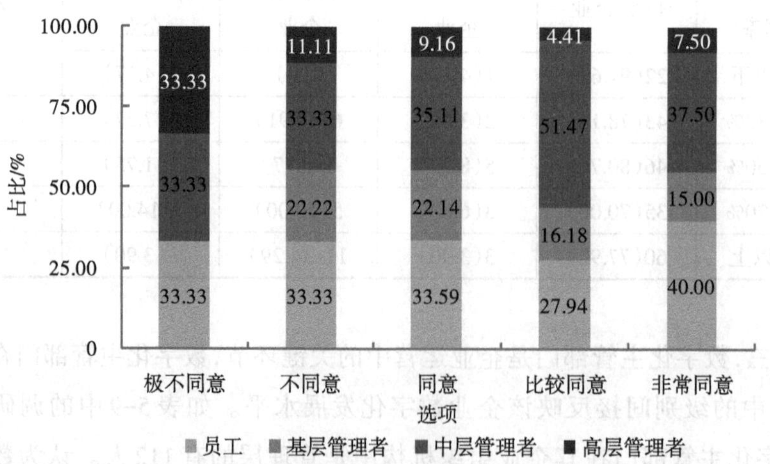

图5-5 企业聘用管理人员需要有完备的数智化知识调研数据

第五，企业对数智化技术培训的重视和投入程度。表5-10的数据显示，贵州省制造型企业的中基层管理者及员工对数智化技术培训渴望度较高。选择“同意”的为147人；选择“比较同意”的54人；选择“非常同意”的41人。支持者共计242人。但是，同样的情况，当看到企业高层管理者的支持数据，企业决策层的支持度也就一目了然了。

表5-10　企业对数智化技术培训的重视和投入程度调研数据

单位：人(%)

内容	高层管理者	中层管理者	基层管理者	员工	小计
极不同意	1(33.33)	1(33.33)	0(0)	1(33.33)	3
不同意	1(5.56)	8(44.44)	4(22.22)	5(27.78)	18
同意	13(8.84)	53(36.05)	33(22.45)	48(32.65)	147
比较同意	3(5.56)	27(50.00)	10(18.52)	14(25.93)	54
非常同意	4(9.76)	15(36.59)	3(7.32)	19(46.34)	41

综合以上五点可见，参与评价的262家贵州省制造型企业对数智化培训的重视和投入程度略显不足，数字化装备率、设备联网率和数智化主管部门的地位等方面都需要加强。另外，对数智化人才选拔和培养方面的重视也不够，尤其是高层管理者对企业数智化建设的意愿不强烈。

2. 贵州省制造型企业的数智化应用程度

下面基于样本企业人员规模从企业研发设计方面的数智化应用水平、生产制造的数智化应用水平、运营维护的数智化应用水平、企业经营管理的数智化应用水平、企业综合管理集成的数智化水平和企业在经营决策支持方面的数智化应用水平五个方面展开分析。

第一，研发设计方面的数智化应用水平。从表5-11中的交叉对比分析数据可以看出，贵州省制造型企业在研发设计中较多应用计算机辅助制造(computer-aided manufacturing，CAM)软件、三维CAD软件，在研发设计阶段更看重数字化的多方案优化评估，在企业产品和工艺设计能力上更重视二维CAD软件和数字化三维模型（model based definition，MBD）的应用。

表5-11　企业使用研发设计软件与企业人员规模交叉分析

单位：人（%）

内容	300人以内	1000人以内	2000人以内	2001人以上	小计
二维CAD软件	29（39.19）	14（18.92）	4（5.41%）	27（36.49）	74
三维CAD软件	49（46.67）	22（20.95）	6（5.71）	28（26.67）	105
CAM（计算机辅助制造）	44（40.74）	26（24.07）	5（4.63）	33（30.56）	108
PDM（产品数据管理）	37（38.54）	22（22.92）	8（8.33）	29（30.21）	96
CAPP（计算机辅助工艺过程设计	24（32.88）	15（20.55）	8（10.96）	26（35.62）	73
CAE（计算机辅助工程分析）	22（39.29）	12（21.43）	4（7.14）	18（32.14）	56
SDM（仿真管理平台）	18（32.14）	13（23.21）	5（8.93）	20（35.71）	56
TDM（试验数据管理）	26（40.00）	13（20.00）	8（12.31）	18（27.69）	65
PLM（产品生命周期管理）	25（32.89）	15（19.74）	4（5.26）	32（42.11）	76
MES（制造执行管理系统）	19（31.67）	13（21.67）	7（11.67）	21（35.00）	60
DCS（分布式控制系统）	12（30.00）	13（32.50）	3（7.50）	12（30.00）	40
SCADA（数据采集监视控制系统）	25（32.47）	16（20.78）	7（9.09）	29（37.66）	77

表5-12的数据显示，贵州省制造型企业在研发方案设计阶段的数智化能力还有需要提高的方面，如数字化的单方案优化评估、手工方案设计等。

表5-12　企业研发方案设计阶段的数智化能力与企业人员规模交叉对比分析

单位：人（%）

内容	300人以内	1000人以内	2000人以内	2001人以上	小计
数字化的多方案优化评估	38（40.00）	13（13.68）	8（8.42）	36（37.89）	95
数字化的单方案优化评估	31（50.00）	14（22.58）	2（3.23）	15（24.19）	62
数字化的部分环节方案优化评估	28（41.18）	12（17.65）	4（5.88）	24（35.29）	68
手工方案设计	7（33.33）	9（42.86）	0（0）	5（23.81）	21
无	9（50.00）	3（16.67）	0（0）	6（33.33）	18

如表5-13数据显示，贵州省制造型企业产品工艺设计能力的数智化应用还有需要提高的方面，如基于MBD的应用能力提升等。

表5-13　企业产品工艺设计能力与企业人员规模交叉对比分析

单位：人（%）

内容	300人以内	1000人以内	2000人以内	2001人以上	小计
基于MBD	25（45.45）	10（18.18）	2（3.64）	18（32.73）	55
基于三维模型	27（37.50）	19（26.39）	5（6.94）	21（29.17）	72
基于二维CAD软件	37（49.33）	8（10.67）	6（8.00）	24（32.00）	75
手工制图和工艺卡片	14（35.90）	11（28.21）	1（2.56）	13（33.33）	39
无	10（43.48）	3（13.04）	0（0）	10（43.48）	23

总体来看，目前贵州省制造型企业在研发设计方面的数智化应用水平偏低，各评价指标得分虽然差别不大，但分值都不高，可提升空间较大。

第二，生产制造的数智化应用水平。生产制造的数智化应用水平主要从企业人员规模的角度对企业实现自动化控制的生产环节、企业生产管理的数智化应用，以及企业通过互联网渠道和技术实现协同的业务环节进行交叉对比分析（图5-6～图5-8）。

企业在生产制造的数智化应用水平方面呈现多样化的特点，既有已经实现高度自动化的环节，也有仍需进一步努力的部分。未来，随着技术的不断发展和应用，我们有信心推动企业实现更高水平的自动化控制，从而进一步提高生产效率、降低成本和提升产品质量。

同时，企业还应关注人才培养和技术创新。一方面，通过加强员工培训和技术交流，提高员工的技能水平和自动化意识；另一方面，加大研发投入，推动技术创新和应用，为企业实现更高水平的自动化控制提供有力支持。

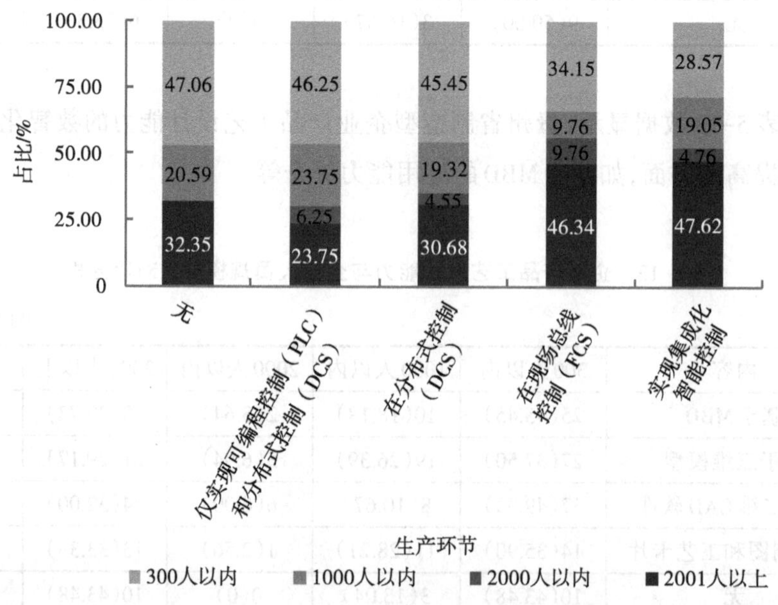

图5-6　企业实现自动化控制的生产环节与企业人员规模交叉对比分析

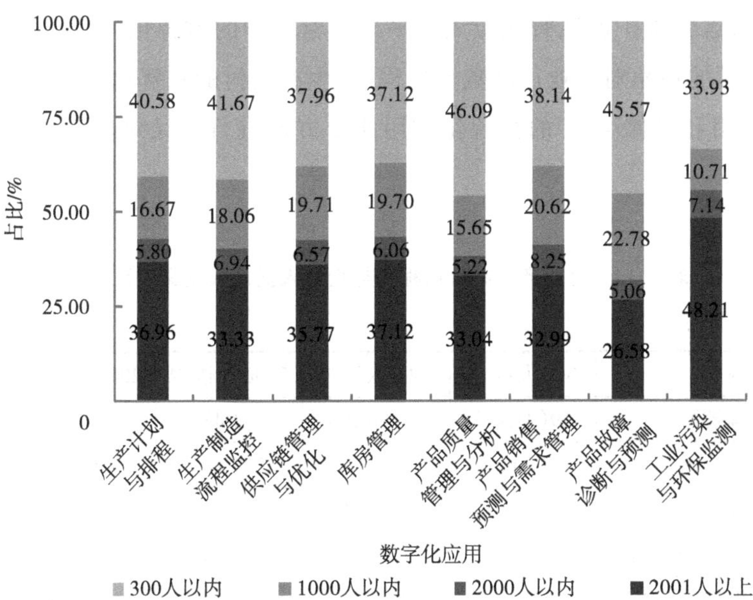

图5-7 企业生产管理的数智化应用与企业人员规模的交叉对比分析

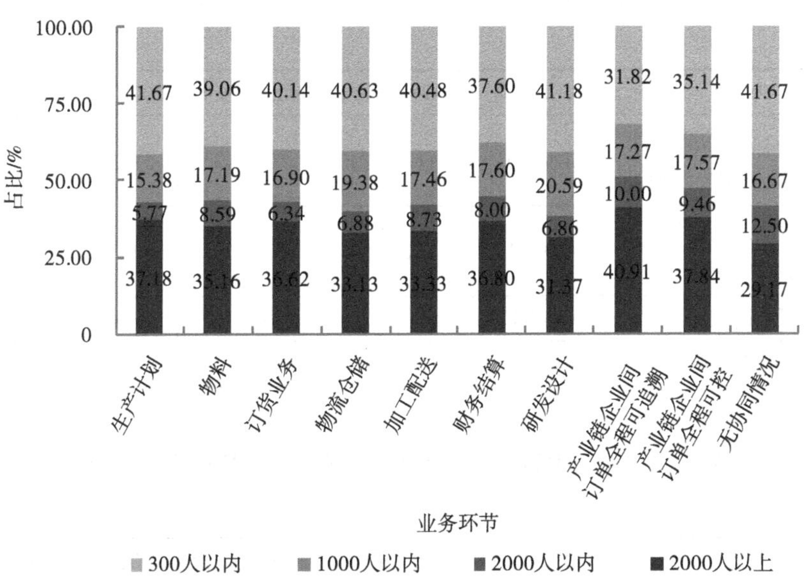

图5-8 企业通过互联网渠道和技术实现协同的业务环节与企业人员规模交叉对比分析

第三，运营维护的数智化应用水平。运营维护的数智化应用水平主要从企业人员规模的视角对企业产品数智化程度、生产交付的数智化应用、生产运行的数智化应用和维修/维护的数智化应用四个方面进行交叉对比分析（表5-14～表5-17）。

表5-14　企业产品数智化程度与企业人员规模交叉对比分析

单位：人（%）

内容	300人以内	1000人以内	2000人以内	2001人以上	小计
远程控制	29（41.43）	10（14.29）	1（1.43）	30（42.86）	70
远程诊断	17（60.71）	6（21.43）	2（7.14）	3（10.71）	28
远程监测	32（42.11）	19（25.00）	6（7.89）	19（25.00）	76
部分环节远程沟通	28（40.00）	12（17.14）	5（7.14）	25（35.71）	70
无（非智能产品）	7（35.00）	4（20.00）	0（0）	9（45.00）	20

表5-15　生产交付的数智化应用与企业人员规模交叉对比分析

单位：人（%）

内容	300人以内	1000人以内	2000人以内	2001人以上	小计
基于网络（云）的交互式维护、维修用户手册	62（44.60）	19（13.67）	7（5.04）	51（36.69）	139
基于本地的数字化用户手册	36（39.13）	27（29.35）	7（7.61）	22（23.91）	92
纸质用户手册	9（45.00）	2（10.00）	0（0）	9（45.00）	20
无用户手册	6（46.15）	3（23.08）	0（0）	4（30.77）	13

表5-16　生产运行的数智化应用与企业人员规模交叉对比分析

单位：人（%）

内容	300人以内	1000人以内	2000人以内	2001人以上	小计
基于网络（云）的交互式维护、维修用户手册	42（40.38）	18（17.31）	4（3.85）	40（38.46）	104

续表

内容	300人以内	1000人以内	2000人以内	2001人以上	小计
纸质用户手册	58(42.65)	26(19.12)	10(7.35)	42(30.88)	136
无用户手册	13(54.17)	7(29.17)	0(0)	4(16.67)	24

表5-17　维修/维护的数智化应用与企业人员规模交叉对比分析

单位:人(%)

内容	300人以内	1000人以内	2000人以内	2001人以上	小计
远程故障诊断及维修	41(39.05)	18(17.14)	7(6.67)	39(37.14)	105
远程故障诊断与现场维修	36(38.71)	23(24.73)	4(4.30)	30(32.26)	93
现场故障诊断及维修	36(54.55)	10(15.15)	3(4.55)	17(25.76)	66

根据上文的研究数据发现,本研究所调研的262家制造型企业在数字化应用层面存在显著的不足与待提升的空间。这不仅是一个局部现象,更在某种程度上揭示了当前整个制造业在数字化转型道路上的困境和挑战。

在生产与经营两大核心活动中,数字化应用的现状尤为令人关注。根据本书调研数据,尽管各个评价指标之间的得分差距并不悬殊,但普遍偏低的情况却是不容忽视的。这充分表明,在现阶段,数字技术与制造型企业的实际业务操作之间还远远未能达到深度的融合。数据流动在各业务环节之间仍存在着诸多阻碍,未能形成顺畅和高效的流通体系。同时,企业在数据分析应用上的能力也相对薄弱,无法充分利用已有的数据资源来指导业务运营,更谈不上实现业务的协同与精益管理。

而在综合管理方面,数字化应用的状况虽然略好于生产经营活动,但同样存在着不容忽视的问题。从评价指标的得分情况来看,虽然相对较高,但我们必须注意到这些得分背后的实际含义。结合评价指标的计分方式来看,当前制造型企业的数字化应用仍然主要停留在各个单项业务层面上,未能实现各业务单元之间的高效整合与协同。这种"孤岛式"的数字化应用模式,无疑限制了数字化技术在企业运营中发挥更大作用。

更为关键的是，数字化在企业决策支持方面的作用也远未达到预期。尽管数字化技术在一定程度上为企业决策提供了数据支持，但这种支持仍然停留在初级阶段，主要表现为数据的简单汇总和呈现，而未能通过深度挖掘和分析来为企业决策提供真正有价值的洞见。智能化决策支持的缺失，使企业在面对复杂多变的市场环境时，难以做出快速、准确的决策反应。

3. 企业在经营管理方面的数智化应用水平

企业在经营管理方面的数智化应用水平主要从企业人员规模的视角对企业正在使用的管理软件或系统、外部关系管理方面的软件或系统、与数智化技术相关的软件或应用三个方面进行交叉对比分析。

各管理软件或系统的使用比例，如图5-9所示。管理系统包括办公自动化、人力资源管理、MRP/MRPII/ERP、进销存管理、财务管理、分销管理、企业资产管理、知识管理、商业智能和决策支持系统。本研究统计数据显示，随着企业规模的扩大，各管理系统的使用比例也相应增加。

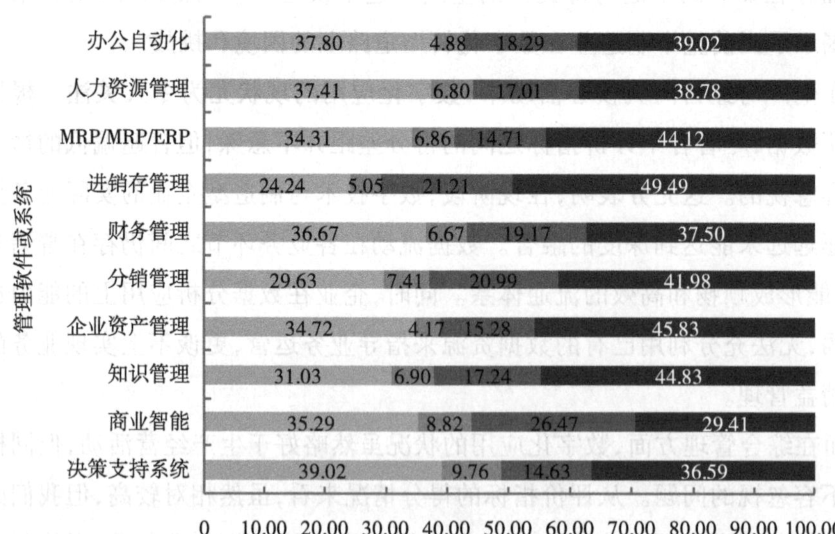

图5-9 企业正在使用的管理软件或系统与企业人员规模交叉分析

不同的管理软件或系统在不同规模的企业中有着不同的应用情况。企业在选择管理软件时，需要根据自身规模和需求选择合适的软件，以提高管理效率和竞争力。同时，随着企业规模的扩大和业务的不断发展，企业需要不断更新和升级管理软件或系统，以适应不断变化的市场环境和管理需求。

如图5-10所示，汇总了不同规模企业在供应链管理、客户关系管理、电子商务平台、企业门户和客户服务中心五个领域的管理软件或系统采用情况。图5-10的数据显示，随着企业规模的扩大，这些领域的软件或系统采用率也相应增加。在供应链管理和客户关系管理领域，2001人以上的企业正在使用的软件或系统占比分别为41.40%和42.68%。而在电子商务平台和企业门户领域，2001人以上的企业正在使用的软件或系统占比较高，分别为42.03%和35.05%。客户服务中心的软件采用率在各规模企业中相对均衡，但2001人以上的企业采用率略高，占比为39.39%。

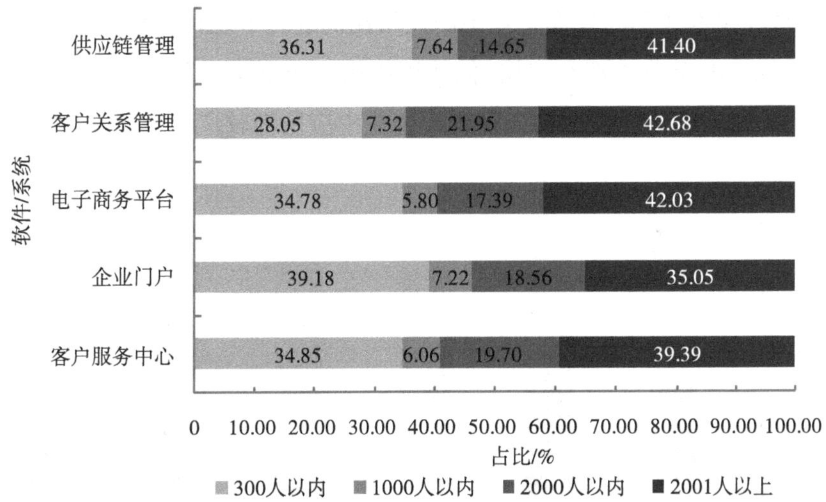

图5-10　企业正在使用外部关系管理方面软件或系统与企业人员规模交叉分析

首先，我们可以看到在300人以内的企业中，供应链管理和客户关系管理方面软件和系统的应用占比，分别为41.40%和42.68%。这表明在小规模企业中，对供应链和客户关系管理方面软件或系统的应用已经得到了足够的重视。

其次，随着企业规模的扩大，在1000人以内的企业中，客户关系管理软件或系统的应用仍然保持着较高的使用率，但供应链管理软件或系统的应用占比有所下降，而电子商务平台的应用占比崭露头角，为17.39%。这说明在这一规模的企业中，除继续关注供应链和客户关系管理软件或系统的应用外，电子商务平台的应用也越来越 受到重视。

最后，在2000人以内的企业中，各类业务管理软件或系统的应用相对均衡，没有出现明显的领导者。这表明在这一规模的企业中，各类业务管理软件或系统都有其应用场景和市场需求。

总之，各类型企业使用供应链管理和客户关系管理软件或系统的比例较高，电子商务平台的使用在中小型企业中较为普遍，而企业门户和客户服务中心软件或系统的使用则随企业规模的增大而增加。

如图5-11所示，在不同员工规模企业中，各种技术（数据挖掘软件、数据库系统、信息安全软件、中间件技术应用、系统集成技术应用和ASP平台）的应用情况，并对每种技术在不同规模企业中的使用比例进行了统计。整体来看，各种技术在不同规模的企业中都有应用，但使用比例有所不同。其中，信息安全软件、数据库系统和系统集成技术在各种规模企业中应用都较广泛。

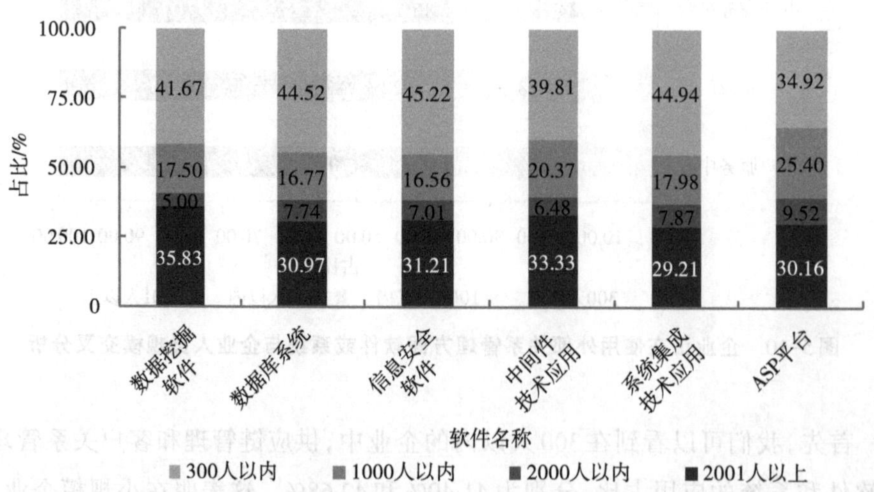

图5-11　企业正在使用的与数智化技术相关的软件或系统与企业人员规模交叉分析

从上述数据可以看出，不同技术类别在不同规模的企业中的应用情况存在明显的差异。在300人以下的企业中，系统集成技术应用、数据库系统和信息安全软件的应用比例相对较高，这可能与这些技术对于基础数据处理和保护的需求较高有关。

ASP平台在各种规模企业中的应用比例相对较为均匀，这说明ASP平台作为一种服务提供方式，在不同规模企业中都有一定的市场需求。

总的来说，这些技术类别的应用情况反映了企业在不同发展阶段对于技术的需求和偏好。这为技术供应商提供了宝贵的市场参考，同时也为企业在选择合适的技术解决方案时提供了依据。

4. 企业综合管理集成的数智化水平

如图5-12所示，不同发展阶段的企业在数智化综合集成方面的应用水平及其对应的人员规模。

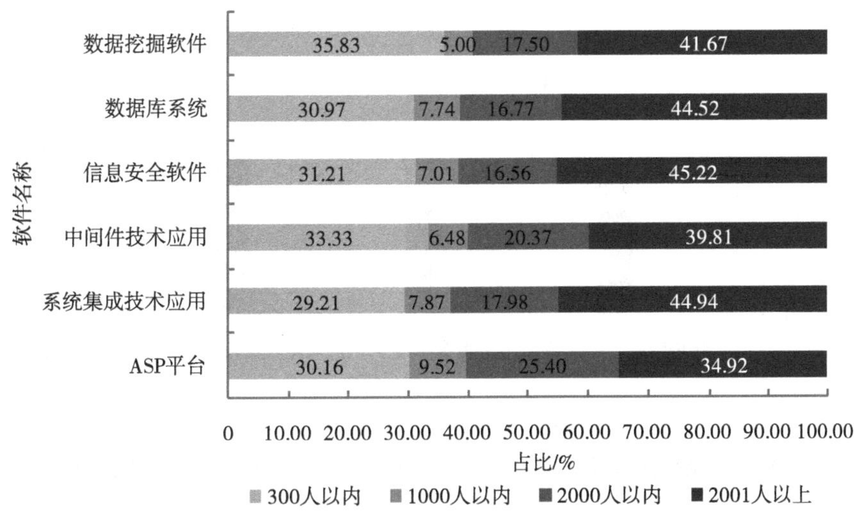

图5-12　企业在数智化综合集成方面所处阶段与企业人员规模交叉分析

从本研究数据可以看出，不同规模企业在数字化发展道路上呈现出不同的特点。小型企业更注重基础设施建设和单项业务的数字化，而大型企业则更偏向于业务单元的综合集成和全产业链的协同创新。

为推动企业的数字化发展，各企业应根据自身规模和业务需求，制定合适的数字化发展战略。同时，政府和社会各界也应提供必要的支持和资源，帮助企业顺利实现数字化转型。

5. 企业在经营决策支持方面的数智化应用水平

在经营决策中，企业数智化应用水平要基于企业经营决策中员工对数智化的支持程度进行分析，如图5-13所示，不同规模企业员工对数据分析技能的支持程度，包括基本没有支持、初级水平、中级水平和高级水平。本研究数据显示，随着企业规模的扩大，员工对数据分析技能的支持程度也逐渐提高。在支持程度为高级水平中，2001人以上的企业支持度最高，达到58.33%。

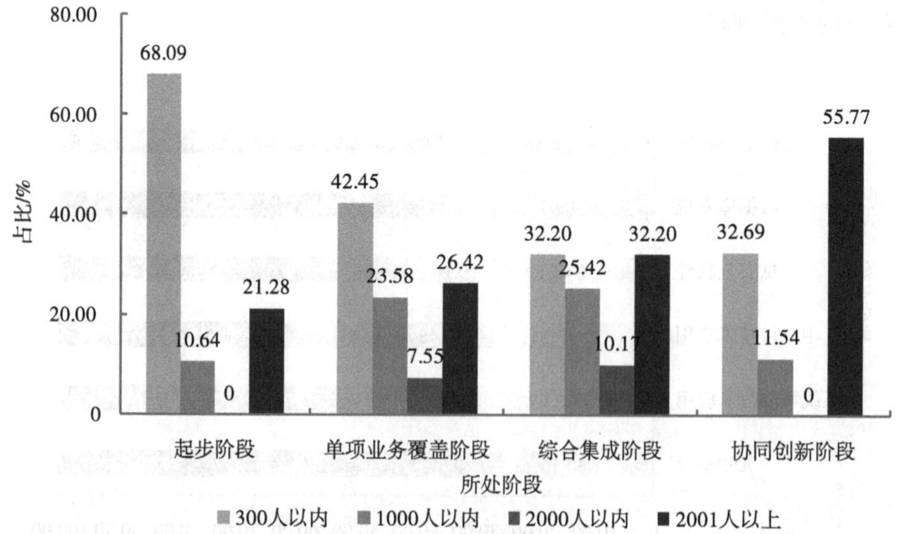

图5-13 企业经营决策中员工对数智化的支持程度与企业人员规模交叉分析

根据以上统计数据，可以对企业数智化水平做出以下分析。

首先，从整体来看，大多数企业已经初步认识到数智化对于企业经营决策的重要性，开始通过开发利用数智化资源，为企业经营决策提供数据支持。

其次，在中级水平方面，虽然占比相对较低，但仍然有一定数量的企业开始通过数据分析对各种决策方案进行优选，辅助企业决策。这部分企业在数智化建设上已经有了一定的积累，对于数据驱动的决策方式有了更深入的理解和应用。

最后，从不同规模企业的角度来看，300人以下的企业在基本没有支持和初级水平方面的占比相对较高，这可能与企业规模较小、数智化建设投入有限有关。而1000人以上规模的企业在初级水平和中级水平的占比相对较高，这可能与企业规模较大、数智化建设投入更多、对数智化建设有更深入的理解和应用有关。

总之，企业在数智化建设方面还存在一定的差距和不足，需要进一步加大数智化建设的投入和力度。同时，不同规模的企业在数智化建设方面也存在差异，需要根据企业自身情况进行有针对性的数智化建设。通过加强数智化建设，企业可以更加高效地利用数智资源，为企业决策提供更加准确、全面的数据支持，提高企业的竞争力和可持续发展能力。

综上所述，贵州地区这262家制造型企业在数字化应用方面的不足，实际上是当前整个制造业企业在数字化转型过程中所面临的普遍问题的缩影。要想在激烈的市场竞争中保持领先，制造型企业必须正视这些问题，加快数字化转型的步伐，实现数字技术与企业业务的深度融合，从而推动企业的持续创新与发展。

6. 贵州省制造型企业的数智化效益水平

下文基于样本企业人员规模从企业数智化建设直接经济效益、企业数智化建设间接经济效益、企业数智化产品创新和企业数智化商业模式创新四个方面展开分析。

第一，企业数智化建设直接经济效益。本研究选取“企业应用数智化技术提高库存资金周转率”和“数智化建设使企业整体成本降低”两个方面，基于企业人员规模的情况进行分析。

图5-14显示，企业规模和数智化技术的应用之间呈明显的正相关关系。随着企业规模的增大，数智化技术对库存资金周转率的影响也越大。对于规模较小的企业，数智化技术的应用可能还处于初级阶段，对库存资金周转率的影响相对较小。

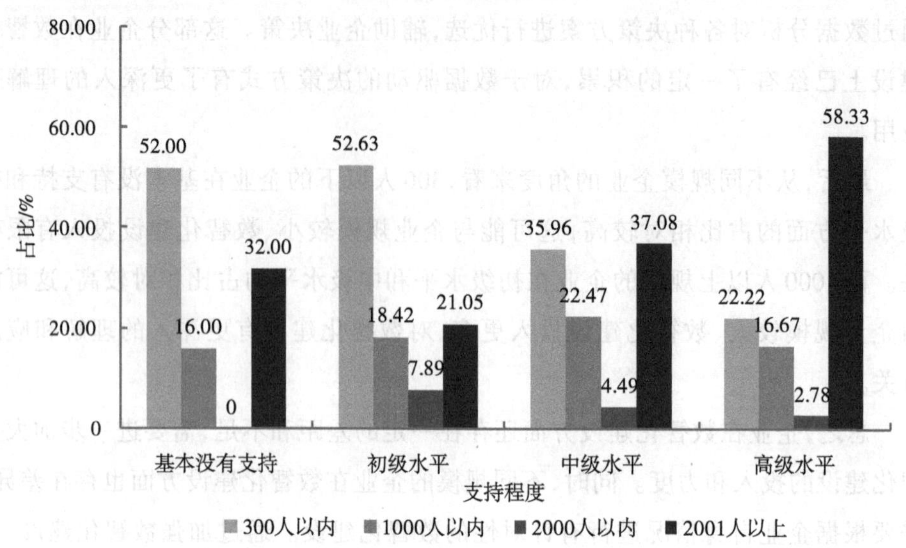

图5-14 企业应用数智化技术提高库存资金周转率与企业人员规模交叉对比分析

因此，企业在应用数智化技术时，应根据自身规模和需求来制定合适的策略，以最大化地提高库存资金周转率，从而提升企业的运营效率。

图5-15分析了数智化建设使企业整体成本降低与企业人员规模之间的关系。本研究发现随着企业规模增加，数智化建设使企业整体成本降低的百分比也在增加，特别是在2001人以上的企业中变化最为显著。在300人以内和1000人以内规模的企业中，数智化建设使企业整体成本降低主要集中在11%~30%和31%~50%，可能与这些规模的企业在数智化转型中需投入较多资源和资金有关。而在2001人以上的企业中，数智化建设使企业整体成本降低更多集中在51%~70%和71%以上，可能与这些企业需更大投入和更高技术要求有关。因此，企业规模、增长率和数智化成本变化之间存在紧密的关系。企业在数智化转型过程中，应根据自身规模和需求来制定合适的策略，以实现业务增长和成本控制之间的平衡。

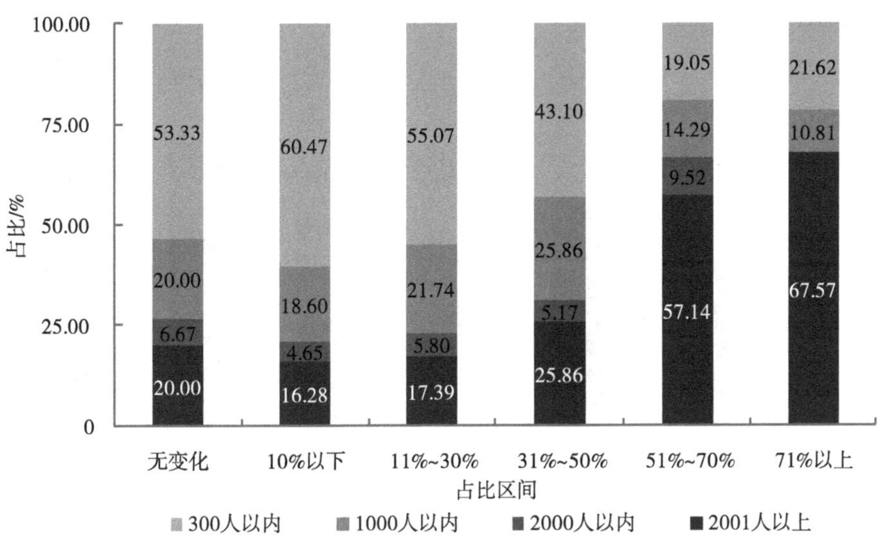

图5-15 数智化建设使企业整体成本降低与企业人员规模交叉对比分析

第二,企业数智化建设间接经济效益。这里选取“企业应用数智化技术提高产品合格率的比例”“数智化建设使企业近三年主要产品的订单处理时间缩短比例”和“数智化建设使企业近三年主要产品订单按时完成比例”三个方面,基于企业人员规模的情况进行分析。

图5-16的对比数据显示,在300人以内规模的企业中,订单处理时间没有变化的企业占比最高,达到了66.67%。随着企业规模的增大,订单处理时间缩短的企业比例逐渐增加。在订单处理时间缩短比例方面,56.76%的300人以内规模的企业订单处理时间缩短了11%~30%。这表明在这些规模范围内,多数企业的订单处理时间得到了显著的提升。在2001人以上的企业规模中,71%以上的订单处理时间缩短比例占比最高,达到了63.83%,说明大型企业在数智化建设后,订单处理时间的提升更为显著。

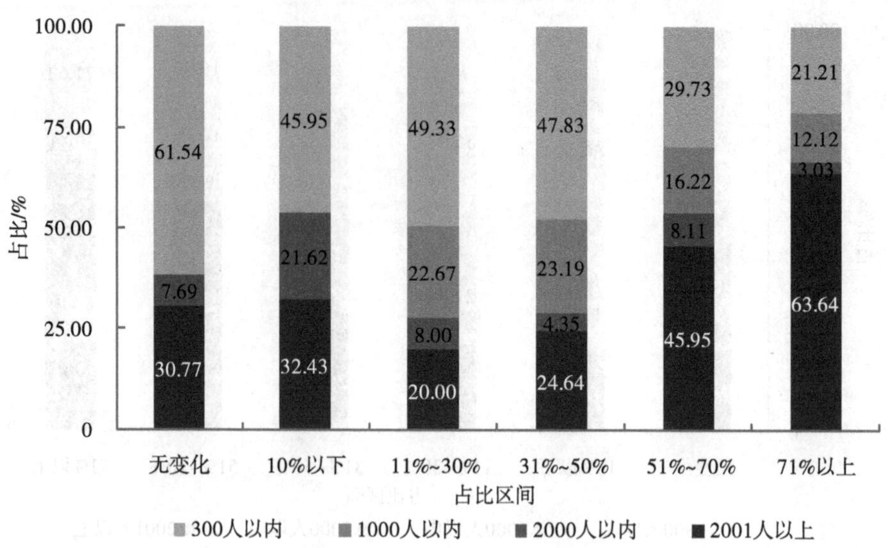

图5-16　企业应用数智化技术提高产品合格率的比例与企业人员规模交叉对比分析

总的来说，图5-16中的数据反映了不同规模和数智化建设程度的企业在订单处理时间方面的表现。通过对比不同规模和订单处理时间缩短比例的数据可以发现，数智化建设在不同规模的企业中都能发挥其优势，但效果可能因企业规模和资源能力的不同而有所差异。因此，企业在制定数智化建设策略时，应根据自身规模和实际情况进行综合考虑，选择适合自己的数智化建设路径和方案。同时，政府和社会各界也应该加强对企业数智化建设的支持和引导，推动更多企业实现数字化转型升级，提升整个社会的生产力和竞争力。

图5-17的对比数据显示，数智化建设在不同规模的企业中影响不同。小型企业可能在数智化建设初期实现订单处理时间的适度缩短，而大型企业则需要更多时间和资源来实现显著改进。但是，随着数智化建设的深入，大型企业能够实现更大幅度的订单处理时间缩短，从而提升整体运营效率。这为企业在数智化建设方面提供了参考，有助于制定合适的发展策略。

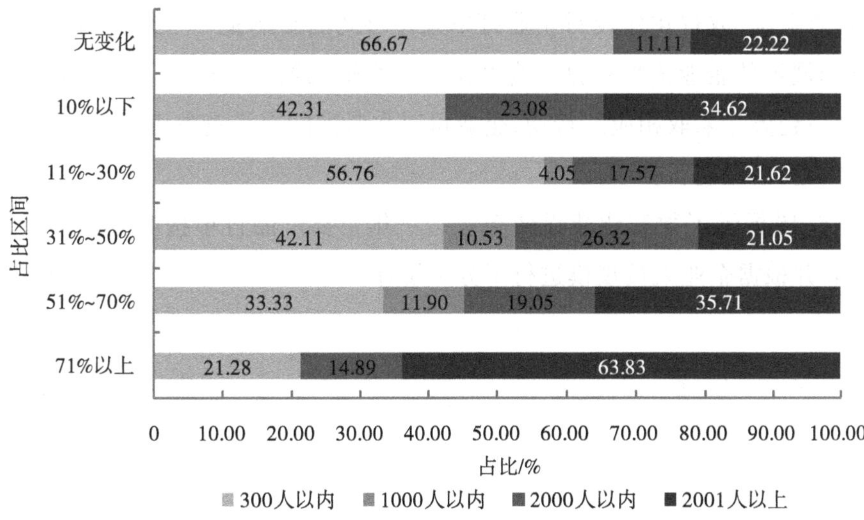

图5-17 数智化建设使企业近三年主要产品的订单处理时间缩短比例与企业人员规模交叉对比分析

对于小型企业而言,尽管数智化建设可能初期效果不明显,但这并不意味着它们应该忽视这一趋势。相反,小型企业应该积极寻求适应自身规模和需求的数智化解决方案。首先,通过逐步引入和优化数字化工具,小型企业可以在保持灵活性和敏捷性的同时,逐渐实现订单处理时间的缩短和运营效率的提升。其次,对于中型企业来说,它们可能处于数智化建设的中间阶段。这类企业应该充分利用数智化技术的潜力,结合自身的业务特点和市场需求,进行有针对性的创新和改进。通过持续优化生产流程、提升供应链管理效率和加强客户关系管理,中型企业可以在激烈的市场竞争中保持领先地位。最后,对于大型企业而言,数智化建设不仅是提升运营效率的手段,更是实现战略转型和持续创新的关键。大型企业应该积极投入资源,推动数智化技术的深入应用,以实现订单处理时间的大幅缩短和整体运营效率的提升。同时,大型企业还应该关注数智化转型对企业文化和组织结构的影响,确保转型过程中的员工参与和组织协同。

总的来说，数智化建设对企业订单处理时间的影响是一个复杂而多元的过程，不同规模的企业需要根据自身情况制定合适的数智化转型策略。通过深入理解这一趋势并采取相应的行动，企业可以在激烈的市场竞争中保持领先地位，实现持续发展和创新。

图5-18展示了数智化建设使企业近三年主要产品订单按时完成比例提高的影响，并根据企业人员规模进行了分类统计。

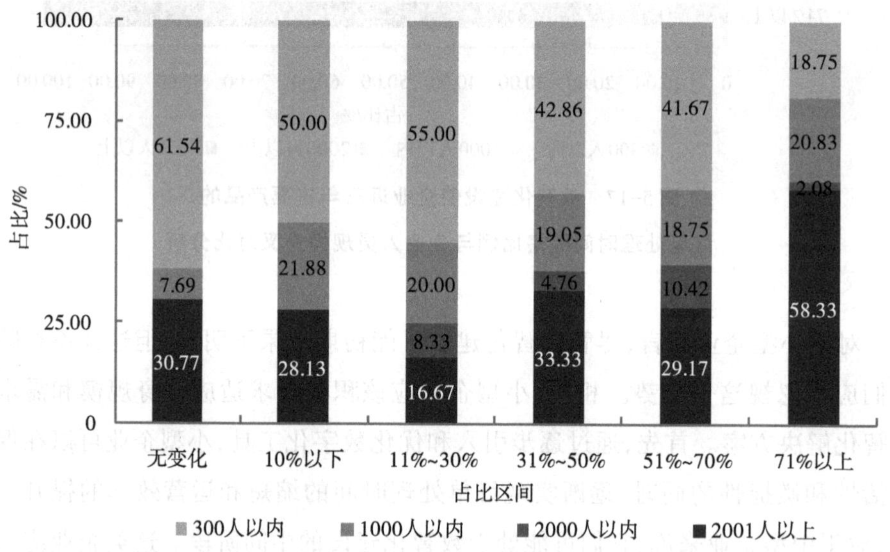

图5-18　数智化建设使企业近三年主要产品订单按时完成提高比例与企业人员规模交叉对比分析

首先，在“无变化”这一类别中，300人以内的企业占比最高，达到了60.00%，而2001人以上的企业占比26.67%。其次，在“10%以下”这一类别中，300人以内的企业占比最高，为43.75%，而2001人以上的企业占比31.25%。再次，在“11%~30%”和“31%~50%”这两个类别中，300人以内的企业占比最高，分别为60.00%和48.44%。在“51%~70%”这一类别中，2001人以上的企业占比最高，为35.56%，而300人以内的企业占比最低，为26.67%。这说明在数智化建设后，大型企业订单按时完成提高比例在51%~70%的较多。最后，在“71%以上”这一类别中，

2001人以上的企业占比最高，达到了67.44%，远高于其他规模的企业。这表明在数智化建设后，大型企业订单按时完成提高比例超过70%的情况较多，这些企业实现了较高的订单按时完成率提升。

综上所述，企业数智化建设可以带来显著的间接经济效益，包括成本降低、效率提升、市场竞争力增强和信誉提升等方面。这些效益共同促进了企业的可持续发展和长期盈利能力的提升。贵州省制造型企业在这些方面还有很大的发展空间。

第三，企业数智化产品创新。这里选取“企业应用数智化技术缩短主要新产品研发周期的比例”“企业数智化建设缩短产品开发周期的比例”和“数智化技术带来的新产品销售额占总销售额的比例”三个方面，基于企业人员规模的情况进行分析。

图5-19展示了企业应用数智化技术后，不同规模的企业在缩短主要新产品研发周期方面的比例。首先，我们注意到在“无变化”这一类别中，300人以内的企业占比最高，达到了50.00%，而2001人以上的企业占比27.78%。这表明在数智化技术应用后，小型企业在新产品研发周期上并没有显著的改变，可能是因为这些企业尚未充分利用数智化技术的优势，或者其研发流程本身已经相对高效。其次，在“10%以下”这一类别中，300人以内的企业占比最高，为47.06%，而2001人以上的企业占比23.53%。

这说明在数智化技术应用后，小型企业在新产品研发周期缩短方，而大型企业则有一定的提升，但提升幅度也不大。在“11%~30%”和“31%~50%”这两个类别中，300人以内的企业占比相对较高，分别为50。00%和48.15%。在“51%~70%”这一类别中，2001人以上的企业占比最高，为48.39%，而300人以内的企业占比最低，为29.03%。产品研发周期缩短方面的提升最为显著，超过了中型企业和小型企业。在“71%以上”这一类别中，2001人以上的企业占比最高，达到了71.88%，远高于其他规模的企业。这表明在数智化技术应用后，极少数的大型企业实现了新产品研发周期的大幅缩短，这些企业可能已经充分利用了数智化技术的优势，并实现了研发流程的高度优化。

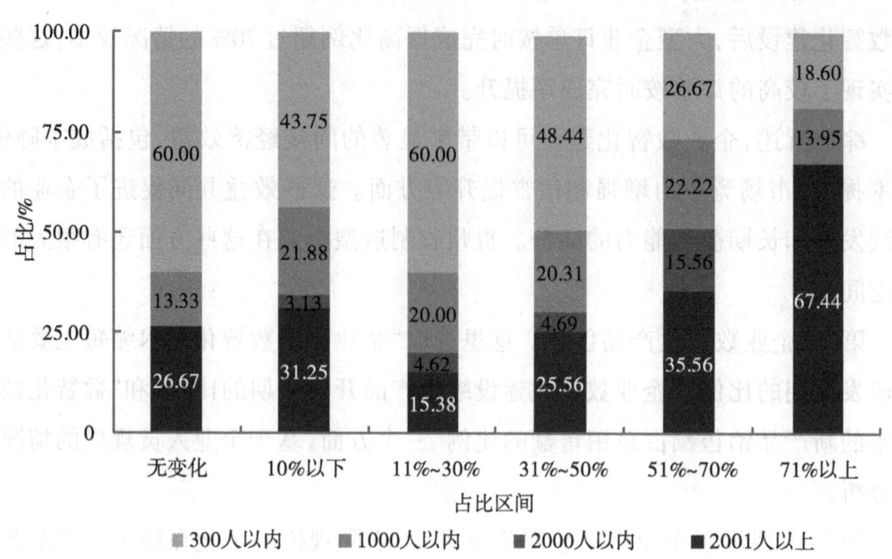

图5-19 企业应用数智化技术缩短主要新产品研发周期的比例交叉对比分析

总之，企业应用数智化技术在缩短主要新产品研发周期方面对不同规模的企业产生了不同的影响。

图5-20展示了在企业数智化建设中，不同规模的企业在缩短产品开发周期方面的比例。从整体来看，随着企业人员规模的增加，产品开发周期缩短的比例呈现出增加趋势。这表明大型企业在数智化建设后，更有可能实现产品开发周期的大幅缩短。在"无变化"这一类别中，300人以内的企业占比最高，为53.85%，而2001人以上的企业占比38.46%。这表明在数智化建设后，小型企业的产品开发周期并没有发生显著变化。这可能是由于小型企业本身的产品开发周期已经较短，或者数智化建设对其产生的影响相对较小。在"10%以下"这一类别中，300人以内的企业占比高达71.43%，远高于其他规模的企业。这表明在数智化建设后，大多数小型企业的产品开发周期缩短比例在10%以下。这可能是因为小型企业在数智化建设方面还处于初级阶段，或者其对数智化技术的应用还不够熟练。

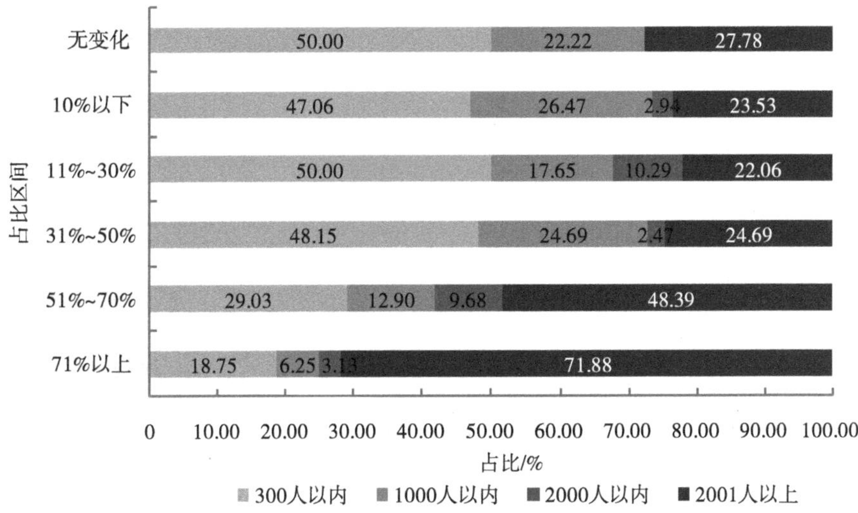

图5-20 企业数智化建设缩短产品开发周期的比例与人员规模交叉对比分析

图5-21展示了企业应用数智化技术过程中，不同规模的企业在新产品销售额占总销售额比例方面的变化。从整体上看，新产品销售额占总销售额比例在不同企业规模中呈现不同的分布。小型企业和大型企业在较高比例区间(51%～70%以上)的占比相对较少，而中型企业在较低比例区间(31%～50%以下)的占比相对较高。在“无变化”这一类别中，小型企业占比最高，为50.00%，而大型企业占比为40.00%。这表明在应用数智化技术后，小型企业在新产品销售额占总销售额比例方面并没有显著变化，而大型企业中有一定比例的企业也没有明显变化。

综上所述，企业数智化产品创新是一个综合性的过程，涉及研发周期、产品开发周期和销售额等多个方面。通过数智化技术的应用和建设，企业可以缩短研发周期和开发周期，加快产品上市时间，同时促进新产品的销售，提高整体销售额。为更好地实现数智化产品创新，企业需要根据自身规模和需求制定合适的策略，充分利用数智化技术的优势，同时加强内部管理和团队协作，确保数智化技术能够真正为企业带来价值。此外，企业还应关注市场变化和客户需求，不断调整和优化产品策略，以满足市场的不断变化。

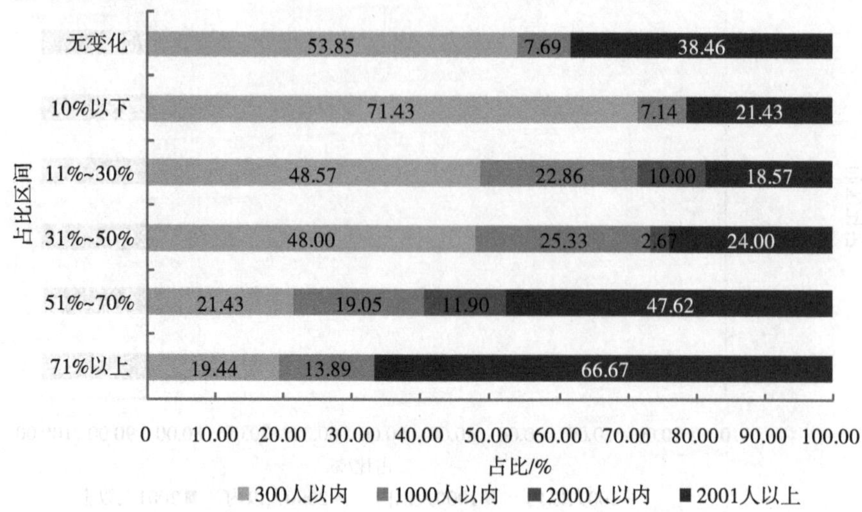

图 5-21 数智化技术带来的新产品销售额占总销售额比例与人员规模交叉对比分析

第四，企业数智化商业模式创新。这里选取“企业依托数字技术已经或正在实施的以‘产品+软件+服务’为核心的商业模式”“企业依托数字技术已经或正在实施的大规模定制”和“企业依托数字技术已经或正在努力成为平台型企业”三个方面，基于企业人员规模的情况进行分析。

从图 5-22 中可以看出，随着企业人员规模的增加，商业模式变化的比例呈现一定的上升趋势。在 300 人以内的小型企业中，有超过一半(53.33%)的企业没有改变其商业模式，而另外约一半的企业(46.67%)则进行了不同程度的改变，但主要集中在 10% 以下的改变。这表明在这些小型企业中，尽管有部分企业开始尝试“产品+软件+服务”的商业模式，但整体上这种模式的普及程度还不高。

对于 1000 人以内的中型企业，商业模式的改变比例相对较为均匀，从 10% 以下到 51% 以上的各个区间都有涉及。这表明中型企业在面对数字化转型时，对于商业模式的调整持有不同的态度和策略，一部分企业可能只进行了小幅度的调整，而另一部分企业则可能进行了较大幅度的改变。

在 2001 人以上的大型企业中，商业模式的改变比例呈现出两个极端：一方面，有大约 1/5(20.00%)的企业没有改变其商业模式；另一方面，有超过七成

(70%)的企业进行了71.00%以上的改变。这表明在大型企业中,对于“产品+软件+服务”商业模式的接受度和实施程度存在较大的差异。一些企业可能由于各种原因(如组织架构、业务流程、文化等)在数字化转型上较为保守,而另一些企业则可能积极拥抱数字化转型,全面调整和优化其商业模式。

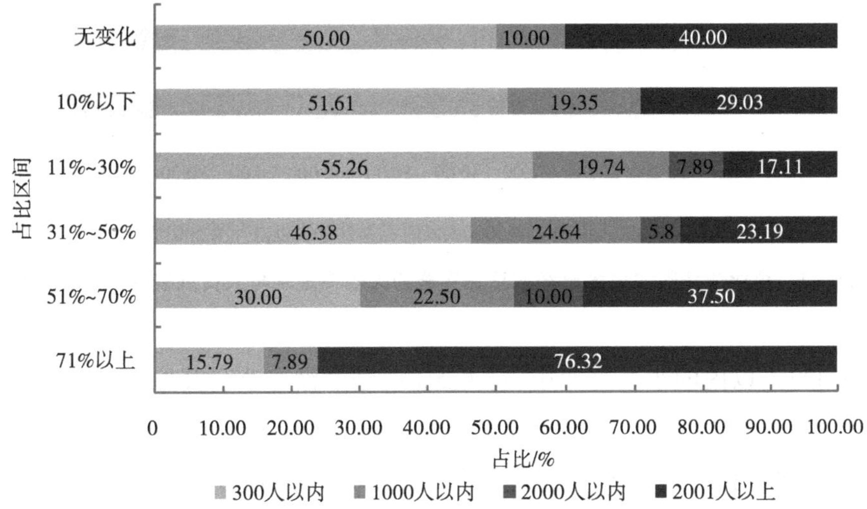

图5-22　企业依托数字技术已经或正在实施的以“产品+软件+服务”为核心的商业模式

综合来看,贵州省制造型企业依托数字技术实施的“产品+软件+服务”商业模式在不同规模的企业中呈现不同的改变比例。随着企业规模的增加,商业模式的改变比例呈现两极分化的趋势,对于希望实施该商业模式的企业来说,需要根据自身的实际情况和需求来制定合适的策略,以确保数字化转型的成功。

企业依托数字技术实施的大规模定制在不同企业人员规模下的应用情况,如图5-23所示。大规模定制是指企业利用数字技术,根据客户的个性化需求,生产符合其需求的产品或服务。随着企业人员规模的增加,实施大规模定制的比例呈一定的上升趋势。

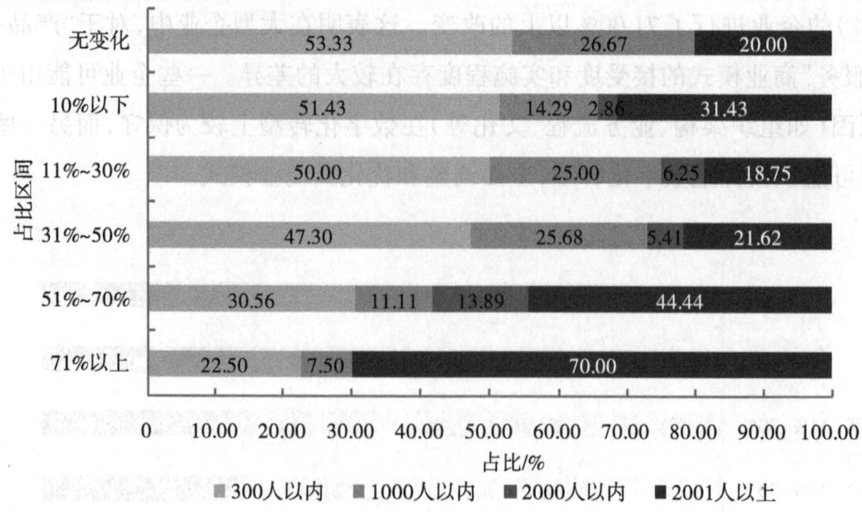

图 5-23　企业依托数字技术已经或正在实施的大规模定制与人员规模交叉对比分析

在300人以内的小型企业中，有37.5%的企业没有改变其原有的生产模式，即没有实施大规模定制；有62.96%的企业实施了10%以下的大规模定制。这表明在小型企业中，尽管有部分企业开始尝试大规模定制，但整体上这种模式的普及程度还不高，大多数企业仍处于摸索和尝试阶段。

对于1000人以内的中型企业，实施大规模定制的比例相对较为均匀，从10%以下到51%以上的各个区间都有涉及。这表明中型企业在面对市场变化和客户需求多样化时，对于是否采用大规模定制持有不同的态度和策略。在2001人以上的大型企业中，实施大规模定制的比例呈现出两个极端：一方面，有大约1/3的企业没有改变其原有的生产模式；另一方面，有七成企业实施了71%以上的大规模定制。这表明在大型企业中，对于大规模定制的接受度和实施程度存在较大的差异。一些企业可能由于规模效应、品牌影响力等原因，更倾向于采用大规模定制来满足客户的个性化需求，而另一些企业则可能由于技术、成本和管理等方面的限制，对大规模定制持保守态度。

综上所述，企业依托数字技术实施的大规模定制在不同规模的企业中应用情况有所不同。随着企业规模的增加，实施大规模定制的比例呈两极分化的趋势。对于希望采用大规模定制的企业来说，需要根据自身的实际情况和需求来制定合适的策略，以确保数字化转型的成功。同时，企业还需要加强技术研发、人才培养和市场开拓等方面的工作，为大规模定制的实施提供有力支撑。

如图5-24所示，企业依托数字技术正在努力转型为平台型企业的状况在不同企业人员规模下呈现不同的趋势。平台型企业是指通过数字技术构建生态系统，连接多方参与者，实现价值共创和共享的企业。从图5-24中的数据可以看到，随着企业人员规模的增加，转型为平台型企业的比例呈现逐步增加的趋势。

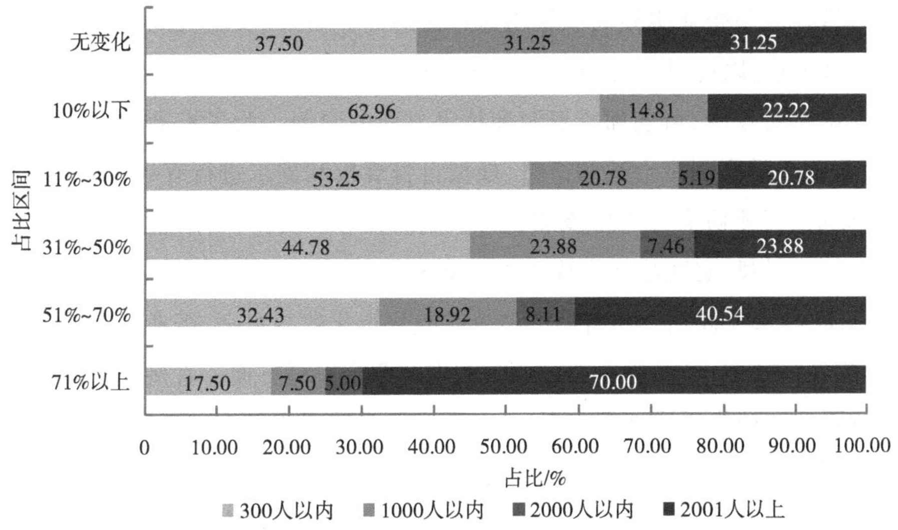

图5-24 企业依托数字技术已经或正在努力成为平台型企业的状况分析

在300人以内的小型企业中，有37.50%的企业没有发生任何变化，仍然维持原有的经营模式；有62.96%的企业只是进行了10%以下的平台化转型尝试。这表明在小型企业中，平台化转型的概念尚未广泛普及，只有少数企业开始尝试。对于1000人以内的中型企业，平台化转型的比例开始上升，但仍以31%~50%的区间为主。这表明中型企业在面对数字化转型时，开始意识到平台化转型的重要性，但整体上仍处于初级阶段。在2001人以上的大型企业中，平台化转型的比例显著增加，尤其是71%以上的高比例转型。这表明大型企业在数字化转型上更加积极，更愿意尝试和探索平台化转型，以构建更具竞争力的生态系统。

综合来看，企业在不同规模下依托数字技术转型为平台型企业的状况呈现逐步增加的趋势。大型企业更倾向于进行大规模的平台化转型，而小型企业则仍处于尝试和探索阶段。这表明平台化转型在不同规模的企业中具有不同的挑战和机遇，企业需要根据自身实际情况来制定合适的转型策略。同时，政府、行业协会等也应该加强对平台化转型的宣传和指导，帮助企业更好地实现数字化转型。

企业数智化商业模式创新是一个多元化、综合性的过程，涉及多个方面的尝试和转型。大型企业更倾向于采用综合性的商业模式、实施大规模定制及转型为平台型企业，以应对市场变化和客户需求的多样化。然而，小型企业在这些方面的尝试相对较少，可能面临资源和技术方面的限制。为了推动数智化商业模式创新，企业需要制定合适的策略，根据自身规模和需求进行有针对性的转型。同时，政府、行业协会等也应该加强对企业的指导和支持，帮助企业克服资源和技术方面的限制，实现数字化转型和商业转型。

总体来看，要评估贵州省制造型企业的数智化效益水平，需考虑直接经济效益、间接经济效益、产品创新及商业模式创新四个关键方面。直接经济效益体现在成本降低和销售额增加等方面，若多数企业实现成本节约或销售增长，则表现良好。间接经济效益包括品牌价值的提升、市场份额的扩大和客户满意度的提高，若企业品牌影响力增强，市场份额扩大，客户满意度提高，则表现良好。产品创新方面，若企业通过数智化技术推出受欢迎的新产品或优化现有产品，则创新水平高。商业模式创新指企业改变业务运营模式和盈利方式，若采用新的、有效的商业模式并带来显著竞争优势和经济效益，则表现良好。综合这四个方面的数据，可评估企业的数智化效益水平，并针对不足之处制定相应策略来提高效益。

经过综合评估，尽管各项评价指标的得分并不突出，但从评分分布中仍可以观察到数字化对企业效益的积极影响。具体来说，经济效益的评分超过创新能力，反映出贵州省制造型企业在数字化过程中更侧重于优化运营流程、削减成本及提高市场响应速度。然而，这些进步在推动产品创新、生产方式革新等创新能力的提升上表现尚不明显,意味着贵州省制造型企业数字化的全面效能仍有待进一步释放。

5.7　本章小结

制造型企业数智竞争力评价需确立合理考核标准。目前,我国尚缺乏相关规定和指标体系。为应对此挑战,项目组调查了贵州省内的创新型典范企业,确定了标杆企业的最佳和最低指标。为直观评价企业表现,我们将最优与最差企业的总分等比例分成若干等级,并采用四分法划分为优、良、中和差四个等级。这种评估方法严谨、稳重,确保评价的客观性和公正性。

5.7.1　贵州省制造型企业数字化核心发展指标按等级划分

数字化转型乃一循序渐进的过程,需经缜密研究与认证。借鉴国内外成熟度模型等级划分之方法,并结合预实验之结果,本研究特将贵州省制造型企业的数字化成熟度细分为五级:数字化入门者、数字化升级者、数字化转型者、数字化专家及数字化引领者。此种划分旨在确保数据的信度和效度,进而助力各企业精准定位自身在数字化进程中的位置与特色。

5.7.2　预调查与正式调查数据的收集是关键环节

为确保问卷调查的有效性,本研究在问卷设计完成后,对样本企业的员工进行了初步调查,并征询了他们对问卷内容的意见。在正式调研过程中,我们得到了贵州省制造型企业员工的全力配合,从而获取了真实可靠的数据。这一环节得益于本研究团队丰富的企业管理经验和广泛的企业资源。为了增强合作企业的参与度和积极性,我们还提供了免费的企业管理咨询或培训作为回馈。

5.7.3　贵州省制造型企业数字化核心能力提升的模式与路径

针对贵州省制造型企业数智化核心提升的需求,本研究提出了三大核心要素。首先,构建数字商业生态系统,为整个数智化提升过程提供稳固的载体和系统边界;其次,完善数字制造供应链价值共创机制,作为推动数智化核心提升的重要驱动力;最后,强化自主创新能力,作为提升数智化核心内涵和关键环节的必要手段。这三大要素共同构成了贵州省制造型企业数智化核心提升的全面框架和路径。

5.7.4 推进贵州省制造型企业提升数智化竞争力的建议

经过对前述研究及评估成果的细致剖析,针对政府与企业两个维度,本研究提出了详细的数字化发展建议。同时,也客观地审视了本研究的局限性,并明确了未来研究的拓展方向。这些建议旨在助力贵州省制造型企业稳步迈向数字化,增强行业竞争力,进而推动经济的稳健与可持续发展。

第6章　贵州省服务型企业数字化平台调研

本研究以对贵州省企业科技平台建设的调研为基础，对服务型企业在数智化转型过程中创造力的测量方法和网络平台特性进行了深入探讨。研究的主要目的在于识别出能够有效提升组织创造力的企业数智核心竞争力措施，并研究促进企业服务创新平台建设的区域制度环境。通过追踪研究相关企业的管理现状和发展趋势，本研究深入剖析了企业数智化创造力水平、网络平台管理及区域制度环境状况等关键因素，旨在为企业自主创新和地区经济的稳健发展提供有价值的参考。

在研究对象的选择上，本研究充分考虑了贵州省服务型企业的实际情况。由于贵州省服务型企业大多属于中小微企业，规模以上企业中的大型企业相对较少，因此，本研究决定对服务型企业进行广泛的分类，以确保研究的普遍性和代表性。根据企业提供的服务类型，本研究将服务型企业划分为11个类别，包括教育服务类、咨询服务类、信息服务类、生产服务类、财务服务类、法律服务类、工程服务类、零售服务类、科技服务类、营销服务类和餐饮旅游服务类。通过对这些不同类别的企业进行跟踪调研，本研究能够更全面地了解服务型企业在数智化转型过程中的创造力表现和网络平台特征。

在数据采集方面，本研究注重数据的代表性和广泛性。本研究从企业规模、企业营业额和企业发展阶段三个维度对所研究企业进行了细致的数据采集和跟踪分析。通过对这些维度的综合考量，研究团队能够更准确地揭示服务型企业在数智化转型过程中的创造力变化及其与网络平台特征之间的关联。

通过对企业创造力、区域环境制度和企业平台特征的实证调查，本研究发现了一些积极推动服务经济发展的地区环境因素。这些环境因素包括政府政策支持、区域创新氛围和人才培养机制等。同时，研究还揭示了提升服务型企业素质和竞争能力的核心要素，包括技术创新能力、组织学习能力和市场拓展能力等。

这些发现对于促进贵州省服务型企业的健康发展具有重要的指导意义。

综上所述,本研究致力于探索服务型企业在数智化转型过程中的创造力测量和网络平台特征,通过深入调查和分析,揭示了提升组织创造力的有效措施和促进企业服务创新平台建设的区域制度环境。这些研究成果将有助于指导服务型企业在数智化转型过程中更好地应对挑战,提升创造力,实现健康、可持续发展。同时,对于政府部门而言,这些研究成果也能为其制定更有效的政策措施提供参考依据,以促进服务经济的健康发展。

6.1 调研方法

服务型企业在中国经济中的地位日益凸显,特别是在贵州省服务型企业已成为推动地方经济发展的重要力量。为了深入了解贵州省服务型企业的创新发展状况,本研究以量化的实证研究为主,结合市场前沿的第一手资料和数据,进行了系统的分析和研究。

本次调研共获得了贵州省3712家服务类企业的详细资料,包括企业数量、资金规模、人才队伍和平台现状等关键数据。在此基础上,运用统计学方法和实证分析方法,精准定位并选取了10家具有代表性的企业进行深入研究。

本研究的调查数据获取,主要聚焦以下三个方面。第一,企业组织创造力提升的有效方法。本研究发现,管理机制和企业文化是提升企业组织创造力的关键因素。完善的管理机制能够激发员工的创新潜力,而积极向上的企业文化则有助于培养员工的创新意识和团队协作精神。第二,企业创新发展的区域环境制度。在大数据环境下,企业知识积累和传承显得尤为重要。贵州省在推动服务型企业创新发展方面,需要进一步完善相关政策制度,为企业提供更加良好的创新环境和政策支持。第三,企业服务创新平台建设的长效机制。内部资源整合和外部资源利用是企业服务创新平台建设的核心。有效的内部资源整合能够提升企业的运营效率和服务质量,而积极的外部资源利用则能够帮助企业拓展业务领域,实现更广泛的合作与发展。

本研究以贵州省服务型企业的实际情况为立足点,深入探讨了企业创新发展的多个维度。未来,本研究将继续关注贵州省服务型企业的发展动态,为地方经济的持续健康发展提供坚实支持。同时,本研究也期望通过持续的研究和实践,为更多地区的服务类企业提供有益的参考和借鉴。在探索贵州省服务型企业数智化创新发展之路时,本研究采取了以下几种关键的调研方法。

1. 跨学科研究法

本研究注重多学科交叉融合,借鉴产业经济学、人口经济学、管理学及企业创新管理等多个学科的理论和方法,对贵州省服务型企业的成长因素、技术协同和企业动态能力进行深入的实证研究。这种方法使本调研能够从不同学科视角全面审视服务型企业的发展问题,为找到有效的解决方案提供更为广阔的思路。

2. 定性研究法

为了深入理解服务型企业的成长机制和技术协同过程,本研究聚焦于企业成长因素、技术协同、区域制度环境及企业动态能力四个核心研究因子。在文献收集方面,本研究充分利用了CNKI和万方文献数据库等中文资源,以及Emerald、Elsevier和Wiley Library等国际知名数据库,广泛收集国内外相关文献。通过深入分析这些文献,挖掘了各研究因子的内涵,确定了测量标准,为后续实证研究提供了坚实的理论基础。

3. 深度访谈法

为了使研究更具实践指导意义,本研究在文献研究的基础上,选择了贵州省7个具有代表性的服务型企业进行深度访谈。这些访谈对象包括企业领导者、中层管理者和普通员工,共21位受访者。通过面对面的深入交流,本研究获得了受访者对公司网络平台应用情况的直接反馈和宝贵建议。这些一手资料不仅丰富了项目的研究内容,还使项目组对服务型企业的实际运营情况有了更为直观的了解。

4. 实证分析法

为了验证提出的研究假设和影响关系模型,本研究采用问卷调查的方法收集了大量数据。在数据分析过程中,项目组除了对问卷的效度和信度进行检验外,还运用多元回归和结构方程等定量分析方法对假设进行了验证。此外,还借助SPSS和Mplus等数据分析软件进行了中介效应和效度检验。这些定量的分析方法为前期的基础理论和文献探讨提供了有力支持，使本研究能够更为精确地揭示贵州省企业创新发展的内在规律。

综上所述，本研究通过综合运用跨学科研究法、定性研究法、深度访谈法和实证分析法等多种方法，全面深入地探讨了贵州省服务型企业的创新发展问题。这些方法的有机结合不仅增强了研究的科学性和严谨性，还提高了研究的实践价值和社会意义。

6.2 调研前的文献准备

影响服务型企业发展的因素有很多，如品牌影响力、经营管理能力和服务质量等，本研究则关注创造力。因为服务的过程是与顾客交流互动的过程，互联网时代更是强调与顾客的零距离，提供服务的速度要跟得上客户单击鼠标的速度，既要提供实实在在的线下服务，也要提供线上的网络平台服务。所以，企业的“网络平台特征”是本研究选择的第二个非常重要的研究内容。另外，在中国研究企业管理，不能不关注地方区政府的公共管理水平和扶持政策，因此，本研究的第三个研究重点就是企业管理必须面对的“区域制度环境”。总之，本研究在企业层面的研究，主要是围绕区域制度环境、企业网络平台和组织创造力三个要素展开。

从企业管理实践的角度，本研究的主要内容分为以下四点：①企业网络平台与组织创造力影响机制模型建构，提炼出普遍适用的企业网络平台应用模型。②企业创造力提升的有效方法，通过员工个人主动性和职业生涯发展设计，推广有效的企业管理机制，促进员工创造力提升。③企业网络服务平台建设的长效机制，形成企业服务创新平台建设的长效机制；通过柔性管理在中小企业的研究，推广有效的企业管理文化，提升组织创造力。④地方政府的政策扶持，在大数据环境下，促进企业进行知识管理的有效措施。

本研究的创新点在于研究视角比较独特。根据贵州省的项目要求，选取有代表性的小型服务型企业作为研究对象，其服务平台还不成规模，但是“麻雀虽小，五脏俱全”，尤其在互联网技术催生的线上线下市场的激烈竞争中，其服务创新平台的建设更有特点，研究成果有助于小企业的服务效能提升，也更适合在贵州省快速发展的地方企业中进行推广。

6.3　调研方案与技术路线

本研究以贵州省服务型企业为研究对象，充分借鉴团队中资深专家的前期科研成果，并结合国内外同领域研究的已有文献，深入探讨了服务型企业创造力与企业服务创新平台之间的关系（图6-1）。在此基础上，构建了贵州省“服务型企业创造力与企业服务创新平台关系研究”模型，旨在揭示两者之间的内在联系和相互影响机制。

首先，本研究回顾了服务型企业创造力及企业服务创新平台的相关理论，对关键概念进行了深入解析。服务型企业创造力是指企业在提供服务过程中，通过创新思维、技术手段和组织管理等手段，创造出新颖、独特且具有市场竞争力的服务产品或服务方式。而企业服务创新平台则是指企业为了提升服务创新能力，整合内外部资源，构建的一种支持服务创新活动的综合性平台。

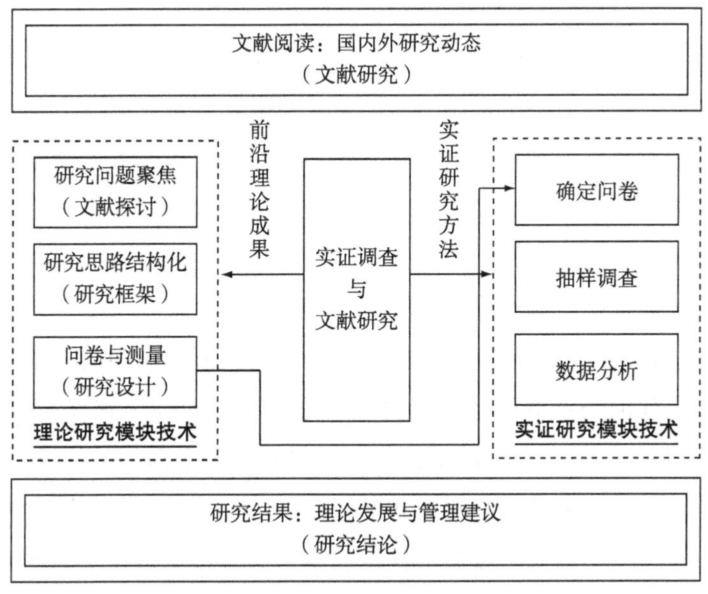

图6-1　本研究的框架及技术路线

本研究在理论回顾的基础上,进一步梳理了已有研究中关于服务型企业创造力与企业服务创新平台关系的观点。部分学者认为,企业服务创新平台的建设有助于提升服务型企业的创造力,因为平台可以为企业提供丰富的创新资源、高效的创新流程及良好的创新氛围。而另一些学者则认为,服务型企业的创造力是企业服务创新平台建设的重要驱动力,因为企业的创新需求和创新实践会推动平台不断完善和优化。

为了深入探究服务型企业创造力与企业服务创新平台之间的关系,本研究设计了详细的调查问卷。调查问卷中包含了多个关键变量的测度指标,如企业创新投入、创新产出、创新氛围和平台功能等。通过对这些指标的测量和分析,可以更全面地了解贵州省服务型企业在创新实践中的表现及企业服务创新平台的建设情况。

此外,调研还参考了国内外同领域研究的已有文献,对研究模型进行了进一步的完善和优化。引入了更多的影响因素和控制变量,以更准确地揭示服务型企业创造力与企业服务创新平台之间的关系。同时,调研还利用统计分析方法和实证研究方法对调研数据进行了处理和分析,以验证研究模型的合理性和有效性。

综上所述,本研究通过构建贵州省“服务型企业创造力与企业服务创新平台关系研究”模型,并设计调查问卷,深入探讨了服务型企业创造力与企业服务创新平台之间的关系。本研究相信,这一研究将为贵州省服务型企业的创新实践和企业服务创新平台的建设提供有益的参考和借鉴。同时,也为国内外同领域研究提供了新的视角和思路。

在深入探索贵州省服务型企业的发展状况时,本研究采用了多元化的研究方法,以确保研究结果的全面性和准确性。首先选取了一些具有代表性的服务型企业进行实地的访谈调研和问卷调查。通过与企业高层管理人员、员工及消费者的面对面交流,本研究得以了解他们在实际运营中遇到的挑战和机遇,以及他们对服务型企业未来发展的看法和期望。

这些访谈和问卷调查的数据不仅帮助本研究验证了理论文献研究和模型建构中提出的各种假设的可行性,还提供了宝贵的实践经验和案例支持。根据调研中发现的问题,本研究对研究计划和方法进行了切合实际的调整,以确保研究更加贴近实际,更具指导意义。

在此基础上,本研究进一步扩大了研究范围,增加了样本数量,以便更全面地了解贵州省服务型企业的发展状况。本研究运用量化研究的数据工具,对研究的测试、信度和效度进行了全面分析和总结,从而得出了更为准确、客观的研究结果。

值得一提的是,本研究的模型建构和问卷设计都是建立在务实的前期调研的基础上,并充分考虑了贵州省服务型企业的实际情况和特点,确保研究工具和方法具有针对性和可操作性。这样的研究方法不仅有助于本调研深入了解贵州省服务型企业的现状,也为其他地区和行业的类似研究提供了有益的参考和借鉴。

综上所述,通过实地访谈调研、问卷调查和量化研究等多种方法的综合运用,本调研得以全面、深入地了解贵州省服务型企业的发展状况,为相关政策的制定和实施提供了有力的支持。同时,研究方法和成果也为其他地区和行业的类似研究提供了有益的启示和借鉴。

6.4　模型验证、问卷调查及实证分析

本研究提出如下研究模型(图6-2),目的是对文献理论和深度访谈的结果进行问卷调查和实证分析。首先需要验证区域环境制度对企业创造力的影响作用,并就企业平台特征所起到的调节作用进行数据分析,涉及的主要变量分别为区域制度环境、企业平台特征和企业创造力。

本研究除探索不同背景变量区域环境制度、企业平台特征和企业创造力的差异情形外,最主要的目的是建构服务型企业的创造力机制模式,并探讨验证模式中有关企业平台特征的调节效应。

本研究预验证的假设整理如下。

H1:区域制度环境对企业创造力有显著正向影响。

H2:区域制度环境与企业平台特征显著相关。

H3:企业平台特征与企业创造力显著相关。

H4:企业平台特征在区域制度环境与企业创造力之间有中介效应。

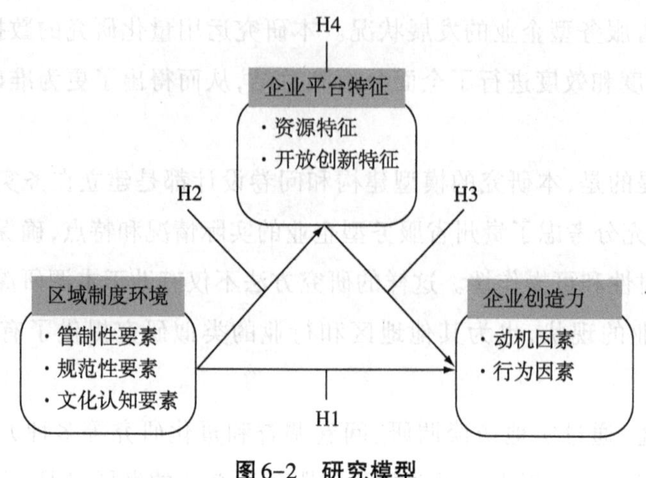

图6-2 研究模型

注:H1、H2、H3、H4的含义见上文。

6.4.1 关键要素测量

本研究提出如下研究模型(图6-1和图6-2),目的是对文献理论和深度访谈的结果进行问卷调查和实证分析。首先需要验证区域环境制度对企业创造力的影响作用,并就企业平台特征所起到的调节作用进行数据分析,涉及的主要变量分别为企业创造力、区域制度环境和企业平台特征。

1. 企业创造力测量

创造力是一个多层次构念,关于组织创造力的测量研究还在不断地改进中。回顾已有组织创造力的研究文献,发现实证研究很少,更多是综述类的研究。一般是从工作情境的视角切入。例如,阿马比莱(Amabile)等人(1996)开发的工作情境量表,主要是测量影响组织创造力的环境因子。穆斯塔法(Mostafa)(2005)以170名埃及企业经理为样本的研究,明确区分了组织创造力的影响因子,还借鉴了工作情境量表的测度和题项。李(Lee)和崔(Choi)(2003)在综合前述二人研究思路及测量题项的基础上,根据自己的研究实际情况从创造动机、创造行为、创造结果和创造环境出发提出了包含五个题项的组织创造力测量量表。相对于国外研究而言，国内的组织创造力测量工作还十分缺乏。周耀烈等(2007)以高技术企业为研究对象，从创造主体、创造性氛围及创造过程三个方面，初步构建了一套高科技企业创造力评估指标体系。由于目前对组织创造力测量没有形成统一的成熟测量量表，本研究将在借鉴阿马比莱等人(1996)、李和崔等人(2003)的研究基础上，采用五个题项对组织创造力进行测量(表6-1)。

表6-1　企业创造力测量

变量	编号	题项
组织创造力	OC1	企业已经产生了许多新颖有用的(服务/产品)创意
	OC2	企业培养了有利于产生新颖和有用的(服务/产品)创意的环境
组织创造力	OC3	企业花费了许多时间来产生新颖和有用的(服务/产品)创意
	OC4	企业认为产生新颖和有用的(产品/服务)创意是重要的活动
	OC5	企业致力于积极产生新颖和有用的(产品/服务)创意

2. 区域制度环境的构成要素与测量

区域制度环境的研究是跨学科研究，涉及政治学、社会学和经济学甚至地方文化学等相关领域。关于制度环境的界定，学者们已经积累了非常丰富的文献资料，有代表性的观点是在正式制度和非正式制度分类的基础上，再细分出三个维度，即管制要素、规范要素和认知要素(Scott，2006)。

其后针对区域制度环境的研究的争论和探讨持续不断，但是从文献引述所记录的数据来看，斯科特(Scott，2006)的三维度界定法在这一领域研究中最具影响力(表6-2)，对制度环境的定义强调“为生活提供意义和稳定性”，并把与其相关的活动和资源归纳为管制的、规范的和文化—认知的三个要素(表6-3)。其中，文化—认知要素强调，在网络环境下制度安排对风险资本的影响，更合理地解释了制度环境在信息时代的影响作用。

表6-2 制度环境的三个维度

测量维度	管制性要素	规范性要素	文化—认知要素
遵从的基础	权宜	社会责任	理解与共识
秩序的基础	管制规则	约束性期待	建构性图式
制度扩散机制	强制	规范	模仿
制度逻辑	工具性	正当性	正统性
制度指标	规则、法律和奖惩	证明、认可	信仰、习惯和同构
制度产生的影响	害怕、内疚/清白	羞耻/荣耀	确定/困惑
合法性基础	法律制裁	道德支配	理解、认可和同化

资料来源：SCOTT A J, 2006. Entrepreneurship innovation and industrial development: Geography and the creative field revisited[J]. Small business economics(26):1-24.

如表6-2所示，斯科特关于制度环境的三大维度分析框架很好地结合了组织理论和制度理论两个方面，较好地融合了经济、社会和政治等学科的制度分析要素，既能够作为组织与环境互动的微观分析工具，也可以对宏观的制度规划与组织决策起到指导作用。

表6-3 区域制度环境测量

变量	维度	编号	题项
区域环境制度	管制要素	RIR1	本区域的政府实施知识产权保护的力度较大
		RIR2	本区域的政府从政策上大力促进企业/产业之间的合作
		RIR3	本区域的政府较早成立了促进企业/产业合作的专职部门或组织
		RIR4	本区域的政府从政策上鼓励企业/产业人员参与各类科技创新活动
		RIR5	本区域的政府积极发展企业/产业合作服务平台，如信息发布平台和交流 / 洽谈会等

续表

变量	维度	编号	题项
区域环境制度	规范要素	RIS1	本区域内的科技中介(服务)组织(如科技企业孵化器、产业集聚／园区和行业协会等)积极帮助企业/产业合作项目
		RIS2	本区域内的政府对促进企业/产业创新能力的提升寄予厚望,并提出要求
		RIS3	本区域内的金融组织或个人积极支持企业/产业的合作与协同创新
		RIS4	本区域内的企业/产业合作与协同创新被看成是企业成功的重要途径之一
	文化—认知	RIC1	本区域内的企业/产业之间的交流、合作活动较多
		RIC2	本区域内的企业/产业的研发投入积极性很高
		RIC3	本区域内的企业很重视与您所在企业的交流、合作活动
		RIC4	本区域内的合作企业能够理解企业/产业研发活动的特性,如周期长、进展慢,需要得到充分的支持等

结合前人的研究成果及上文的概念维度分析,本研究从管制、规范和文化—认知三个维度对区域制度环境进行实证性的测量。

3. 企业平台特征的测量

根据平台的技术开放性及协同创新程度,可以将平台特征相关研究划分为四个研究阶段,即微观、静态及封闭的内部平台研究阶段,纯供应链(商业)平台及纯技术型平台研究阶段,基于多平台、多主体共生的商业平台及技术型平台研究阶段,综合商业及技术的综合型平台特征研究阶段(Gawer,2014)。本研究属于第三阶段,参考潘建林关于网络创业型平台领导特征的研究,将企业平台特征的测量分为四个维度,即感知能力、资源特征、开放创新特征和运营模式特征(表6-4)。

表6-4 企业网络平台特征测量

变量	维度	编号	题项
企业网络平台特征	感知能力	CPP1	企业网络平台拥有清晰、科学合理的商业规则
		CPP2	企业网络平台会严格执行原先制定的商业规则
		CPP3	企业网络平台对整个平台网络体系(如用户行为、子平台等)会监管到位
		CPP4	所属企业网络平台的经营管理体系比较科学
	资源特征	CPR1	所属企业网络平台拥有庞大的用户资源
		CPR2	所属企业网络平台拥有丰富的应用工具资源
		CPR3	所属企业网络平台拥有丰富的商业信息资源
		CPR4	所属企业网络平台在行业中具有较好的市场地位及品牌效应
	开放创新	CPO1	所在企业网络平台开放程度高,平台进入容易
		CPO2	所在企业网络平台的平台工具可用性强,应用成本比较低
		CPO3	所在企业网络平台的共享数据多且共享及时
	运营模式	CPM1	所在企业网络平台与用户互动性强且频繁
		CPM2	所在企业网络平台拥有较多的创新激励机制
		CPM3	所在企业网络平台运行机制较好,具有良好的发展

6.4.2 实证分析

本研究提出的研究模型,如图6-2所示,需要对文献理论和深度访谈的结果进行问卷调查和实证分析。首先需要验证区域环境制度对企业创造力的影响作用,并就企业平台特征所起到的调节作用进行数据分析,涉及的主要变量分别为企业创造力、区域制度环境和企业平台特征。

1. 量表的信度

克朗巴赫系数(Cronbach’s Alpha)可以代表量表的内部信度,即量表内部的题目一致性。一般认为克朗巴赫系数在0.7以上是可接受的,在0.8以上代表量表非常可信。本研究的三个变量的克朗巴赫系数(表6-5)大于0.9,因此证明问卷拥有良好的信度。

表6-5　量表的信度系数

变量名称	Cronbach's Alpha	项数/个
企业创造力	0.992	5
区域制度环境	0.957	13
企业平台特征	0.959	14

2. 样本的描述性统计信息

贵州省10家服务型企业中的166人参与了这次问卷调查，样本的人口描述性信息见表6-6。问卷的参与者大部分为普通员工，占总人数的66.3%。企业主7人，占总人数的4.2%。管理者49人，占总人数的29.5%。

从性别角度讲，男性占比为57.2%，女性占比为42.8%。从年龄上分析，31~55岁的参与者有90人，占总样本量的一半以上。参与者的教育程度有很大差异，但是大多数（70.5%）参与者的教育程度为大专或本科。参与者工作的企业规模大多为101人以上的企业，且企业规模为1001万元以上。有62名参与者工作的企业发展阶段为成熟稳定阶段，但是其他企业发展阶段的占比相差不多。至于样本所在的服务型企业类型，生产服务类占比最多，为接近40%。

表6-6　样本的描述性统计信息（N=166人）

统计变量	项目	频率	占比/%
工作类型	企业主	7	4.2
	管理者	49	29.5
	员工	110	66.3
性别	男	95	57.2
	女	71	42.8
年龄	20岁以下	4	2.4
	21~30岁	63	38.0
	31~55岁	90	54.2
	56岁以上	9	5.4

续表

统计变量	项目	频率	占比/%
教育程度	初中及以下	16	9.6
	高中或中专	23	13.9
	大专或本科	117	70.5
	研究生以上	10	6.0
企业规模	10人以下	9	5.4
	11~30人	24	14.5
	31~100人	17	10.2
	101人以上	116	69.9
企业营业额	200万以下	36	21.7
	201万元~500万元	24	14.5
	501万元~1000万元	19	11.4
	1001万元以上	87	52.4
企业发展阶段	初创阶段	25	15.1
	成长阶段	43	25.9
	成熟稳定阶段	62	37.3
	衰退阶段	36	21.7

企业规模在101人以上的占比最高，为69.9%。其次是11~30人规模的企业，占比为14.5%。31~100人规模的企业占比为10.2%，而规模在10人以下的企业占比最小，仅为5.4%。可以看出，本次填写人群中大部分来自规模较大的企业。

在该调查样本中，大部分企业的营业额都相对较高。超过一半的企业营业额都超过了1000万元，说明这些企业的业务规模较大。营业额在200万元以下的企业虽然占比不如1001万元以上的企业大，但也是一个相对较大的群体，占据1/5左右。

初创阶段的企业占比为15.1%，成长阶段的企业占比为25.9%，成熟稳定阶段的企业占比为37.3%，衰退阶段的企业占比为21.7%。成熟稳定阶段的企业占比最高，接近40%，说明有相当数量的企业已经发展到了稳定的阶段。初创阶段和成长阶段的企业占比相对较低，分别为15.1%和25.9%，说明企业的初创和成长阶段相对较为困难，需要付出更多的努力和资源。衰退阶段的企业占比为21.7%，相对较低，说明在这个样本中，衰退阶段的企业相对较少。

3. *N*变量的相关性检验

对于企业创造力、区域制度环境及企业平台特征这三者之间关系的研究，本研究运用Pearson相关性分析进行了深入探讨。分析结果如表6-7所示，三者之间存在显著的关联性。

表6-7　Pearson相关性分析（*N*=166人）

内容	平均值	标准差	1	2	3
1. 企业创造力	2.778	0.930	1		
2. 区域制度环境	3.148	0.838	0.581**	1	
3. 企业平台特征	3.149	0.903	0.715**	0.719**	1

**表示显著性水平为1%。

首先，观察区域制度环境与企业创造力的关系，表6-7的数据显示它们之间呈现显著的正相关（$R = 0.581$）。这一结果表明，在制度环境优越的地区，企业的创造力表现更为突出。这可能是因为良好的制度环境为企业提供了稳定、公平和透明的运营环境，降低了企业的经营风险，从而有利于激发企业的创新活力。此外，优质的制度环境还有助于吸引和留住人才，为企业创新提供源源不断的智力支持。

其次，区域制度环境与企业平台特征也呈现显著正相关（$R = 0.719$）。这一结果说明，在制度环境优越的地区，企业平台的建设和发展更为完善。这可能是因为区域制度环境的优化为企业平台的运营提供了有力保障，使企业平台能够更好地整合资源、提升效率和优化服务，从而吸引更多的用户和客户。

最后，企业平台特征与企业创造力也呈现显著正相关（$R = 0.715$）。这一发现表明，具备优质平台特征的企业在创造力方面表现更强。这可能是因为优质的企业平台能够为企业提供更加便捷、高效、灵活的创新环境，使企业能够更快地把握市场机遇、响应客户需求、实现技术突破。

综上所述，问卷中的三个变量——企业创造力、区域制度环境和企业平台特征均呈现显著正相关，且相关强度较强（R在0.5~1.0）。这一发现为后续回归分析提供了坚实的基础，有助于更深入地理解这三个变量之间的内在联系和相互影响机制。本研究进一步探讨如何通过优化区域制度环境、提升企业平台特征来激发企业创造力，以推动区域经济的持续发展和产业升级。同时，本研究也将关注不同行业、不同规模企业在这一过程中的差异和特点，为政策制定和企业实践提供更具体和有针对性的建议。

(1)企业创造力与企业平台特征的相关性分析。

首先如表6-8所示，在分析企业创造力与其网络平台商业规则之间的关联性时，可以洞察出以下的趋势和动态。

表6-8　企业产生的服务或产品创意X与企业网络平台商业规则水平Y的交叉分析

单位：人(%)

X\Y	1没有	2偶尔	3一般	4较多	5总是	小计
1没有	8(36.36)	7(31.82)	6(27.27)	0(0)	1(4.55)	22
2偶尔	6(13.33)	15(33.33)	15(33.33)	6(13.33)	3(6.67)	45
3一般	5(8.33)	4(6.67)	30(50.00)	16(26.67)	5(8.33)	60
4较多	1(2.94)	1(2.94)	12(35.29)	14(41.18)	6(17.65)	34
5总是	0(0)	0(0)	0(0)	1(20.00)	4(80.00)	5

很明显的是，随着企业创意产生的频率增加，其网络平台上商业规则的科学清晰性和合理性也呈现上升趋势。例如，当企业“总是”在寻求和产生新的服务或产品创意时（这代表了企业的最高创造力水平），其网络平台上的商业规则“总是”保持科学、清晰和合理性的比例高达80%。它揭示了企业持续的创新努力与其网络平台商业规则的优化和完善之间存在紧密的联系。

反之，当企业“没有”产生任何创意时，商业规则“总是”保持科学、清晰和合理的比例仅为4.55%,这是最低的比例。这进一步证实了企业的创新活动与其网络平台商业规则的合理性之间的正相关关系。

这种趋势不仅体现在"总是"或"没有"这两个极端。即使在"偶尔""一般"和"较多"这些中间级别上,也能观察到相似的趋势。尽管具体的占比有所变化,但整体的趋势和相关性是一致的。

本研究进一步发现,商业规则的科学、清晰和合理性可能反过来促进创意的产生。当企业网络平台的商业规则"总是"保持科学、清晰和合理时,企业产生服务或产品创意的频率也倾向于"总是"或"较多"。这表明一个健全、高效的商业规则体系,不仅为企业的日常运营提供了稳定的框架,还为企业的创新活动提供了强大的支持。

分析企业创意、创造力与企业网络平台工具资源丰富度之间的相关性,可以通过观察表6-9的数据来揭示其趋势。

表6-9 企业产生的服务或产品创意X与企业网络平台工具资源丰富度Y的交叉分析

单位:人(%)

X\Y	1没有	2偶尔	3一般	4较多	5总是	小计
1没有	8(36.36)	2(9.09)	9(40.91)	2(9.09)	1(4.55)	22
2偶尔	7(15.56)	12(26.67)	17(37.78)	6(13.33)	3(6.67)	45
3一般	2(3.33)	5(8.33)	30(50.00)	18(30.00)	5(8.33)	60
4较多	1(2.94)	0(0)	11(32.35)	16(47.06)	6(17.65)	34
5总是	0(0)	0(0)	0(0)	1(20.00)	4(80.00)	5

表6-9的数据显示,随着企业创意创造力的增强,其网络平台工具资源的丰富度也呈现增长的趋势。具体而言,当企业的创意创造力达到"总是"的高水平时(即创造力的最高级别),其网络平台拥有丰富工具资源的比例也达到最高,为80%。相反,当企业的创意创造力"没有"时,其网络平台工具资源的丰富度最低,占比仅为4.55%。

此外,这种趋势在"较多"和"一般"的创意创造力级别上也得到了体现,尽管具体比例有所变化，但总体上的增长趋势是一致的。同时，表6-9数据还暗示了工具资源的丰富度可能促进创意创造力的提升。当企业网络平台"总是"拥有丰富的工具资源时，企业的创意创造力也往往达到"总是"或"较多"的水平。这表明，拥有丰富工具资源的网络平台可能为企业提供了更多的创新工具和手段，从而有助于激发和实现创意。

综合以上观察，可以初步推断，企业的创意创造力和其网络平台工具资源的丰富度之间存在正相关关系。也就是说，当企业在某一方面表现出色时，另一方面也往往会有相应的提升。然而，在得出这一结论时，我们也需要注意可能存在的其他影响因素。例如，企业的规模、行业、资源投入、市场环境和企业文化等都可能对创意创造力和平台工具资源的丰富度产生影响。为了更深入地理解这两个变量之间的相关性，我们可能需要进一步收集更大样本量的数据，并控制其他潜在影响因素。此外，通过统计测试，如卡方检验、相关性分析等，我们可以更准确地验证这种关系的强度和显著性。总的来说，尽管从现有数据看，企业的创意创造力和其网络平台工具资源的丰富度之间存在正相关关系，但为了得出更可靠的结论，我们仍需要进一步的数据分析和研究。

表6-10呈现了企业服务平台用户资源与企业产品或服务创意之间的交叉分析，我们可以深入洞察用户资源（按列划分）与产品或服务创意（按行区分）之间的内在联系。

表6-10 企业产生的服务或产品创意X与企业网络平台用户资源Y的交叉分析

单位：人（%）

$X \backslash Y$	1没有	2偶尔	3一般	4较多	5总是	小计
1没有	7(31.82)	3(13.64)	8(36.36)	3(13.64)	1(4.55)	22
2偶尔	8(17.78)	8(17.78)	16(35.56)	11(24.44)	2(4.44)	45
3一般	6(10.00)	6(10.00)	26(43.33)	14(23.33)	8(13.33)	60
4较多	2(5.88)	1(2.94)	10(29.41)	12(35.29)	9(26.47)	34
5总是	0(0)	0(0)	0(0)	1(20.00)	4(80.00)	5

首先，我们关注那些“没有”产品或服务创意的用户资源情况，表6–10的数据显示，31.82%的用户完全没有用户资源，13.64%的用户偶尔拥有用户资源，36.36%的用户通常拥有一定的用户资源，13.64%的用户拥有较多的用户资源，而仅有4.55%的用户始终拥有用户资源。

其次，我们转向“偶尔”拥有产品或服务创意的用户资源情况（表6–10的第二行），17.78%的用户完全没有用户资源，17.78%的用户偶尔拥有用户资源，35.56%的用户通常拥有一定的用户资源，24.44%的用户拥有较多的用户资源，4.44%的用户始终拥有用户资源。

最后，我们分析“一般”拥有产品或服务创意的用户资源情况（表6–10第三行的数据）“较多”拥有产品或服务创意的用户资源情况（表6–10第四行的数据），以及“始终”拥有产品或服务创意的用户资源情况（表6–10第五行的数据）。

通过对表6–10的分析，企业可以清晰地了解用户资源与其产品或服务创意之间的紧密关系。例如，当企业的产品或服务创意处于“一般”水平时，有43.33%的用户资源属于“一般”级别，23.33%的用户资源属于“较多”级别，13.33%的用户资源属于“始终”级别。这些洞察对于指导企业制定更为精准的市场策略至关重要，因为它们帮助企业了解哪些创意类型更能吸引并留住用户资源。此外，表6–10的数据也反映了用户资源的丰富程度可能直接影响企业的产品或服务创意的层次。例如，拥有“总是”用户资源的用户比例虽然仅为4.55%，但当他们拥有产品或服务创意时，这些创意更可能达到“总是”的高水平。这表明，稳定的用户资源基础可能是推动企业不断创新和提升产品和服务质量的关键因素。

同时，这些数据也提醒企业，对于偶尔或没有产品或服务创意的用户资源，需要采取策略进行激活和转化。企业可以通过市场调研、用户需求分析和产品创新等方式，激发这些用户的潜在需求，提升他们的满意度和忠诚度，从而增强企业的市场竞争力。

总的来说，表6–10的交叉分析结果为企业提供了宝贵的用户资源与产品或服务创意之间的关联信息。企业可以据此制定更为精准的市场策略，优化产品和服务，以更好地满足用户需求，实现可持续发展。

表6-11展示了企业新产品或服务创意与网络平台开放度之间的交叉分析数据，可以洞察两者间的关联。

表6-11　企业产生的服务或产品创意*X*与企业网络平台开放程度*Y*的交叉分析

单位：人（%）

X\Y	1没有	2偶尔	3一般	4较多	5总是	小计
1没有	8(36.36)	5(22.73)	5(22.73)	3(13.64)	1(4.55)	22
2偶尔	9(20.00)	9(20.00)	19(42.22)	5(11.11)	3(6.67)	45
3一般	3(5.00)	4(6.67)	31(51.67)	16(26.67)	6(10.00)	60
4较多	1(2.94)	0(0)	14(41.18)	15(44.12)	4(11.76)	34
5总是	0(0)	0(0)	0(0)	1(20.00)	4(80.00)	5

首先，当企业缺乏新产品或服务创意时，36.36%的企业网络平台开放度极低，22.73%的企业网络平台开放度偶尔较低，22.73%的企业网络平台开放度处于中等水平，13.64%的企业网络平台开放度相对较高，而仅有4.55%的企业网络平台开放度始终保持在高水平。

其次，分析企业偶尔产生新产品或服务创意时，20.00%的企业网络平台开放度极低，20.00%的企业网络平台开放度偶尔较低，42.22%的企业网络平台开放度处于中等水平，11.11%的企业网络平台开放度相对较高，6.67%的企业网络平台开放度始终保持在高水平。当企业新产品或服务创意处于一般水平时，5.00%的企业网络平台开放度极低，6.67%的企业网络平台开放度偶尔较低，51.67%的企业网络平台开放度处于中等水平，26.67%的企业网络平台开放度相对较高，10%的企业网络平台开放度始终保持在高水平。当企业新产品或服务创意较多时，仅有2.94%的企业网络平台开放度极低，没有企业的网络平台开放度偶尔较低，41.18%的企业网络平台开放度处于中等水平，44.12%的企业网络平台开放度相对较高，11.76%的企业网络平台开放度始终保持在高水平。

最后，当企业始终拥有丰富的新产品或服务创意时，没有企业的网络平台开放度极低或偶尔较低，没有企业的网络平台开放度处于中等或相对较高水平，而高达80%的企业网络平台开放度始终保持在高水平。

从以上数据可以观察到明显的趋势，即当企业缺乏或偶尔产生新产品或服务创意时，其网络平台的开放度往往较低或处于中等水平。然而，随着企业新产品或服务创意的增多，其网络平台的开放度也呈现出上升的趋势。

这些信息对于企业具有重要意义。它们揭示了新产品或服务创意与网络平台开放度之间的潜在关联，为企业优化策略提供了依据。例如，若企业发现新产品或服务创意与网络平台开放度之间存在正相关关系，那么提高网络平台的开放度可能有助于激发更多的创意。

此外，上文中的数据分析还为企业提供了战略启示。对于创意较少的企业，提高网络平台的开放度可能是一个有效的策略，因为这有助于吸引外部资源和创意，促进内部创新。而对于创意较多的企业，则需要注重网络平台的管理和优化，以确保能够高效地处理和整合这些创意，最终转化为实际的产品或服务。

无论企业的新产品或服务创意数量如何，持续关注和优化网络平台都是至关重要的。作为企业与外部世界的重要连接点，网络平台的开放度和功能完善度直接影响着企业的创新能力和市场竞争力。因此，企业需要定期评估网络平台的性能和效果，并根据市场变化和用户需求进行及时地调整和优化。

综上所述，通过对表6-11的深入分析，企业可以更加清晰地了解新产品或服务创意与网络平台开放度之间的关系，并据此制定更具针对性的策略。这将有助于企业提升创新能力、优化资源配置和增强市场竞争力，从而实现可持续的发展和成功。

表6-12详细展示了企业在新产品或服务创意方面与其网络平台上创新激励机制实施情况之间的关系。

表6-12　企业产生的服务或产品创意X与企业网络平台激励机制Y的交叉分析

单位：人(%)

X\Y	1没有	2偶尔	3一般	4较多	5总是	小计
1没有	9(40.91)	7(31.82)	4(18.18)	1(4.55)	1(4.55)	22
2偶尔	9(20.00)	11(24.44)	17(37.78)	7(15.56)	1(2.22)	45

续表

X\Y	1没有	2偶尔	3一般	4较多	5总是	小计
3一般	2(3.33)	5(8.33)	36(60.00)	14(23.33)	3(5.00)	60
4较多	1(2.94)	0(0)	15(44.12)	12(35.29)	6(17.65)	34
5总是	0(0)	0(0)	0(0)	1(20.00)	4(80.00)	5

本研究通过分析表6-12的数据，得出以下结论。

在缺乏新产品或服务创意的企业中（表6-12第一行的数据），其网络平台创新激励机制的应用分布较为平均。具体来看，40.91%的企业尚未采纳任何创新激励机制，31.82%的企业仅偶尔采用，18.18%的企业使用频率适中，而4.55%的企业则较多使用，另有4.55%的企业始终坚持应用。这些数据表明，即便在没有创新产品或服务的情况下，仍有部分企业尝试运用创新激励机制，尽管其应用的频次和力度可能较低。

当企业偶尔出现新产品或服务创意时（表6-12第二行的数据），创新激励机制的应用情况呈现更为均匀的分布。具体而言，20.00%的企业尚未采纳，24.44%的企业偶尔采用，37.78%的企业使用频率适中，15.56%的企业较多使用，而仅有2.22%的企业始终坚持应用。这表明，在偶尔出现创新产品或服务的情况下，企业对于创新激励机制的应用并未展现出明显的偏好。

当企业新产品或服务的创意处于一般水平时（表6-12第三行的数据），创新激励机制的应用情况则呈现出明显的上升趋势，仅有3.33%的企业尚未采纳任何创新激励机制，而60.00%的企业使用频率适中，23.33%的企业较多使用，5.00%的企业始终坚持应用。这一数据表明，在创新产品或服务创意一般的情况下，企业更倾向于采纳创新激励机制，以推动创意的生成和实现。

随着企业新产品或服务创意的增加（表6-12第四行的数据），创新激励机制的应用情况也进一步提升。仅有2.94%的企业尚未采纳，44.12%的企业使用频率适中，35.29%的企业较多使用，而17.65%的企业始终坚持应用。这一趋势表明，在创新产品或服务创意较多的情况下，企业更加依赖创新激励机制来推动创意的落地和实现。

当企业始终具备新产品或服务的创意时（表6–12第五行的数据），创新激励机制的应用达到了顶峰。所有企业均采纳了创新激励机制，并且有80%的企业始终坚持应用。这一数据进一步强调了创新激励机制在持续产生和实现创新产品或服务创意中的重要性。

综上所述，企业新产品或服务的创意与其网络平台上创新激励机制的应用之间呈正相关关系。随着企业创新产品或服务创意的增加，其对创新激励机制的应用频次和力度也相应提升。因此，企业应持续优化和完善其网络平台的创新激励机制，以激发员工的创新精神和能力，从而推动企业的持续发展。此外，这种正相关关系也提醒我们，创新激励机制不仅是对员工努力的认可，更是激发员工创造力和创新精神的重要手段。因此，在日常运营中，企业除了关注产品创新本身，还应重视创新激励机制的完善和优化。

首先，企业应根据自身的创新战略和企业文化，制定科学合理的创新激励机制。这包括但不限于物质奖励、职业发展机会和创新团队的建设等多种方式。通过这套机制，企业可以向员工传达出对创新的重视和期望，从而激发员工的创新热情。

其次，企业还应定期对创新激励机制进行评估和调整。随着企业内外部环境及员工需求的变化，创新激励机制也需要与时俱进。只有这样，才能确保创新激励机制始终能够发挥最大的效用。

最后，企业还应在创新激励机制的推动下，营造一个开放、包容和协作的创新氛围。在这样的氛围中，员工可以自由地表达自己的想法和观点，还可以跨部门、跨岗位进行协作，从而共同推动企业的创新进程。

综上所述，企业应通过完善和优化创新激励机制，以及营造开放、包容和协作的创新氛围，来激发员工的创新精神和能力，从而推动企业的持续发展。

（2）企业创造力与区域环境制度的相关性分析。

表6–13详细展示了企业创新产出与地方政府在知识产权保护方面的努力之间的关系。

表6-13　企业产生的服务或产品创意 X 与区域政府知识产权保护力度 Y 交叉分析

单位：人(%)

X\Y	1没有	2偶尔	3一般	4较多	5总是	小计
1没有	7(31.82)	5(22.73)	7(31.82)	2(9.09)	1(4.55)	22
2偶尔	3(6.67)	6(13.33)	24(53.33)	8(17.78)	4(8.89)	45
3一般	3(5.00)	4(6.67)	27(45.00)	17(28.33)	9(15.00)	60
4较多	0(0)	1(2.94)	15(44.12)	13(38.24)	5(14.71)	34
5总是	0(0)	0(0)	0(0)	1(20.00)	4(80.00)	5

本研究经过深入分析，得出以下结论。

首先，当企业未产生任何创新服务或产品时（表6-13第一行的数据），地方政府在知识产权保护方面的力度分布相对均衡。大约31.82%的企业所在地区政府未提供知识产权保护，22.73%的企业偶尔得到保护，31.82%的企业得到一般程度的保护，9.09%的企业得到较多的保护，而仅有4.55%的企业总是得到保护。

其次，当企业偶尔产生创新服务或产品时（表6-13的第二行数据），地方政府在知识产权保护方面的力度开始向一般和较多保护倾斜。具体来说，6.67%的企业未得到保护，13.33%的企业偶尔得到保护，53.33%的企业得到一般程度的保护，17.78%的企业得到较多的保护，而8.89%的企业总是得到保护。

当企业一般地产生创新服务或产品时（表6-13第三行的数据），地方政府在知识产权保护方面的力度进一步向一般和较多保护集中。其中，5.00%的企业未得到保护，6.67%的企业偶尔得到保护，45.00%的企业得到一般程度的保护，28.33%的企业得到较多的保护，而15.00%的企业总是得到保护。

当企业较多地产生创新服务或产品时（表6-13第四行的数据），地方政府在知识产权保护方面的力度显著增强，具体表现为，没有企业未得到保护，2.94%的企业偶尔得到保护，44.12%的企业得到一般程度的保护，38.24%的企业得到较多的保护，而14.71%的企业总是得到保护。

最后，当企业总是产生创新服务或产品时（表6-13第五行的数据），地方政府在知识产权保护方面的力度达到了最高水平。此时,没有企业未得到保护或偶尔得到保护,80.00%的企业总是得到保护,而仅有20.00%的企业得到较多的保护。

综上所述,企业创新产出与地方政府在知识产权保护方面的力度之间存在明显的正相关关系。随着企业创新产出的增加,地方政府在知识产权保护方面的力度也相应增强。这充分表明地方政府在鼓励企业创新和保护知识产权方面发挥了积极作用,为企业提供了良好的创新环境和法律保障。

为了更深入地理解这种关系背后的原因和机制,本研究从以下几个方面进行分析。

首先,当企业产生创新服务或产品时,它们的知识产权可能面临被侵犯的风险。为了降低这种风险,企业通常会寻求地方政府的保护。同时,地方政府为了促进本地经济发展和吸引更多的创新型企业,也会提供相应的知识产权保护。因此,随着企业创新产出的增加,地方政府在知识产权保护方面的力度也会相应增强。

其次,地方政府在知识产权保护方面的力度不仅直接影响企业的创新活动,还会影响企业的创新意愿和动力。当企业认为其知识产权得到充分保护时,它们更有可能进行更多的创新活动,因为它们的创新成果更有可能得到保护并获得回报。相反,如果企业的知识产权经常受到侵犯,它们可能减少创新投入,甚至放弃创新活动。因此,地方政府在知识产权保护方面的力度对于激发企业创新活力具有重要意义。

最后,我们还需要注意到,不同地方政府在知识产权保护方面的力度可能存在差异。这可能与各地区的经济发展水平、法律制度完善程度和政府重视程度等因素有关。因此,为了促进企业的创新活动,不仅需要加强地方政府在知识产权保护方面的力度,还需要加强各区域之间的合作和协调,共同打造良好的创新环境和法律保障。

综上所述,企业创新产出与地方政府在知识产权保护方面的力度之间存在正相关关系。这种关系不仅反映了地方政府在鼓励企业创新和保护知识产权方面的积极作用,也提醒我们需要加强各区域之间的合作和协调,共同推动企业的创新活动和发展。

表6-14详细揭示了企业创新创意产生及本区域内企业或产业间协同合作程度的调查结果,不仅提供了具体的统计数据,还反映了企业在创新和合作方面的不同态度和实践。

表6-14 企业产生的服务或产品创意 X 与本区域企业/产业协同合作程度 Y 交叉分析

单位:人(%)

X\Y	1没有	2偶尔	3一般	4较多	5总是	小计
1没有	6(27.27)	7(31.82)	8(36.36)	0(0)	1(4.55)	22
2偶尔	4(8.89)	8(17.78)	25(55.56)	7(15.56)	1(2.22)	45
3一般	2(3.33)	5(8.33)	37(61.67)	12(20.00)	4(6.67)	60
4较多	2(5.88)	3(8.82)	11(32.35)	14(41.18)	4(11.76)	34
5总是	0(0)	0(0)	1(20.00%)	0(0)	4(80.00)	5

首先,是企业创新创意的产生。根据调查结果,企业在创新创意产生方面的表现呈现出多样性。具体而言,有6家企业(占总数的27.27%)表示从未产生过创新创意,这可能是由于缺乏创新意识、资源或市场环境等原因。而7家企业(占比为31.82%)只是偶尔会有创新创意,表明这些企业对于创新持有一定的兴趣,但企业可能受到各种限制,无法持续产生创新创意。值得注意的是,有8家企业(占比为36.36%)认为,创新创意产生频率属于一般水平,这意味着这些企业在创新方面具有一定的潜力,但需要进一步激发和引导。另外,没有企业表示经常产生创新创意,仅1家企业(占比为4.55%)表示总是能够产生创新创意,这表明创新在企业中的实践并不普遍,缺乏持续的创新动力和机制。

其次,关于本区域内企业或产业间的协同合作程度,调查结果显示了类似的多样性。有6家企业(占比为27.27%)表示从未进行过协同合作,这可能是由于缺乏合作机会、信任或合作意识等原因。而在偶尔协同合作方面,有4家企业(占比为8.89%)选择此选项,表明这些企业对于合作持有一定的兴趣,但合作频率较低。值得注意的是,有8家企业(占比为17.78%)认为协同合作程度属于一般水平，这表明这些企业在合作方面具有一定的潜力，但需要进一步地推动和深化。在较多协同合作方面，有7家企业（占比为15.56%）选择此选项，显示出部分企业已经开始重视合作，并取得了一定的合作成果。仅有1家企业（占比为2.22%）表示总是进行协同合作，这表明协同合作在企业中的实践并不普遍，需要更多的企业加入到合作中来，共同推动区域经济的发展。

然而，在协同合作程度的其他选项中，发现了更多的细节和变化。例如，有2家企业（占比为3.33%）表示偶尔进行协同合作，这可能与特定的项目或市场需求有关。在一般协同合作方面，有5家企业（占比为8.33%）选择此选项，显示这些企业在合作方面取得了一定的进展，但仍需加强。值得注意的是，在企业协同合作方面，有37家企业（占比为61.67%）选择此选项，这表明大多数企业已经开始重视合作，并取得了较多的合作成果。同时，有4家企业（占比为6.67%）表示总是进行协同合作，这些企业可能已经成为区域经济发展的重要推动力量。

最后，还有一些企业在协同合作方面表现出较高的意愿和积极性。例如，有2家企业（占比为5.88%）表示偶尔进行协同合作，3家企业（占比为8.82%）表示一般协同合作，11家企业（占比为32.35%）表示较多协同合作，而14家企业（占比为41.18%）表示总是进行协同合作。这些企业可能已经认识到合作的重要性，并积极寻求合作机会，以实现共同发展。另外，有4家企业（占比为80.00%）表示总是进行协同合作，这表明这些企业对于合作持有极高的重视和信任，是区域经济发展的重要支撑。

综上所述，本研究调查结果显示，大多数企业在创新创意产生方面表现一般，而在协同合作方面，尽管部分企业展现出高度的合作意愿和积极性，但仍有部分企业从未进行过协同合作。这种差异可能源于地区或行业特点，以及企业对合作和创新的不同理解和实践。因此，政府和相关组织应针对企业的具体需求，提供相应的创新支持和合作平台，以促进企业整体的创新和协同发展。同时，企业也应加强自身的创新意识和合作意愿，积极参与区域经济发展，共同推动经济社会的进步。

表6-15详细展示了两个不同维度的调查结果，即企业产生的服务或产品创意的频率，以及本区域企业对产业研发的理解程度。每个维度均包含五个选项，

从“1没有”到“5总是”，分别代表不同的频率或程度。此外，小计列展示了每个维度每个选项的汇总数量。

表6-15 企业产生的服务或产品创意X与本区域企业对产业研发理解程度Y交叉分析

单位：人（%）

X\Y	1没有	2偶尔	3一般	4较多	5总是	小计
1没有	7(31.82)	7(31.82)	7(31.82)	0(0)	1(4.55)	22
2偶尔	5(11.11)	8(17.78)	23(51.11)	8(17.78)	1(2.22)	45
3一般	0(0)	7(11.67)	37(61.67)	12(20.00)	4(6.67)	60
4较多	2(5.88)	4(11.76)	10(29.41)	11(32.35)	7(20.59)	34
5总是	0(0)	1(20.00)	0(0)	0(0)	4(80.00)	5

在企业产生的服务或产品创意方面，有7家企业从未产生过此类创意，占比为31.82%。另有7家企业表示偶尔会产生创意，占比同样为31.82%。值得注意的是，有0家企业表示创意产生频率一般，占比为0。仅有2家企业经常产生创意，占比为5.88%，而1家企业总是产生创意，占比为4.55%。

在本区域企业对产业研发的理解程度方面，有7家企业表示对产业研发没有理解，占比为31.82%。另外，有5家企业表示偶尔理解产业研发，占比为11.11%。同时，有8家企业表示理解程度一般，占比为17.78%。值得注意的是，有7家企业表示偶尔理解产业研发，占比为11.67%，而37家企业表示理解程度一般，占比高达61.67%。此外，有4家企业经常理解产业研发，占比为11.76%，有7家企业总是理解产业研发，占比为20.59%。有1家企业总是理解产业研发，占比为20.00%，而有4家企业也总是理解产业研发，占比为80.00%。

综合以上数据，可以得出如下结论：在产生服务或产品创意方面，大多数企业的频率较低，仅有少数企业始终保持创意的产生。而在对产业研发的理解程度方面，尽管有一部分企业表现出深入的理解，但仍有相当多的企业表示他们偶尔或从未理解产业研发。这说明尽管一些企业在产业研发方面具备较高的理解水平，但整体上企业在对产业研发的理解上可能存在不足。

为了提升企业的创新能力和竞争力，政府和企业应采取相应措施。政府可以加大对创新的支持力度，提供创新资金、税收减免等优惠政策，以鼓励企业加大创新投入。企业则应加强内部创新文化建设，激发员工的创新热情并与高校、科研机构合作，引进先进技术和人才。

针对企业对产业研发理解程度不足的问题，政府可以组织培训活动，邀请专家学者为企业提供培训，帮助企业了解最新的研发动态和技术趋势。同时，企业应加强与研发机构的合作，参与产业研发项目，积累研发经验，提升研发水平。此外，企业还应加强内部培训和学习，提升员工对产业研发的认识和理解。

通过政府和企业的共同努力，可以提升企业的创新能力和对产业研发的理解和应用能力，从而推动企业的持续发展和进步。这将有助于提升整个产业的竞争力和创新能力，推动经济的持续发展。

(3)企业平台特征与区域环境制度的相关性分析。

表6-16详细展示了两个维度：一是企业网络平台商业规则的合理性；二是本区域政府知识产权保护的实施力度，本研究通过交叉统计的方式，清晰地呈现了两者之间的关系。在表6-16中，每一个单元格的数字和占比都准确反映对应选项的频数和频率。

表6-16 企业网络平台科学合理的商业规则X与本区域政府知识产权保护力度Y交叉分析

单位：人(%)

$X\backslash Y$	1没有	2偶尔	3一般	4较多	5总是	小计
1没有	7(35.00)	1(5.00)	8(40.00)	3(15.00)	1(5.00)	20
2偶尔	4(14.81)	7(25.93)	11(40.74)	3(11.11)	2(7.41)	27
3一般	2(3.17)	5(7.94)	40(63.49)	14(22.22)	2(3.17)	63
4较多	0(0)	2(5.41)	11(29.73)	16(43.24)	8(21.62)	37
5总是	0(0)	1(5.26)	3(15.79)	5(26.32)	10(52.63)	19

在商业规则合理性方面，在“没有”合理规则的企业中，有7家认为本区域没有知识产权保护力度，占比为35.00%；有4家认为偶尔有保护力度，占比为

14.81%；有2家认为保护力度一般，占比为3.17%；而认为保护力度“较多”或“总是”存在的企业则为零。这一数据模式为我们提供了分析其他选项在不同保护力度下分布的基础。

在知识产权保护力度方面，认为保护力度“没有”的企业有20家，占比为7.41%；认为“偶尔”有的企业有27家，占比为10.00%；认为“一般”有的企业有63家，占比为23.33%；认为“较多”有的企业有37家，占比为13.67%；而认为保护力度“总是”存在的企业有19家，占比为7.00%。

通过以上分析，我们可以初步观察到企业网络平台商业规则的合理性与本区域政府知识产权保护力度之间存在某种关联。当商业规则科学合理时，企业更倾向于认为本区域政府的知识产权保护力度为“一般”或“较多”，而较少认为保护力度为“没有”或“偶尔”。这表明商业规则的科学合理性可能与企业对知识产权保护力度的感知呈正相关关系。

然而，为了更深入地理解这种关系，我们需要进一步运用统计分析工具，如卡方检验、相关性分析等。此外，表6-16只是提供了一个初步的数据概览，具体的分析和结论还需要结合研究目的、研究背景和其他相关数据进行综合判断。

除了表6-16中的交叉统计结果，我们还应深入探讨企业网络平台商业规则的合理性与本区域政府知识产权保护力度之间的关系及其对企业运营和创新的影响（表6-17）。当商业规则科学合理时，企业更有可能营造一个公平、透明的商业环境，从而激励企业加大创新力度，提升产品质量和服务水平。同时，这也有助于减少不正当竞争和侵权行为，保护企业的知识产权。在这种情况下，如果政府的知识产权保护力度较强，企业可能更加信任和依赖政府部门的监管和执法，进而增强创新意愿和投入，促进企业的可持续发展。

表6-17　企业网络平台科学合理的商业规则X与本区域产业协同程度Y的交叉分析

单位：人（%）

X\Y	1没有	2偶尔	3一般	4较多	5总是	小计
1没有	5(25.00)	3(15.00)	11(55.00)	1(5.00)	0(0)	20
2偶尔	3(11.11)	10(37.04)	12(44.44)	1(3.70)	1(3.70)	27

续表

X\Y	1没有	2偶尔	3一般	4较多	5总是	小计
3一般	3(4.76)	7(11.11)	43(68.25)	9(14.29)	1(1.59)	63
4较多	1(2.70)	3(8.11)	11(29.73)	16(43.24)	6(16.22)	37
5总是	2(10.53)	0(0)	5(26.32)	6(31.58)	6(31.58)	19

相反，如果商业规则不够科学合理，企业可能面临更多的不确定性和风险。即使政府的知识产权保护力度较强，企业也可能难以充分利用这些保护措施来维护自身权益，从而对企业的创新活动产生负面影响，甚至阻碍企业长期发展。

此外，从更宏观的角度看，一个区域的知识产权保护力度不仅影响企业的运营和创新，还对该区域的经济发展、科技创新和国际竞争力产生深远影响。因此，政府部门应加大知识产权保护力度，完善相关政策和法规，为企业创造一个良好的创新环境和商业氛围。

综上所述，企业网络平台商业规则的合理性与本区域政府知识产权保护力度之间存在密切关联。为了促进企业的创新发展和区域经济的持续增长，我们需要进一步完善商业规则和知识产权保护制度，为企业创造一个公平、透明和可持续的商业环境。

本研究经过对表6-17的数据的深入分析，对企业网络平台商业规则的合理性及本区域产业协同的当前状态已有更清晰的认识。在评估商业规则的科学合理性方面，多数企业（占比为31.50%）认为当前商业规则处于中等水平，评价为“一般”的次数最多，达到63次。同时，也有26.00%的企业认为商业规则较好或总是符合科学合理性要求，显示商业规则在部分企业中得到较好实施。然而，不容忽视的是，仍有23.50%的企业认为商业规则缺乏科学合理性，这表明商业规则的制定和执行还有待进一步完善。

在分析本区域企业产业协同程度时，我们发现“一般”的评价同样占据主导地位（占比为31.50%，共63次），说明产业协同程度整体处于中等水平。同时，有38.00%的企业认为产业协同程度较高或总是很高，显示部分企业在产业协同方面取得了显著成效。然而，有23.50%的企业认为产业协同程度较低或完全没有，这提示我们在推动产业协同方面仍需付出更多努力。

综上所述，当前企业对于网络平台商业规则的满意度和本区域企业产业协同程度均处于一般水平。尽管有部分企业持正面评价，但仍有很多企业对此持保留意见。因此，本研究建议相关企业和机构进一步加强对商业规则的制定和实施，提高产业协同程度，以促进企业发展和区域经济增长。

为提升本区域企业产业协同程度，本研究建议采取以下措施：一是加强政策引导，鼓励企业加强合作，形成产业链上下游的紧密衔接；二是建立信息共享机制，实现信息资源的共享和互通，提高决策效率和协同能力；三是加强产学研合作，共同开展技术研发、人才培养等活动，提升自身竞争力和产业链协同发展水平；四是加强企业间沟通与合作，共同制定发展战略和协同计划。

同时，对于商业规则的制定和实施，需要注意以下几个方面：首先，商业规则应当具有科学性和合理性，能够真实反映市场情况和行业特点；其次，商业规则应当具有可操作性和可执行性，方便企业理解和遵守；最后，商业规则应当具有灵活性和适应性，能够随着市场环境和行业变化进行相应调整。

为了进一步提高商业规则的科学合理性和执行效果，本研究建议采取以下措施：一是加强对商业规则的研究和分析，制定更加符合实际情况的商业规则；二是加强商业规则的宣传和培训，提高企业对商业规则的认识和理解；三是加强对商业规则执行情况的监督和检查，确保规则得到切实执行；四是加强对商业规则的评估和改进，以适应市场环境和行业变化的需求。

总之，提升本区域企业网络平台商业规则的合理性和产业协同程度需要政府、企业和社会各方面的共同努力。通过制定科学、合理、可操作和可执行的商业规则，加强政策引导、信息共享、产学研合作及企业间沟通与合作等多方面的措施，我们可以推动本区域企业网络平台商业规则和产业协同程度的不断提升，为企业发展和区域经济增长提供更加坚实的支撑。

根据表6-18所呈现的数据，我们对企业网络平台商业规则的合理性及本区域企业对产业研发的理解程度进行了如下分析。

表6–18　企业网络平台科学合理的商业规则X与本区域企业对产业研发理解程度Y交叉分析

单位：人(%)

X\Y	1没有	2偶尔	3一般	4较多	5总是	小计
1没有	3(15.00)	6(30.00)	9(45.00)	1(5.00)	1(5.00)	20
2偶尔	3(11.11)	6(22.22)	16(59.26)	2(7.41)	0(0)	27
3一般	4(6.35)	11(17.46)	35(55.56)	10(15.87)	3(4.76)	63
4较多	1(2.70)	2(5.41)	13(35.14)	14(37.84)	7(18.92)	37
5总是	3(15.79%)	2(10.53)	4(21.05)	4(21.05)	6(31.58)	19

在企业网络平台商业规则方面，有31.50%的企业(63家)认为当前商业规则处于一般水平，这表明商业规则的设定和实施有待进一步完善。同时，24.50%的企业(56家)认为商业规则较多或总是科学合理，显示部分企业对现有规则的满意度。然而，值得注意的是，有22.50%的企业(47家)认为商业规则不够科学合理，甚至完全没有或偶尔科学合理，这提示我们需要对商业规则进行深入审查和必要的调整。

在产业研发理解程度方面，有31.50%的企业(63家)认为本区域企业对产业研发的理解程度处于一般水平，这反映企业在产业研发方面的认知可能存在不足。同时，有30.50%的企业(61家)认为，对产业研发的理解较多或总是很高，显示出部分企业在产业研发方面具有较高的认知和理解。然而，仍有22.50%的企业(45家)对产业研发的理解程度较低或完全没有，这提示我们需要加强对企业在产业研发方面的培训和引导工作。

综上所述，企业网络平台商业规则的合理性及本区域企业对产业研发的理解程度都存在一定的问题和不足。为了推动区域经济的持续健康发展，本研究建议相关企业和机构对商业规则进行全面审视和调整，以使其更加科学合理。同时，还需要加强对企业在产业研发方面的培训和引导工作，提高企业对产业研发的认知和理解程度。通过这些措施的实施，可以更好地发挥企业网络平台的作用，推动区域经济的持续健康发展。为了更好地理解和应对这些挑战，还需要深入研究和分析当前企业网络平台商业规则和产业研发理解程度的具体问题所在。

首先，对于商业规则方面，可以组织专家团队对当前规则进行细致地分析和评估，找出其中存在的问题和不足，并提出相应的改进建议。同时，还可以借鉴其他成功的企业网络平台商业规则，结合本地区的实际情况，制定更加科学合理的规则体系。

其次，在产业研发理解程度方面，可以通过开展培训、研讨会等形式，向企业普及产业研发的重要性和相关知识，帮助他们更好地理解和把握产业研发的方向和趋势。此外，我们还可以鼓励企业加强与高校、科研机构的合作，共同推动产业研发的发展和创新。

最后，除了以上措施，我们还需要建立健全的监管机制，确保商业规则的公正、透明和有效执行。同时，还需要加强对企业的引导和支持，为他们提供更多的政策支持和资源支持，促进他们的创新和发展。

综上所述，推动企业网络平台商业规则的合理性和提高本区域企业对产业研发的理解程度是一项长期而艰巨的任务。我们需要全社会的共同努力和支持，通过不断地探索和实践，逐步推动区域经济的持续健康发展。

为了实现这一目标，我们提出以下具体的实施步骤和策略。

第一，建立商业规则审查和改进机制。该机制应由政府、行业协会和企业代表等多方共同参与，定期对企业网络平台商业规则进行审查和评估。在审查过程中，要广泛听取各方意见，尤其是企业的实际需求和反馈，以确保规则的科学性和合理性。同时，根据审查结果，及时对规则进行调整和优化，以适应经济发展的新形势和新需求。

第二，加强产业研发培训和引导。政府和行业协会可以联合开展针对性的培训活动，邀请专家学者和产业领军人物为企业解读产业研发的新趋势、新方向和新机遇。同时，还可以设立产业研发咨询服务平台，为企业提供个性化的咨询和指导服务。此外，鼓励企业加强内部研发团队建设，提升自主研发能力。

第三，推动产学研深度融合。政府应出台相关政策，鼓励企业与高校、科研机构建立紧密的合作关系，共同开展产业研发项目。通过产学研合作，不仅可以提升企业的研发实力，还可以促进科研成果的转化和应用。同时，政府还可以设立产学研合作项目专项资金，为合作项目提供资金支持。

第四，完善监管机制和支持政策。政府应建立健全的监管机制，确保商业规则的公正、透明和有效执行。同时，出台一系列支持企业发展的政策，如税收优惠、融资支持和人才引进等，为企业营造良好的发展环境。此外，还应加强对企业的知识产权保护力度，激发企业的创新活力。

通过以上措施的实施，我们有信心能够推动企业网络平台商业规则的合理性和提高本区域企业对产业研发的理解程度。这将为区域经济的持续健康发展提供有力支撑和保障。同时，我们也期待更多的企业和机构能够参与到这一过程中来，共同推动区域经济的繁荣和发展。

4. 回归分析

H1：区域制度环境对企业创造力有显著正向影响。

本研究采用温忠麟等（2004）的中介效应检验程序，分步骤对假设进行验证。首先通过一元线性回归分析检验自变量X区域制度环境对因变量Y企业创造力的影响系数c是否显著。如表6-19所示，区域制度环境对企业创造力有显著的正向影响（$\beta = 0.581$，$SE = 0.070$，$P < 0.001$）。因此，假设一成立，并且区域制度环境对企业创造力的影响系数c和显著性（图6-3）。

表6-19 区域制度环境与企业创造力回归分析

模型	非标准化系数		标准系数	t	P	共线性统计	
	B	SE	β			容许	VIF
1（常量）	0.750	0.229		3.268	0.001		
区域制度环境	0.644	0.070	0.581	9.148	0	1.000	1.000

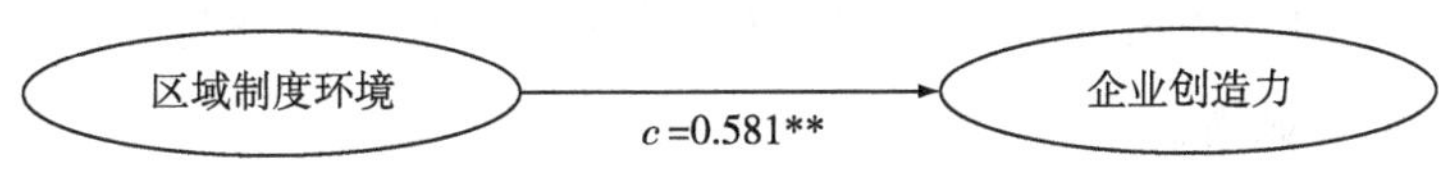

图6-3 区域制度环境对企业创造力的影响系数c和显著性

**表示显著性水平为1%。

H2:区域制度环境对企业平台特征有显著正向影响。

第二步是验证自变量X区域制度环境对中介变量M企业平台特征的影响系数a。由表6–20所示,区域制度环境对企业平台特征有显著正向影响(β = 0.719, SE = 0.058, P < 0.001)。因此,假设二成立,区域制度环境对中介变量企业平台特征的影响系数a和显著性,可见图6–4。

表6–20 区域制度环境与企业平台特征的回归分析

模型	非标准化系数		标准系数	t	P	共线性统计	
	B	SE	β			容许	VIF
1(常量)	0.712	0.190		3.738	0		
区域制度环境	0.774	0.058	0.719	12.244	0	1.000	1.000

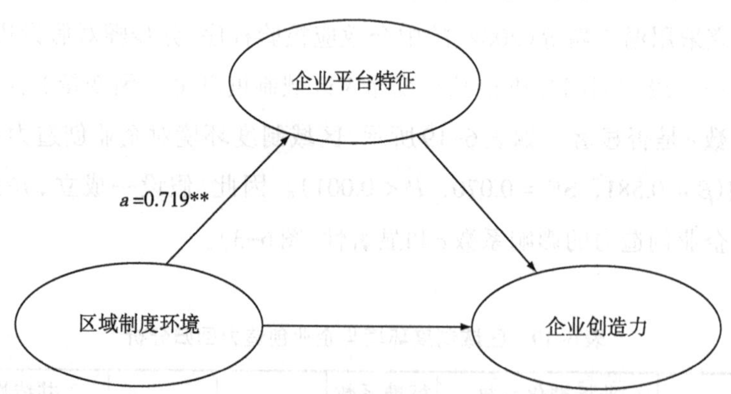

图6–4 区域平台制度对企业平台特征的影响系数a和显著性

H3:企业平台特征与企业创造力显著相关。

接下来验证在回归模型中加入中介变量M企业平台特征,验证在控制因变量X区域平台制度环境时,中介变量M企业平台特征对因变量Y企业创造力的影响因数b是否显著。

如表6–21所示,企业平台特征对企业创造力有显著正向影响(β = 0.614, SE = 0.080, P < 0.001)。因此,假设三成立。企业平台特征对企业创造

力有显著正向影响，影响因数b和显著性如图6-5所示。

表6-21 假设3和假设4的多重线性回归分析

模型	非标准化系数		标准系数	t	P	共线性统计	
	B	SE	β			容许	VIF
1（常量）	0.750	0.229		3.268	0.001		
区域制度环境	0.644	0.070	0.581	9.148	0.000	1.000	1.000
2（常量）	0.300	0.204		1.468	0.144		
区域制度环境	0.155	0.087	0.140	1.790	0.075	0.483	2.070
企业平台特征	0.632	0.080	0.614	7.871	0	0.483	2.070

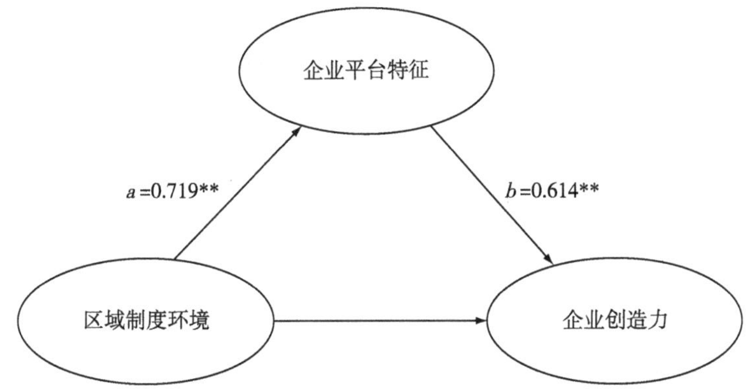

图6-5 企业平台制度对企业创造力的影响因数b和显著性

H4：企业平台特征在区域制度环境与企业创造力之间有中介效应。

由上述步骤可得系数a和系数b均显著，根据表6-21，此时回归模型中自变量X区域制度环境对因变量Y企业创造力的影响因数c'不显著（$\beta = 0.075$，$P > 0.05$），说明企业平台特征在区域平台制度对企业创造力的影响中起完全中介效应。因此，假设四成立，区域制度环境必须通过企业平台特征影响企业创造力。区域制度环境对企业创造力的影响因数和显著性可见图6-6和图6-7。

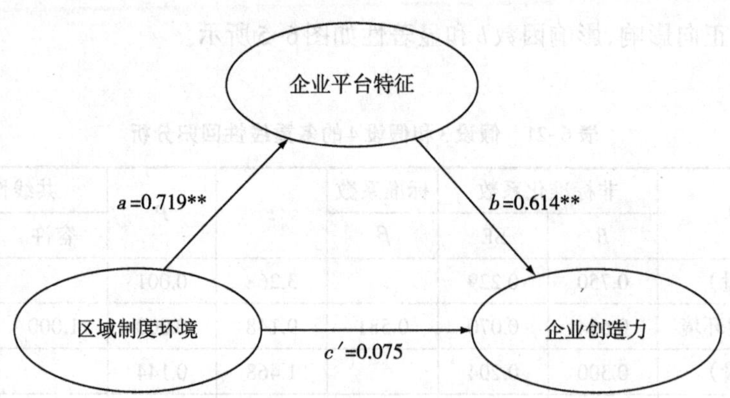

图 6-6　区域制度环境对企业创造力的影响因数 c' 和显著性

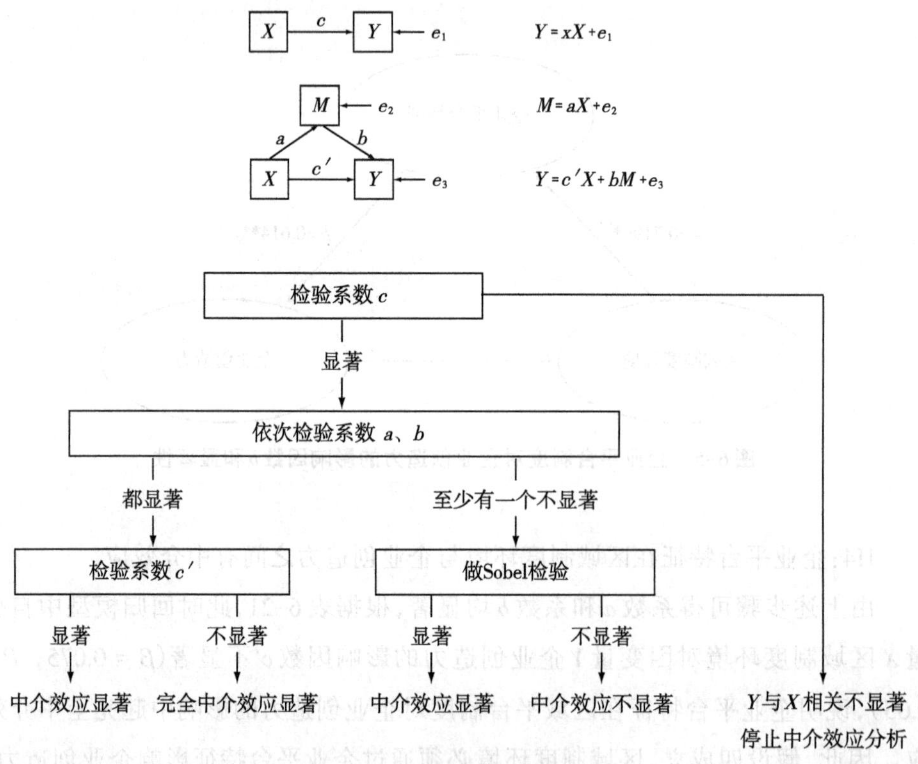

图 6-7　中介效应检验程序

资料来源：温忠麟，张雷，侯杰泰，等．中介效应检验程序及其应用[J]．心理学报，36(5)：614-620.

6.5 企业调查与深度访谈

本研究属于应用型研究,其目标是提高贵州省服务型企业的管理效率,推动企业发展。本研究为了更好地实现这一目标,在进行文献综述的理论推演后,深入到贵州省有代表性的7家服务型企业进行实地调研。这7家企业涉及不同的服务行业,具有广泛的代表性和借鉴意义(具体详情参见附录一)。

本研究采用了深度访谈法,与21位受访者进行了深入的访谈。这21位受访者分别来自企业的不同层级,包括7位企业高层领导者、7位中层管理者和7位普通员工。研究小组通过与他们的交流,了解了企业的实际运营情况、管理问题及员工的心声,为本研究提供了宝贵的一手资料。

在深度访谈的过程中,本调研重点关注了企业日常管理中存在的问题和挑战,以及员工对这些问题的看法和建议。通过与受访者的深入交流,调研小组逐渐还原了企业的真实面貌,发现了许多潜在的问题和改进空间。

最终,调研小组将研究结论还原到企业的日常管理中,得到了企业的上层、中层和下层3个管理层级对本研究的直接评价和珍贵建议。这些评价和建议为本研究进一步完善研究提供了重要的参考,也为贵州省服务型企业的管理改进提供了有益的借鉴。

总之,通过本次应用型研究,不仅深入了解了贵州省服务型企业的实际情况,还得到了企业的上层、中层和下层三个管理层级的直接反馈和建议。这将有助于本研究更好地指导企业发展,提高管理效率,推动贵州省服务型企业不断向前发展。

6.5.1 企业样本选择

本研究对7家具有代表性的贵州省服务型企业进行深度访谈调查(附录一)。

6.5.2 访谈内容设计

首先，根据"网络平台特征"的文献资料和贵州省服务型企业的人员特点设计访谈内容，包括网络平台应用中四个方面的内容：商业规则、资源运用、开放创新机制和日常运营建议。其次，把需要调查的内容转化成访谈提纲，并以问题的形式设计成访谈纪要和记录表格（附录二）。访谈中所使用的深度访谈信息记录表，包括时间、地点，受访人信息：姓名、性别、年龄、职务及所在企业类型等（附录二）。访谈所涉及的四个问题：①您认为贵公司正在使用的网络平台是否有清晰、科学、合理的商业规则？请至少给出两点看法。②您认为贵公司正在使用的网络平台是否拥有丰富的用户资源和商业信息资源？请至少给出两点看法。③在"用户互动"和"创新激励"两个方面，您对贵公司正在使用的网络平台有什么评价？企业有没有这方面学习培训？请至少给出两点看法。④您对贵公司的网络平台有什么建设性的想法，请至少给出两点建议。

6.5.3 访谈实施及过程

为了保证访谈有效实施，本研究成立了深度访谈小组，成员由高某任、冯某、蒙某和高某青四人组成，并推举高某青担任事务总协调，对选定的7家企业进行深度访谈。每次访谈之前，高某青都要与企业事先沟通确定好访谈时间、访谈地点和受访者联络信息等。因为本研究项目组与受访企业（附录二）签订了保密协议，受访者一律采用代码标注，如，受访领导用"L"标注，受访管理者用"G"标注，受访员工用"Y"标注等。表6-22~表6-28是项目组对7家受访企业的访谈信息记录。

表6-22 贵阳白云刘庄经济实业发展有限公司深度访谈信息记录

受访者代码	性别	年龄	职务	部门	时间	地点	实施者
L1	男	42	副总经理	总部	2019年8月2日 15:00—15:40	副总经理办公室	高某任

续表

受访者代码	性别	年龄	职务	部门	时间	地点	实施者
G1	男	40	销售经理	销售部	2019年8月2日 15:00—15:40	销售部会议室	蒙某
Y1	男	36	采购员	采购部	2019年8月2日 15:00—15:40	采购部会议室	冯某

表6-23　贵州腾亚建设工程有限公司深度访谈信息记录

受访者代码	性别	年龄	职务	部门	时间	地点	实施者
L2	男	50	副总经理	总部	2019年8月5日 14:00—14:40	2楼会议室	高某任
G2	女	36	人力资源经理	人力资源	2019年8月5日 14:30—15:10	1楼会议室	蒙某
Y2	男	34	技术员	工程部	2019年8月5日 15:00—15:40	门岗接待室	冯某

表6-24　贵州金泰科技发展有限公司深度访谈信息记录

受访者代码	性别	年龄	职务	部门	时间	地点	实施者
L3	男	38	副总经理	总部	2019年8月6日 10:00—10:40	办公楼505室	高某任
G3	女	35	财务经理	财务部	2019年8月6日 10:00—10:40	办公楼203室	蒙某
Y3	女	42	行政职员	行政部	2019年8月6日 10:00—10:40	办公楼108室	冯某

表6-25 贵州航洋数码科技有限公司深度访谈信息记录

受访者代码	性别	年龄	职务	部门	时间	地点	实施者
L4	男	48	副总经理	总部	2019年8月7日 15:00—15:40	公司2号会议室	高某任
G4	男	32	市场经理	市场部	2019年8月7日 15:00—15:40	展厅会议室	蒙某
Y4	女	28	销售员	销售部	2019年8月7日 15:00—15:40	展厅茶座	冯某

表6-26 贵阳白云经济开发区经济技术发展有限公司深度访谈信息记录

受访者代码	性别	年龄	职务	部门	时间	地点	实施者
L5	女	44	副总经理	总部	2019年8月9日 10:50—11:30	1号楼会议室	高某任
G5	男	40	咨询部经理	信息咨询部	2019年8月9日 10:50—11:30	咨询部会议室	蒙某
Y5	女	36	咨询师	信息咨询部	2019年8月9日 10:50—11:30	行政部会议室	冯某

表6-27 贵阳白云氟化盐有限责任公司深度访谈信息记录

受访者代码	性别	年龄	职务	部门	时间	地点	实施者
L6	女	38	副总经理	总部	2019年8月13日 13:30—14:10	副总经理办公室	高某任
G6	男	40	工程经理	工程部	2019年8月13日 13:30—14:10	工程部办公室	蒙某
Y6	女	36	保管员	仓储部	2019年8月13日 13:30—14:10	仓储办公室	冯某

表6-28　贵阳白云金诚物流贸易有限公司深度访谈信息记录

受访者代码	性别	年龄	职务	部门	时间	地点	实施者
L7	男	49	副总经理	总部	2019年8月15日 14:20—15:00	副总经理办公室	高某任
G7	男	40	运代经理	运输代理部	2019年8月15日 14:20—15:00	运代部会议室	蒙某
Y7	男	36	保管员	仓储部	2019年8月15日 14:20—15:00	仓库办公室	冯某

深度访谈小组在2019年8月2日—2019年8月15日的7个工作日，分别对贵州省7家服务型企业的21名受访者进行了深度访谈。表6-22~表6-28的数据显示，每一次访谈都控制在40分钟左右，其间高某任负责对每家公司的高层领导者进行访谈，蒙某负责对每家公司的管理者进行访谈，冯某负责对每家公司的员工进行访谈。访谈后的记录和录音由高某青负责整理和汇总。

6.5.4　调查分析及建议

针对本次访谈所获信息与统计数据，本研究深度访谈小组于2019年8月16日14:30，在贵州商学院管理学院会议室（1A412），由高某青主持召开了深度访谈总结会议。会议内容包括：①汇总了7个企业3组人群（高层管理者、中层管理者、基层员工）的访谈纪要；②统计分析三组不同受访人群对四个问题的回答情况。以下是三组人群对四个问题的访谈记录汇总（表6-29）。

表6-29　企业高层管理者深度访谈纪要对比分析

访谈题目	出现频率最高的两项回答	人数	占比/%
第一题	1. 企业正在使用的网络平台已经建立清晰、科学、合理的商业规则	7	100
	2. 需要不断向外部先进的企业网络平台学习，更加科学、合理地应用网络规则	6	85

续表

访谈题目	出现频率最高的两项回答	人数	占比/%
第二题	1. 企业正在使用的网络平台,用户和商业信息资源开发不足	7	100
	2. 公司在网络平台资源上投资大,收益小,需要进一步提高效率	7	100
第三题	1. 在“用户互动”和“创新激励”两个方面做得不够,培训和学习需要加强	7	100
	2. 建立起系统的企业网络学习培训体系	7	100
第四题	1. 发展网络平台非常重要,但找不到好的方法	7	100
	2. 网络平台方面的人才,招聘和留用是个难题	7	100

通过对表6-29的分析得到以下结论:贵州省服务型企业的高层管理者普遍对企业网络平台建设比较重视。第一,企业高层管理者认为企业的网络平台,不仅应该建立清晰、科学和合理的商业规则,还要不断向外部先进的企业网络平台学习;第二,企业高层管理者强调平台在用户和信息资源开发中的重要作用,认为应该在这方面加大投入、提高效率;第三,企业高层管理者认为只有加强培训和学习才能使企业的网络平台真正发挥作用;第四,企业高层管理者认为,网络平台建设非常重要,但一直找不到好的办法,企业一直都缺乏网络平台建设方面的人才。

通过对表6-30的分析得出如下结论:贵州省服务型企业的中层管理者对企业网络平台的建设有比较现实和清醒的认识。第一,中层管理者普遍认为自己企业的网络平台建设刚刚起步,企业应该引进更先进的网络系统;第二,中层管理者通过与外部的对比,认为自己公司的网络平台与那些知名的网络平台差距比较大,对于如何缩小差距比较迷茫;第三,中层管理者认为公司有网络平台建设方面的规定,但执行不到位,缺乏真正的培训和学习;第四,中层管理者强调公司应加大网络平台建设的投入,引进更先进的网络系统。

表6-30 企业中层管理者深度访谈纪要对比分析

访谈题目	出现频率最高的两项回答	人数	占比/%
第一题	1. 企业正在使用的网络平台正在建立商业规则，刚起步，需要加强	7	100
	2. 公司需要引进更先进的网络系统，更高效的规则体系	7	100
第二题	1. 企业正在使用的网络平台，用户和商业信息资源匮乏，与那些知名的网络平台差距大	7	100
	2. 公司的网络系统不好用，工作中经常用外部网络系统	7	100
第三题	1. 有"用户互动"和"创新激励"方面的规定，但执行到位的少	7	100
	2.工作都很忙，公司很少培训学习	7	100
第四题	1. 大家工作已经离不开网络，公司应该加大这方面的投入	7	100
	2. 公司业务拓展很快，应该有自己公司可靠的网络系统，更有利于日常管理	7	100

通过对表6-31的分析可以看出，贵州省服务型企业的基层员工对企业网络平台建设还没有基本概念，企业对这方面的工作不够重视。第一，企业基层员工认为公司有网络用就可以了，现在的工作离不开网络；第二，企业基层员工认为企业的网速太慢，能把网速加快就很好了；第三，企业基层员工认为所有的公司都很重视客户、鼓励创新，但是因为业务太忙，基本没有时间参加培训学习；第四，企业基层员工普遍强调网络速度很重要，学习网络知识有助于日常工作。

表6-31 企业基层员工深度访谈纪要对比分析

访谈题目	出现频率最高的两项回答	人数	占比/%
第一题	1. 规章制度都是有的，公司制度很严的	7	100
	2. 公司有网络，工作离不开网络的	6	85
第二题	1. 网络上资源很多，看不过来	6	85
	2. 公司网速不如家里的快，应该把网速加快	6	85

续表

访谈题目	出现频率最高的两项回答	人数	占比/%
第三题	1. 我们与用户关系很好,公司也鼓励开发新客户	7	100
	2. 业务很忙,有时参加培训,网络方面的没有参加过	5	71
第四题	1. 建议公司把网络速度加快一些,这样工作效率也会高	5	71
	2. 网络都会用,但用得不好,应该加强这方面的学习	4	57

总之,通过对比贵州省服务型企业高层管理者、中层管理者和基层员工的观点,本研究认为贵州省服务型企业应该充分利用贵州省提出的数据化、网络化和智能化的政策优势,充分发挥企业员工的创造力,才能使自己的企业网络平台建设得到真正的提升。

6.6 调研总结与建议

6.6.1 调研总结

本研究在实地调研过程中,以贵州省服务型企业为研究对象,共收到有效问卷166份,同时对参与问卷调查的7名企业主、7名管理者和7名基层员工进行了跟踪访谈。综合前期对服务型企业的文献研究和在贵州省展开的实地考察,本研究总结出以下四点启示。

第一,学术研究与管理实践相结合不容易,但必须坚持。在与7位企业主访谈的过程中,笔者感受到学术研究与实际的企业管理所存在的显著差别。7位受访者虽然都认可本研究的积极作用,但在言谈时多少流露出一些遗憾,如受访者总是希望本研究能够贴近他们企业的管理现状;提醒笔者把本研究与他们企业的管理困境结合起来,为他们的企业解决一些实实在在的问题。说实话,把学术研究与管理实践真正地结合起来并不容易,需要学术研究者与管理实践者都能放下成见,真正倾听和理解对方的想法。笔者在项目实施过程中,一直考虑和尝试把这个最简单的道理(学术研究和管理实践相结合)落地。本研究没有直接提出自己的管理建议,而是在问卷调查和实地调研中听取企业各层级的想法后,才总结出一些管理启示，就是想把这一简单的道理转化为实际行动，真正把理论与实践的结合贯穿在整个研究的过程之中。

第二，企业管理者越来越注重心理学。回顾与管理者们谈话的内容，笔者发现企业的管理者非常关注员工的心理反应。例如，受访者多次提到企业过去的“管理模式”所形成的“长期累积的习惯”，还说“我们遇到的问题都是存在思维定式的”“我们的领导层都在研究如何克服老的习惯和旧的经营模式”等，说明企业的管理者在研究如何适应被管理者的思维方式。有的受访者甚至直截了当地要求笔者给他们推荐一些心理学方面的书籍，以便他们能够从员工的内心和思想上取得共识。基于这一点，笔者准备在后续的研究中增加“个人主动性”和“企业动态能力”等研究因子，使本研究更加深入。

第三，前沿的文献数据必须与中国的企业现状相结合。在与受访企业主的交谈中，笔者体会到他们对国外前沿的文献术语比较排斥，如笔者提到“网络平台”，管理者们就大谈“在线”做生意，因为近几年企业的“在线”业务一直很火；笔者提到“创造力”，管理者们就畅谈“创业创新”与“体制改革”，因为他们这两年一直在提倡企业经营模式的创新。实际上，我们谈的是同一种企业管理现象，只是说法不一样而已。例如，当管理者们知道国外已经针对“信息素养”制定了相应的国家标准时，他们就建议我们也应该建立适合中国企业的员工信息素养标准。总之，为了这个研究项目，我们涉猎了大量国外前沿的管理文献，接触了很多新的企业管理概念，然而当我们真正把这些新鲜的东西拿到企业去实际调研时才发现，我们需要真正下一番工夫来研究如何与企业的实际状况去对接，才能让调研对象接受我们的研究思路和模型建构。

第四，倾听企业需求，把握研究方向。企业管理是非常功利的，回顾受访者们提出的建议和要求。他们要求本研究要对企业的市场份额有帮助，建议研究对员工的工作绩效有提升，最好能给企业带来实实在在的经济效益。但是，作为研究者一定不能被受访者功利地要求带向片面的研究视角，而是要在耐心观察和倾听研究对象的前提下，正确把握研究方向。实际上，有些来自企业的需求，虽然功利，但也非常有研究价值，如一些受访者提出建立适合中国企业的创造力标准，还有一些受访者建议把网络平台的研究与员工的工作绩效相关联。

6.6.2 贵州省服务型企业创新发展建议

本研究根据贵州省企业服务平台建设的研究，聚焦贵州省服务类企业的创造力测量和网络平台特征，重点研究提升组织创造力的有效措施和促进企业服务创新平台建设的区域制度环境。主要针对贵州省服务类企业的管理现状和发展趋势进行跟踪研究，包括企业创造力水平、网络平台管理及区域制度环境状况等，对这些关键因素的测量和研究，非常有助于企业的自主创新和地区经济的健康发展。结合研究报告中的客观数据和结论，针对研究中发现的实际问题，基于务实的研究宗旨，本研究向相关管理部门提出以下三点建议。

1. 开展专项调研，解决实际问题

实事求是的调查研究是有效工作的基础。相关部门有组织地定期开展大走访、大调研活动，认真了解服务业发展中存在的困难，积极协调有关部门，推行“面对面、点对点、常态化、平台式”服务，才能真心实意、尽心竭力为中小微服务型企业鼓劲助力、排忧解难。实际上，一些政府部门已经认识到专项调研工作的重要性，甚至正在加大这方面的工作力度。例如，贵州省人力资源和社会保障厅（简称贵州省人社厅）2019年推出“做好民营企业社保服务助力优化营商环境”的举措，一是“靠前服务”，落实社保降费政策，切实减轻企业缴费负担。例如，贵阳市白云区社会保险收付管理中心积极与市级相关部门对接，及时适应调整后的社会保险管理信息系统，保证政策一落地就让企业享受到降费福利。同时采取多种方式对社保降费政策进行宣传，进一步扩大政策覆盖面，对企业加强指导帮助，扫除工作盲点，切实减负到位。截至2019年5月底，贵阳市白云区参保企业共减轻社保缴费负担约500万元。二是“精准服务”，加大政策宣传解读力度，主动联系对接，帮助企业排忧解难。为切实减轻企业负担，缓解就业压力，更好地发挥失业保险预防失业、促进就业的作用，贵阳市白云区社会保险收付管理中心安排专人负责，优化工作流程、简化审批手续，对申报稳岗补贴的民营企业给予支持及指导，积极贯彻落实关于失业保险支持企业稳定岗位政策，确保企业享受优惠政策落到实处。自2015年度稳岗补贴政策实施以来，贵阳市白云区已为符合发放稳岗补贴的73家民营企业发放补贴金额共计143.28万元。同时建立日常沟通机制，着力了解企业在社保政策咨询、参保缴费、待遇申领和业务办理等方面存在的问题和困难，收集企业关于改善社保服务的意见和建议，及时研究解决，为困难企业开通"绿色通道"，解决其在社保经办中的后顾之忧。三是"优化服务"，简化办事程序，解决办事堵点难点。自2015年推行社会保险网上办事大厅以来，贵阳市白云区社会保险收付管理中心通过电脑远程、在线服务、一对一指导企业经办人员等方式大力开展网厅使用培训，让参保企业实现足不出户即可办理参保人员的参保、停保、续保等变动业务。参保企业与银行签订代扣手续后，可直接将社保费存入银行代扣账户，足不出户即可缴纳社保费，同时还可通过网厅查看企业的缴费明细，了解企业参保人员、缴费基数及费率的调整等情况。自2018年年底，贵阳市白云区推行"一网通办"以来，减少了企业参保登记提供的纸质材料，实现无纸化办公。贵阳市白云区社会保险收付管理中心开辟绿色通道，设立社保专线，当参保企业在经办过程中遇到问题时，与社保中心电话沟通对接即可获得帮助，大大减轻了跑路、排队烦恼，为参保企业减少了人工、时间、纸张的成本费用，真正体现了让"数据多跑腿、群众少跑路"的社保服务理念。贵阳市白云区社会保险收付管理中心在网厅定期发布社会保障最新政策、重点事项、社会广泛关注的社会保障疑点难点问题等宣传内容，主动为企业提供社保政策法规宣传服务，推动政策落地落实。总之，贵州省人社厅多措并举，坚持问题导向，强化对企业的业务经办指导，减除在社保经办中的烦苛，提高办事服务质量和效率，让民营企业从政策中增强获得感，助力优化营商环境。

另外，调研中我们还了解到，贵州省工商业联合会在这方面也做了大量工作，例如，每个月组织开展"云上空间"企业家沙龙，邀请科研院所、高校、博士联盟专家成立了非公经济专家咨询委员会，每次活动邀请各领域专家与民营经济人士分享有关政策、法律、产业发展、科研成果转化等方面知识，为引导和推动非公企业发展出谋划策、把脉问诊，推动非公企业科技创新、转型升级。

总之，高效的政府工作离不开深入扎实的调查研究。在致力于推动服务型企业创新发展的过程中，我们必须重视并切实开展针对服务型企业的专项调研工作，以便为它们的创新发展提供实际有效的解决方案。

2. 优化营商环境，提升服务水平

地区间制度环境的差异会造成经济增长的差异，因为制度本来就是社会经济发展的关键动力来源，可以形成累积叠加的渐进循环效应。贵州省在制度环境氛围的营造上有得天独厚的优势。地方政府根据各地区不同的资源优势出台了不同的产业协同、精准帮扶政策，大幅推进了服务型企业的创新发展。例如，调研中了解到，自2018年起，贵州省始终遵循“放宽准入门槛、激发市场活力、强化市场主体、优化发展环境”的原则，深入贯彻省、市关于促进民营经济发展的各项政策，为民营企业打造优质的发展环境，切实协助企业应对市场环境、资金短缺、人才素质及转型升级等挑战。为完善服务体系，贵州省设立了政务服务大厅和中小企业服务中心，为企业提供全面、便捷的服务，包括注册登记、手续办理及项目申报等。同时，成立了非公经济发展侵权投诉中心，及时响应并处理损害民营企业权益的行为，确保民营企业的合法权益得到维护。为进一步提升民营经济比重，贵州省实施了五年行动计划，优化交通、物流、园区等基础设施，并优化民营经济发展的政策、金融和服务环境。同时，积极落实扶持微型企业发展的政策措施，激发创业热情，营造积极的创业氛围。在引导和扶持方面，贵州省实施了优强企业和重点企业培育计划，支持企业进行技术改造和产能扩张，增强市场竞争力。贵阳娃哈哈饮料有限公司、贵州塑力线缆有限公司等民营企业通过持续的技术改造和创新，实现了快速发展。同时，贵州省对具有引领性、创新性和突破性的重大项目给予扶持，为企业争取各类专项资金支持。此外，贵州省还通过“百千万”工程和“双服务”大行动，深入了解企业需求，解决企业发展中的难题。建立了企业问题管理台账，实时跟踪问题状态，形成了高效的问题解决机制。

为解决民营企业融资难题，贵州省积极推动中小企业融资体系建设，设立了金融办和中小企业融资担保公司，为民营企业提供融资支持。贵州省金融机构为44家企业发放贷款总额8.9亿元，其中民营企业占比达到80%。同时，两家民营企业成功在“新三板”挂牌上市，展现了贵州省民营经济的强劲发展势头。

大部分企业在制度压力下，为获取商业利益都会极力与制度融合以获得社会认可（合法性），保持与制度环境同行，对于那些技术标准模糊或是结果评价不清晰的企业,尤为重要。不过,违背市场效率原则去遵从制度的规定性,一定程度上会削弱企业为社会创造价值的能力,因此迫于制度压力的“遵从”往往是象征性的。市场上真正创新型的组织有能力从战略上对这种“象征性的遵从”做出创造性的反应,这已经在该领域的研究中达成了普遍共识(Scott,2006)。地方政府应增强此方面的政策力度。以贵州省经济贸易局为例,该局设立了中小企业科(区非公有制经济办公室),其职责包括研究并制定各地区中小企业的发展战略规划,提出政策建议,以促进中小企业的技术进步和新兴产业发展。同时,它还致力于推动中小企业提升企业管理水平,扩大企业规模,完善服务体系,并管理用于中小企业发展的各项财政资金。此外,该局还负责中小企业的培训工作,指导企业建立现代企业制度,配合有关部门做好下岗人员再就业工作,承担拟上市企业的培育、指导和协调工作,以及指导企业联合会、企业家协会的工作。对于非公有制经济,该局也提供政策建议和督促检查政策的落实,协调相关问题,指导非公有制企业的发展和依法经营,处理相关投诉,推进旅游商品产业发展,管理信用担保和小额贷款行业,推进信用体系建设,负责小企业创业基地的项目申报工作,并组织召开季度非公有制经济例会。对于乡镇企业,该局指导其资产重组、市场融资、招商引资、科技创新、结构调整、产权制度改革、教育培训、企业减负等工作,并负责乡镇企业发展资金使用项目的评估、论证、申报工作,同时提供资源开发利用、环境保护、质量管理、安全管理、财务管理、劳动保护管理等方面的指导和监督。

总之,改善一个地区的制度环境,意味着降低了该地区的交易成本,提高了交易效率,从而也就激发了该地区经济的活力。良好的区域制度环境和地区社会文化环境对企业间的组织学习、区域间的知识管理和创新系统构建、组织机构间的合作创新行为甚至产学合作的稳定性与持续性等方面都能发挥极其重要的影响作用。各地方政府应该增加这个领域的有效举措。

3. 搭建商业平台,助力创新发展

“网络平台”是从技术应用领域兴起的概念,伴随着信息技术的发展,电商、新零售等经济模式蓬勃发展,平台模式已经逐渐从纯粹的技术应用扩展至整个商业领域。贵州省一直在大力提倡信息化、数字化平台建设,各级地方政府也都在努力推进平台建设，促进商业信息融合。例如，调研中我们了解到，自2019年以来，贵州省担保公司高度重视公司业务工作，切实以服务企业为己任，不断创新思路，通过以下三项措施解决企业“融资难、融资贵”的问题。一是不断拓宽服务企业对象。市场走访从各地区内向全省拓展，从制造业向科技、城乡融合等符合产业导向的项目延伸，积极与工信局、园区办、科技局、农水局等部门建立工作联系，由公司党支部书记会同联系部门领导及公司项目负责人到兴塑科技、景浩等企业了解企业生产经营情况。截至2020年12月初共走访新老企业50余家，通过走访充分掌握企业的基础资料，录入项目信息库，推进公司项目库建设工作。二是不断强化与银行合作对接。公司积极与贵阳银行、邮政银行、农商行等联系，确保与银行合作项目从尽调到放款整个过程中得到更好的沟通，进一步提升工作效率，同时公司因国家宏观政策对民营企业、小微企业发展给予大力扶持，中国工商银行、中国农业银行等金融机构将对实体经济、民营经济、中小微企业及乡村振兴的贷款进行倾斜，公司目前已通过增加注册资本金形式解决我司合作银行少，融资额度局限的发展难题，同时公司还积极对接，分别完成了与贵阳银行股份有限公司、贵阳农村商业银行股份有限公司“4321”政策性担保合作协议的签订工作，现与德信村镇银行已签订担保合作协议，工商银行已通过市行评审会，邮政银行已达成初步合作意向。三是切实支持三变助力乡村振兴。我司充分发挥担保融资及政策性融资扶持功能，深入推进农村“三变”改革，积极与贵州省农业农村厅（蔬菜产业开发办公室）等部门对接，深入牛场乡、都拉乡、沙文镇、麦架镇等乡镇，对乡镇集体经济发展情况及融资需求进行调研摸底、排查走访，促使“三农”项目获得政策性融资保障，现蒙台村合作社“三香”蒙台项目已完成200万元额度放款工作，同时作为企业帮扶单位，公司党支部积极通过银企村合作推进项目发展，并于10月底为蒙台村合作社“三香”蒙台项目提供10万元资金帮扶。2019年度，贵州省担保公司共计走访企业50余家，会议审议项目32家，通过集体决策，同意为其中的27家企业提供融资担保，涉及金额共计8493.5万元。其中新增7家，涉及金额1900万元；存量20家，涉及金额6593.5万元；4321项目13家，涉及金额3940万元；传统模式9家，涉及金额4553.5万元。实现担保费收入130万元。

商业平台的价值,不仅在于融资,更在于信息交流。例如贵州省着重打造交流展示平台。成功地搭建了贵州省“云上空间”企业家人才沙龙平台,目前已经成功地举办了9期;协助非公企业在贵州省开展了2019贵州·白云助力脱贫攻坚特色优质农产品展示展销会暨爱心帮扶特困家庭公益活动,展示推介特优产品。可见,各级地方政府通过搭建多元化的商业信息平台,能够高效整合资源助力服务型企业的创新发展。

总之,影响服务型企业发展的因素有很多,例如,品牌影响力、经营管理能力、服务质量等,本研究则关注创造力。因为服务的过程就是与顾客交流互动的过程,互联网时代更是强调与顾客的零距离,提供服务的速度要跟得上客户点击鼠标的速度,既要提供实实在在的线下服务,也要提供线上的网络平台服务。所以,企业的“网络平台特征”是本研究着重研究的内容。另外,在中国研究企业管理,不能不关注地方政府的公共管理水平和扶持政策,因此,本研究的另一个研究重点就是企业管理必须面对的“区域制度环境”。希望研究报告中的数据和访谈中收集的信息,能够对贵州省服务型企业创新发展,提供一定的理论价值和实际帮助。

第7章　贵州省企业数智核心竞争力提升路径

当前,针对贵州省企业在数智化发展方面的现状,本章旨在探讨并提出一套切实有效的路径与模式,以推动贵州省企业数智化核心竞争力的全面提升。

7.1　贵州省企业数智化提升的载体:打造具有贵州特色的数字商业生态系统

贵州省企业数智核心竞争力提升的关键在于构建具有地方特色的数字商业生态系统。数字化转型已成为企业提升核心竞争力的关键,尤其在贵州,这种转型不仅推动了产业的转型升级,更在需求端引发了深远的变革。数字商业生态系统,作为数字技术与实体经济深度融合的核心载体,正逐渐成为贵州省数字制造业竞争力的主要来源和现实依托。

要深刻理解数字商业生态系统的内涵,它是数字技术在商业活动中的应用体现,是数字经济与实体经济相互融合的市场表现。在这个生态系统中,数字技术、商业活动、市场需求等因素相互交织,形成了一个复杂而有序的网络,使商业活动更加高效、便捷,同时也推动了实体经济的创新发展。

在贵州省,数字商业生态系统的优化具有独特的特点。从静态角度看,重点在于确保价值投入、创造和分配系统构成主体的完整性,形成完整的价值链。从动态角度看,重点在于保证价值投入、创造和分配系统构成主体行为的合理性,遵循市场规律,实现资源的优化配置。从可持续发展角度看,重点在于促进价值投入、创造和分配系统之间的协调性,实现经济的可持续发展。

为实现这些优化目标,需从多个方面入手。首先,要基于功能定位构建合理的数字商业生态系统结构,明确各主体的角色和职责,以充分发挥其作用。其次,要关注数字商用过程的行为,分析各主体的行为特点,解决存在的问题和障碍。最后，要建立协调驱动机制，加强政策引导和支持，推动各方合作与交流，实现资源共享和优势互补。

为了推动数字商业生态系统的优化和发展，贵州省各级政府职能部门需加强与市场的接触和交流，深入分析贵州省数字制造型企业的商业化运作现状，从多维角度进行系统性顶层设计，减少市场和政策障碍。同时，需加强对人才的培养和引进，为数字商业生态系统的持续创新和发展提供人才保障。

综上所述，构建具有贵州省特色的数字商业生态系统是提升贵州省企业数智核心竞争力的关键。通过优化数字商业生态系统结构、关注数字商用过程行为，以及建立协调驱动机制等措施，可推动贵州省数字制造产业的快速发展，为地方经济的转型升级注入新的活力。

图7-1全面展示了数字商业生态系统的整体架构。在这个错综复杂的网络中，数字制造型企业不仅占据核心地位，更是整个生态系统的驱动力。生态系统的构建离不开四大支柱：组织支持、技术支持、运营支持和平台支持。这四大支柱共同为数字制造型企业提供了坚实的内部基石，确保其稳定且高效地运作。

数字制造型企业通过四种方式实现对外数字赋能：数据开发、数据应用、数据服务和数据制造。这些方式使企业能够充分挖掘和利用数据资源，为外部实体提供有价值的信息和服务。同时，数字制造型企业还与六大外部力量和角色紧密相连，包括供应商、政府、社会机构、消费者，以及行业外和行业内部的角色。

在当今快速发展的数字化时代，数字制造型企业成为推动经济增长和技术创新的重要力量。在这一过程中，供应商、政府和社会机构等各方都扮演着不可或缺的角色，共同构成了数字制造型企业生存和发展的稳固基石。

首先，供应商是数字制造型企业发展的基石之一。他们为企业提供优质的原材料和技术支持，确保企业在生产过程中的稳定性和连续性。供应商的选择对数字制造型企业来说至关重要，优秀的供应商不仅能够提供高质量的产品，还能够根据企业的需求进行定制化服务，从而帮助企业降低成本、提高生产效率。此外，供应商与企业之间建立的长期合作关系，还能够为企业提供稳定的供应链，降低市场波动对企业的影响。

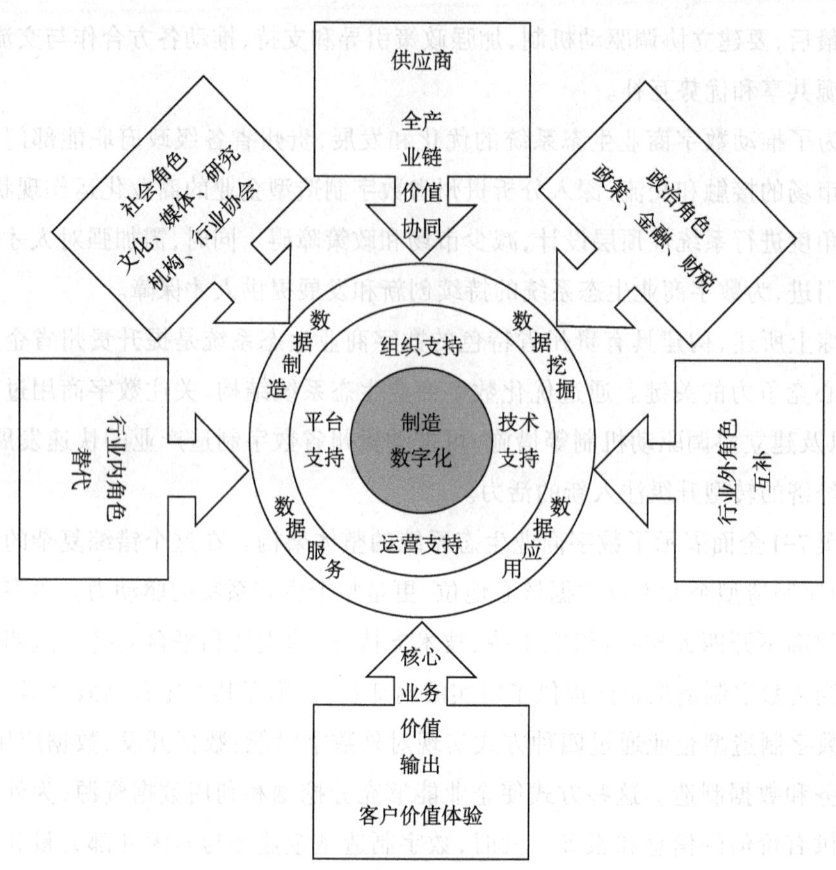

图 7-1　数字商业生态系统

其次，政府在数字制造型企业的发展过程中发挥着重要的引导和支持作用。政府通过制定一系列政策导向，为数字制造型企业提供了明确的发展方向和优惠政策。这些政策不仅降低了企业的运营成本，还激发了企业的创新活力。此外，政府还通过提供金融支持，如贷款、税收减免等方式，帮助企业解决资金问题，促进企业的快速发展。政府的支持不仅为数字制造型企业创造了有利的发展环境，还提高了企业的市场竞争力。

最后，社会机构在数字制造型企业的发展过程中也扮演着重要的角色。他们通过提供文化保障和技术研发的外源性支持，进一步丰富了企业的内涵。社会机构包括行业协会、科研机构、教育机构等，他们为数字制造型企业提供了人才培训、技术咨询、市场推广等多方面的服务。这些服务不仅帮助企业提高了自身的综合实力,还推动了整个行业的进步和发展。

供应商、政府和社会机构等各方在数字制造型企业的发展过程中都发挥着不可或缺的作用。他们共同构成数字制造型企业生存和发展的稳固基石,为企业的快速发展提供了有力的保障。未来,随着数字化技术的不断进步和应用领域的不断拓展,数字制造型企业将迎来更加广阔的发展空间和更加激烈的市场竞争。因此,各方需要进一步加强合作,共同推动数字制造型企业的健康发展,为经济的繁荣和社会的进步做出更大的贡献。

在数字制造领域,企业所面临的竞争压力不仅来自行业内部的竞争对手,还来自那些潜在的竞争者。这种竞争压力的存在,就像一把“双刃剑”,既带来了挑战,也催生了创新和进步。竞争对手的存在,使数字制造型企业必须时刻保持警觉,紧跟行业发展的步伐,甚至超越竞争对手,才能在这个竞争激烈的市场中立足。

为了应对这些挑战,数字制造型企业需要不断地进行创新,探索新的技术和业务模式。他们可能投资于研发,推出更具竞争力的产品;也可能通过优化生产流程、降低成本、提高生产效率来增强自身的竞争力。这些创新举措不仅有助于企业在竞争中保持优势,还能推动整个行业的进步和发展。

除了行业内部的竞争压力,数字制造型企业还需要关注来自行业外的角色。这些角色可能是技术供应商、服务提供商、合作伙伴等,他们为数字制造型企业提供了必要的互补和支持。通过与这些行业外角色的合作,数字制造型企业可以在更广泛的领域实现业务拓展,开拓新的市场和机会。

例如,数字制造型企业可以与技术供应商合作,引入先进的技术和设备,提升自身的技术实力和生产能力。同时,他们还可以与服务提供商合作,为客户提供更加全面和专业的服务,增强客户的黏性和满意度。这些合作关系的建立,不仅有助于数字制造型企业拓展业务,还能提高整个行业的竞争力和创新能力。

数字制造型企业面临着来自行业内部和行业外的竞争压力和挑战。然而,正是这些压力和挑战,推动了数字制造型企业的不断创新和进步。通过与行业内外角色的合作和竞争,数字制造型企业不仅能够在市场中立足,还能为整个行业的发展和进步作出贡献。

然而,在数字生态系统中,静态的结构分析仅触及表面,真正的核心在于动态的价值流动,这是维系整个生态系统活力与存在的基础。为深入理解,需对数字生态系统中的七大角色进行细致分析。这七大角色包括数字制造型企业、数字平台企业、数字内容企业、数字服务型企业、数字技术型企业、数字渠道型企业和数字消费者,每个角色均扮演独特且不可或缺的角色,共同构建了这一复杂而有序的生态系统。

数字制造型企业作为价值创造的核心,通过研发、生产、销售等环节,将原始创意与技术转化为具有市场价值的产品与服务。这些产品与服务不仅满足消费者需求,也为其他角色提供了价值创造的基础。在价值流动中,各角色基于其定位进行价值投入。数字制造型企业通过技术创新与产品优化推动价值提升;数字平台企业提供高效、便捷服务,促进价值流通;数字内容企业、数字服务型企业、数字技术型企业和数字渠道型企业则利用各自的专业知识与技能,为价值流动提供支撑与保障。

此外,价值分配环节也不容忽视。在这一环节中,七大角色根据其投入分配价值,形成动态的价值流动网络。这一网络确保各角色获得与其投入相匹配的回报,同时促进整个生态系统的稳定与发展。

综上所述,数字生态系统中的价值流动是一个复杂而有序的过程,涉及七大角色的协同合作以及技术与制度的支持。深入理解这一过程对于把握数字生态系统本质与发展规律至关重要,为未来数字化转型提供坚实支撑。

为了更具体地理解数字生态系统中的价值流动,我们可以引入一些实证研究和统计数据。例如,根据一项针对全球数字生态系统的研究报告显示,数字制造型企业在整个生态系统中的价值创造占比达到了40%,成为价值流动的核心驱动力。同时,数字平台企业在促进价值流通方面发挥了重要作用,通过数字化服务和商业模式创新,推动了整个生态系统的快速发展。

此外,数字生态系统中的价值流动还受到了多种因素的影响,如技术进步和创新是推动价值流动的关键因素之一。随着云计算、大数据、人工智能等技术的不断发展,数字生态系统中的产品和服务不断升级,为价值流动提供了更多的可能性和空间。同时,政策法规、市场需求、消费者行为等因素也对价值流动产生影响。

因此,在数字生态系统的建设中,我们需要关注价值流动的每一个环节和因素,促进七大角色的协同合作和共同发展。只有这样,我们才能构建一个充满活力、高效有序的数字生态系统,为数字化转型提供坚实的支撑和保障。

数字生态系统是指以数字技术为引擎,具有高度互联互通和动态变化的商业环境。在此系统中,数字制造型企业扮演着至关重要的角色,其竞争力的强弱直接关系到整个生态系统的持续稳定、扩展和繁荣。为了促进贵州地区数字制造型企业数字数智核心竞争力的提升,我们需将其置于整个数字生态系统的框架内进行全面深入的分析和考量。

首先,加强内部生态系统的建设,这是提升贵州省数字制造型企业竞争力的基石。内部生态系统涉及企业的组织架构、技术创新能力、人才资源和企业文化等多个层面。为了构建高效且灵活的内部生态系统,贵州省数字制造型企业需关注以下几个方面:一是优化组织架构,摒弃传统的层级管理模式,推动扁平化、网络化的组织形态,以提升决策效率和响应速度;二是加大技术研发投入,推动产品创新和服务升级,以适应市场的快速变化和满足用户的多样化需求;三是培养和引进高素质人才,打造具备创新能力和国际视野的团队,为企业的长远发展提供坚实的人才基础;四是塑造积极向上的企业文化,激发员工的创造力和归属感,营造良好的内部环境。

其次,优化与外部实体的关系也是提升贵州省数字制造型企业竞争力的重要方面。外部实体涵盖供应商、客户、合作伙伴及竞争对手等。为了建立稳固的外部关系,贵州省数字制造型企业应采取以下措施:一是加强与供应商的合作,实现供应链的协同和优化,降低成本和风险;二是深入了解客户需求,提供个性化的产品和服务,增强客户黏性;三是与合作伙伴共同研发新技术、开拓新市场,实现资源共享和优势互补;四是正确面对竞争,通过合作竞争的方式共同推动行业发展。

最后,积极参与价值流动和分配过程是提升贵州省数字制造型企业竞争力的必要手段。在数字生态系统中,价值的流动和分配依赖于数据、技术和服务等要素。为了在此过程中占据有利地位,贵州省数字制造型企业需做到以下几点:一是充分利用数字技术,实现数据的收集、分析和应用,挖掘潜在价值;二是通过技术创新和服务升级,提升企业在价值链中的地位,获取更多的价值回报;三是积极参与行业标准和规则的制定,为企业赢得更多的话语权和影响力。

综上所述,提升贵州省数字制造型企业数智核心竞争力需要从内部生态系统建设、外部关系优化及价值流动和分配过程参与等多个方面入手。只有全面、系统地考虑这些因素,才能确保贵州省数字制造型企业在数字生态系统中保持领先地位,实现持续、健康的发展。

总的来说,数字商业生态系统是一个复杂且充满活力的网络。在这个网络中,数字制造型企业扮演着至关重要的角色,与其他六大角色共同构成了一个相互依存、相互促进的生态系统。为了确保这个生态系统的持续繁荣和发展,我们需要深入理解和把握其内在的运行机制和规律。

7.2 贵州省企业数智核心竞争力提升的驱动力:完善产业供应链和价值链共创机制

在数字化浪潮的推动下,贵州省企业正置身于历史的交汇点,既享有难得的机遇,也面临前所未有的挑战。在这个变革的时代,数据不再仅是数字和符号,而是成为推动企业数智核心竞争力提升的关键因素。数据元的特性——非竞争性、非排他性、高渗透性和异质性——正逐渐展现出强大的影响力,冲击着传统企业理论中的企业边界,引发深刻的变革。这种变革不仅改变了企业的运营模式和商业逻辑,更使供应链价值创造从企业内部行为拓展为非线性、供应链数据交互的复杂过程。数据在供应链中的流动和交互提高了供应链的透明度和效率,使企业能够更精准地把握市场需求,实现个性化的产品和服务。以贵州省某制造型企业为例,其通过建立数据共享平台,实现了对供应链各环节数据的实时监控和分析,提升了生产效率和产品质量,满足了客户的个性化需求,赢得了市场青睐。

数据的力量正在重塑贵州省企业的竞争格局。在这个变革的时代,能够充分利用数据资源、实现数智化转型的企业将在竞争中占据先机。然而，面对数据源的冲击和变革，企业需要保持清醒的头脑，不断学习和创新，才能在数字化浪潮中立于不败之地。总之，数字化浪潮为贵州省企业带来了机遇和挑战，企业需要把握数据元的特性，实现数智化转型，以在供应链价值创造中占据有利地位。同时，企业也需保持创新和学习的态度，不断适应和引领变革，以在数字化浪潮中脱颖而出。

贵州省企业在数字化浪潮中迎来新的发展机遇。面对日益复杂多变的供应链环境，企业不仅要注重提升生产效率和成本控制，更应深入挖掘数字要素在供应链网络空间中的巨大潜能。数字要素的演化、分形、扩散和流动对实现供应链的有机连接具有重要意义。

数字要素的演化要求企业紧跟技术创新步伐。随着大数据、云计算、人工智能等技术的迅速发展，数字制造型企业需将这些先进技术融入供应链管理，以实现更高效的信息流通、更精准的需求预测和更智能的决策支持。例如，利用大数据分析工具实时掌握市场动态和客户需求，及时调整生产计划，减少库存积压和浪费。

数字要素的分形要求企业在供应链网络中实现资源共享和优势互补。这不仅要关注自身资源的优化，还需与供应链伙伴建立紧密合作关系，共同构建高效、稳定、可持续的供应链生态系统。通过跨企业数据共享和协同作业，整合资源、降低成本、提高响应速度，从而在激烈的市场竞争中占据有利地位。

此外，数字要素的扩散和流动也强调企业对供应链透明度和可视化的追求。在数字化时代，信息透明度和可视化成为提升企业竞争力的关键。通过构建数字化供应链管理平台，企业可实时掌握供应链运作情况，及时发现问题并采取措施，确保供应链稳定运行。同时，这也有助于增强企业与供应链伙伴之间的信任和合作，促进供应链长期健康发展。

在现今以信息技术为主导的商业生态中，数字知识共享、供应链协同及价值共生等关键要素已成为推动企业持续成长和塑造竞争优势不可或缺的驱动力。这些要素的相互作用与协同，不仅直接关系到企业的运营效率，更是影响企业长远竞争力和市场地位的决定性因素。

首先，数字知识共享的重要性日益凸显。随着数字化技术的日新月异，企业间的知识交流不再受限于传统的面对面沟通或文档传递，而是通过云计算、大数据、人工智能等尖端技术，实现知识的即时、高效共享。这种共享不仅极大提升了知识传播的速度，还使企业能够迅速汲取和应用其他企业的创新成果，进而推动整个供应链网络中的知识创新和升级。例如，通过共享研发数据、市场分析报告等核心信息，企业能更迅速地洞察市场趋势，优化产品设计，提升服务质量，从而强化市场竞争力。

其次，供应链协同在提升整体供应链效率和灵活性方面扮演着至关重要的角色。在传统的供应链管理模式下，各环节之间往往缺乏有效的沟通与协作，导致资源浪费、效率低下等问题频发。然而，通过引入先进的供应链协同技术，如物联网、区块链等，企业能够实现对供应链各环节的实时监控和调度，确保资源的合理分配和高效利用。这种协同不仅显著提高了供应链的响应速度，还使企业能够更加灵活地应对市场变化，如快速调整生产计划、优化物流配送等，从而保持竞争优势。

最后，价值共生强调了企业与供应链伙伴之间互利共赢的关系。在传统的商业竞争中，企业往往过于注重自身利益，忽视了与供应链伙伴的协同合作。然而，随着市场竞争的不断加剧，单打独斗已难以取得长期成功。因此，企业需要转变思维，与供应链伙伴建立更紧密的合作关系，共同创造价值。这种共生关系不仅有助于提升整个供应链的竞争力，还能够促进企业间的相互学习和成长，实现共赢发展。

数字知识共享、供应链协同及价值共生等要素在推动企业发展和构建竞争优势中发挥着至关重要的作用。企业需要充分利用这些要素，加强内部管理和外部合作，不断提升自身的竞争力和市场地位。同时，政府和社会各界也应积极支持企业在这方面的探索和实践，为企业创造更加有利的发展环境。

贵州省企业在数字化浪潮中的崛起之路，是信息技术迅猛发展的必然结果。随着数字化浪潮席卷全球，贵州省的数字制造型企业面临着前所未有的机遇与挑战。为了在数字化革命中脱颖而出，企业必须深入研究数字要素在供应链网络空间中的演化、分形、扩散和流动。这不仅是技术层面的挑战,更是一场深刻的战略变革。

理解数字要素在供应链网络空间中的重要性至关重要。数字要素包括数据、信息、知识等,是供应链网络空间的核心资源。通过深入研究数字要素的演化,企业可以洞察市场趋势,优化生产流程,提升产品质量。同时,分形现象在供应链网络空间中表现为企业之间的相互关联和协同。通过分形分析,企业可以发现供应链中的薄弱环节,加强企业间的合作与协调。

另外,数字要素的扩散和流动对企业的竞争力具有决定性意义。在数字化时代,信息流动的速度决定了企业的反应速度。构建高效的信息交流平台,使企业能够实时掌握市场动态,迅速做出决策。此外,数字技术的快速发展为企业提供了更广阔的创新空间,如大数据分析、云计算等。这些技术的应用有助于企业实现精准营销、智能制造等,从而提高企业的市场竞争力。

然而,实现这些目标需要企业不断创新、紧密合作、共享共赢。创新是推动企业发展的重要动力,只有不断创新,企业才能在激烈的市场竞争中保持领先地位。紧密合作有助于企业整合资源,实现优势互补,共同应对市场挑战。共享共赢则体现了企业的社会责任和合作精神,通过共享资源、分享成果,企业可以形成良好的生态环境,实现可持续发展。

贵州省数字制造型企业应深入研究数字要素在供应链网络空间中的演化、分形、扩散和流动,推动企业在数字化浪潮中脱颖而出。同时,我们必须意识到这是一场长期而艰巨的战略变革,需要企业不断创新、紧密合作、共享共赢。只有这样,我们才能在激烈的市场竞争中立于不败之地,为贵州省乃至全国的数字制造产业做出更大的贡献。

展望未来,随着数字技术的不断发展和应用,贵州省的数字制造型企业将迎来更加广阔的发展空间。我们要紧跟时代步伐,积极拥抱数字化变革,努力提升企业核心竞争力,为贵州省的经济发展注入新的活力。同时,我们也要加强与国际同行的交流与合作,学习借鉴先进经验和技术,推动贵州省的数字制造产业走向世界舞台的中心。

因此,贵州省的数字制造型企业在数字化浪潮中要想脱颖而出,必须深入研究数字要素在供应链网络空间中的演化、分形、扩散和流动。这是一场技术挑战与战略变革的双重考验,但只要我们坚持创新、紧密合作、共享共赢,就一定能够在数字化革命中取得辉煌的成果。让我们携手共进,为贵州数字制造产业的繁荣发展贡献智慧和力量。

受"共享经济""流量经济"等互联网经济思维的影响,贵州省企业应转变传统思维模式,将焦点从人才、技术、模式拓展至更广泛的领域。在这个过程中,"共享""跨界""开放"等新型企业发展战略思维成为引领企业发展的核心理念。

从数字供应链价值共创的角度分析,消费者的主观评价是价值实现的起点,生产者的创意设计则是价值创造的关键,而生产者与消费者的互动则是价值分配的基石。这三个方面相互依赖、相互影响,共同构成价值共创机制的核心框架。在这一机制下,原本以个体利益最大化为目标的供应商、制造商和消费者群体,现已转变为追求整个供应链价值最大化的共同目标。这意味着,企业需要加强与供应链伙伴的协同合作,通过知识共享、技术传播、声誉积累等方式,共同推动价值的创造。

为了实现这一目标,贵州省的相关职能部门需深入探索数字制造产业的信息流动结构、知识传播结构、商誉积累结构的内涵、外延及其结构特性。同时,分析数字制造信息流、数字制造知识流、数字制造商誉流与价值共创之间的动态互动过程,挖掘其行为路径与模式。这一举措将有助于优化数字制造供应链价值共创机制,为提升贵州企业数字化核心竞争力提供坚实的支撑(图7-2)。

综上所述,贵州省企业应顺应数字化时代的发展潮流,以优化产业供应链和价值链共创机制为核心动力,持续提升数字化核心竞争力。此外,政府职能部门也须切实履行职责,为企业提供必要的引导和扶持,以协同推动贵州数字制造产业的稳健发展。

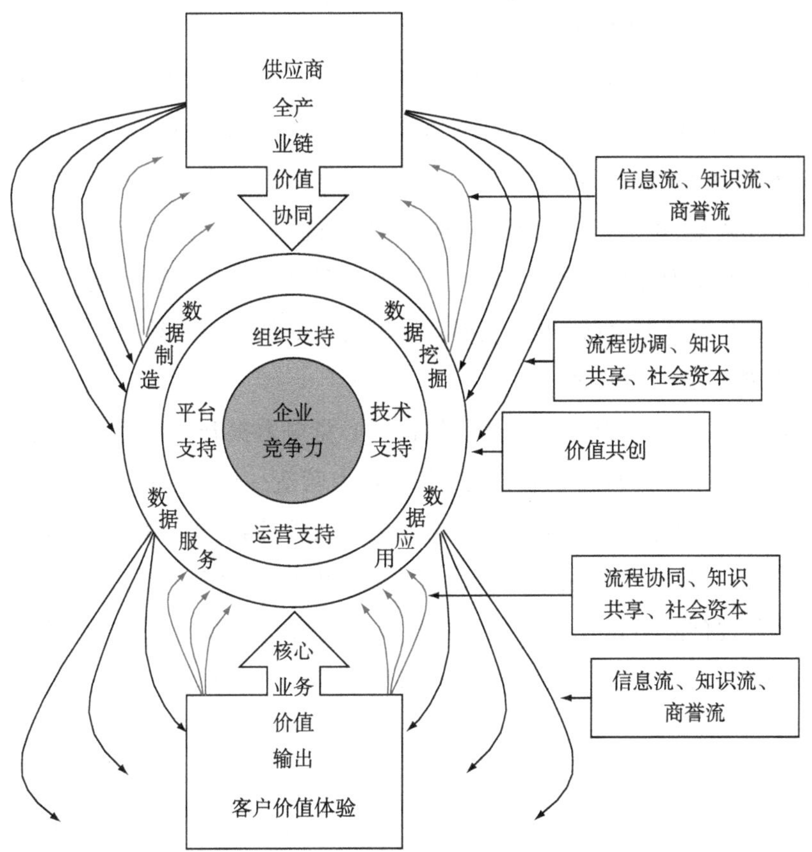

图7-2　贵州省大数据企业价值共创的行为路径

7.3　贵州企业数智竞争力提升策略

在当前竞争日益激烈的市场环境下，为了提升数智竞争力，贵州省企业需从以下几个方面着手实施关键策略。

1．确立企业数智化核心创新主体地位

贵州省的数字企业为应对激烈的市场竞争，必须明确自身在数智创新中的核心地位。这需要企业以市场需求为指引，深化市场导向，增强技术创新的投入力度，打造以内生动力为基石的利润增长源。通过强化技术创新与市场需求的有效对接，提高科技成果的转化效能，进一步巩固企业在数智创新领域的主体地位。

2. 培育综合型数字化创新人才

数智竞争力的增强核心在于构筑坚实的人才基础。对于贵州省的企业而言,应给予专业技术人才培养以足够的重视,结合内部自主培养与外部人才引进的策略,积极推行“引进来、走出去”的人才培养模式。此外,企业还需对现有政策方针进行调整,确立起一套有效的约束激励机制,优化科技人才评价体系,确保能力与业绩成为评价的核心标准,从而激发科技人员的创新潜能,推动科研开发工作不断取得新的突破,为自主创新提供持久而强大的驱动力。

3. 创造自主创新环境

目前,贵州省在构建有利于企业数智核心竞争力提升的环境方面仍需加强。为了推进数字企业的科技创新进程,必须着力营造一个优质的创新环境。这涵盖了一系列关键举措,如健全激励创新发展的政策体系,构建高效的约束激励机制,强化知识产权保护的法律法规建设,增加对源头创新的投入力度,并引导企业家培养科技创新意识。贵州省相关政府部门应与企业保持密切沟通,全程参与平台构建与资源配置,引领企业摒弃传统思维,真正迈向以科技创新为引领的发展轨道。

4. 深化企业数智化转型

数智化转型是贵州省企业提升竞争力的关键路径。企业应全面梳理业务流程,识别数智化转型的切入点和突破口,制定详细的数智化转型规划。通过引入先进的数字化技术和智能化设备,实现生产过程的自动化、智能化和柔性化。同时,加强企业内外部数据的整合与挖掘,利用大数据、云计算等新一代信息技术,提升企业的决策效率和创新能力。在数智化转型过程中,企业还需要注重信息安全和风险管理,确保数智化转型的顺利进行。

5. 加强产学研用合作

为了提升贵州省企业的数智竞争力,产学研用合作被证实为一条切实有效的途径。因此,我们鼓励企业积极与高校、科研机构等建立紧密的合作关系,共同构建产学研用一体化的创新体系。通过合作研发、技术转移及人才培养等多种方式,各方可以实现资源共享、优势互补,从而推动数智技术的研发和应用。此外,企业还应加强与用户的沟通与合作,深入了解市场需求,以便在实际应用中不断优化和完善数智技术。这样的合作方式将有助于提升贵州省企业的数智竞争力，并推动整个行业的进步与发展。

6. 构建数智化生态系统

在数智化日益发展的时代背景下，构建数智化生态系统对于提升贵州地区企业的数智化竞争力至关重要。为此，各企业理当与上下游企业、合作伙伴等建立稳定而紧密的合作关系，以共同推进数智化生态系统的构建与发展。通过资源共享、信息互通、协同创新等多种方式，促进整个生态系统的协同进步与和谐发展。同时，企业也需高度重视数智化生态系统的安全与稳定性，确保生态系统能够持续、健康地向前发展。

综上所述，为了提升数智核心竞争力，贵州省企业必须确立自身在数智化创新中的主体地位，积极培育具备综合素质的数智化创新人才，创造有利于自主创新的环境，深入推进企业数智化转型，强化产学研用之间的紧密合作，以及构建完善的数智化生态系统。这些关键策略的实施，将有助于贵州省企业在激烈的市场竞争中脱颖而出，实现稳健且持续的发展。

第8章　贵州省企业数智化创新与变革实录

前文通过深入的理论剖析和实证调查,科学界定了数智时代企业核心竞争力的关键要素,并进行了详尽的数据分析。本章将在前文所建立的理论和实证基础上,通过对四个贵州省企业的数智化转型案例的实地考察记录,展现贵州省企业在数智化创新与变革方面的广阔前景。

8.1　贵州金元股份有限公司的数字化内控转型

贵州金元股份有限公司(简称贵州金元),自2000年11月成立以来,始终作为贵州省推进“西部大开发”和“西电东送”战略的核心力量。贵州金元历经地方国有企业到中央企业的身份转变,业务横跨火电、水电、新能源、煤炭等多个领域。至2020年年底,贵州金元已投产电力装机容量高达1544.66万千瓦,位列贵州省统调电力装机第二位。其中,火电和新能源规模均在全省独占鳌头。不仅如此,公司还积极拓展水泥、锰系合金、房地产、酒店及物业管理等多元化业务。

贵州金元凭借出色的业绩跻身中国500强企业之列,并荣获全国文明单位、全国能源系统五一劳动奖、贵州省五一劳动奖等多项殊荣。在科技创新领域,公司成果丰硕,如“燃用复杂劣质煤发电机组氮氧化物控制关键技术及应用”项目荣获2020年度国家电投科技进步二等奖。在管理创新方面,公司同样表现卓越,如“余庆方竹电站水轮发电机组增效扩容研究”和“分布式智能巡检机器人”分别荣获2018年国家电投集团科技进步三等奖和“创客中国”国家电投大数据及智能应用创新创业大赛三等奖。贵州金元不仅在电力、新能源等领域具备显著影响力,同时也是科技创新和管理创新方面的佼佼者。

8.1.1 贵州金元业务数智化转型的背景

大型集团企业的费用管理涉及多个环节,包括管理、生产、销售及工程施工等,每个环节都会产生相应的费用。此外,费用种类繁多,如差旅费、招待费、会议费、车辆费等,形态各异,给管理带来极大的复杂性。同时,费用管理的涉及对象广泛,不仅限于公司管理层,还包括广大一线员工,使费用管理成为一项极具挑战性的任务。

针对这些问题,贵州金元在实践中逐步形成一套有效的费用管理策略。该策略以严谨、稳重和理性的态度,对各个环节、各类费用进行全面、深入的分析,通过精细化管理和优化资源配置,降低企业成本,提高经济效益。同时,该策略还注重员工参与和培训,提升全体员工的费用管理意识,确保费用管理的有效实施。

8.1.2 数字化内控转型的具体做法

贵州金元采用的传统财务费用管理模式存在弊端,缺乏对管理过程的有效控制,导致内控滞后,难以准确核算和归类费用,从而增加了管理成本。为了降低管理成本,需要探索有效的手段,实现全面而精细的内控管理。具体做法如下。

1. 科技赋能,挖掘数智潜能,驱动管理创新

贵州金元始终秉持科技创新与发展的核心理念,以技术创新为引擎,数字化信息系统为基石,深入探索高科技在日常经营管理中的实际应用。特别是在费用管理领域,已实施多项创新与实践:①智能填报与发票验证。采纳了光学字符识别(optical character recognition,OCR)技术及相关解决方案,通过电子发票和纸质附件的影像扫描,实现发票数据的自动抓取和查重验证。在员工报账流程中,系统能够智能识别费用类别并自动填写报账单,显著减轻手工填报和审核的工作量。②商旅整合与在线结算。与国内主流商旅平台建立了中间对接系统,无缝连接企业内部与商旅服务,实现差旅、交通和食宿费用的直接对接与处理。订

单信息通过中间平台自动传输至企业内部系统,业务人员仅需补充内部管理数据,即可完成财务核算和资金结算。③业务财务一体化与财务集约管理。所有经济业务审批后,将自动与财务核算系统对接,系统自动生成财务核算凭证,实现财务流程的闭环操作。费用管控体系独立于财务体系,为财务的集约化管理提供了有利条件。贵州金元实行财务集中管理和资金集中出纳,构建二级资金池,统一负责核算、资金结算和出纳工作,有效降低了资金风险和财务管理成本,推动了财务管理的规范化。这一体系经过近十年的运作,已达到了较高的成熟度。

2. 制度规范在线宣贯,全员推进无障碍

贵州金元将与费用相关的制度、标准、细则整理成简明扼要、图文并茂的材料,内置到系统中,业务人员在办理过程中可实时查阅。重点费用制度和标准量化后,由系统自动规范业务人员操作。这一做法彻底解决了企业规章制度宣传难题,实现了全员无障碍推进。①预算与费用双向管控,相辅相成。贵州金元通过全面预算管理,科学合理地划分、测算和分配公司资源,以实现年度生产经营目标。这种管理不仅限于费用预算,还涵盖了经营、资本、资金和非现金资源预算。预算体系关注经营目标和任务,费用管控体系关注经营过程中的各项费用。这两套体系相互交织,共同构成企业经营活动的框架。贵州金元在预算规划中同时关注目标和费用,从不同层面和时间进行"双向管控",并根据情况进行调整以适应变化。②普适措施与专项措施兼顾,智能预警。贵州金元在全面预算管理中,根据费用性质设置双标警戒管理:超标警戒和低标警戒。超标警戒用于常规费用管控,触发高位警戒线时实时报警并锁定业务。低标警戒用于专项费用管控,确保充足到位和合理使用。针对市场波动较大的材料费,全面预算管理提供统一设定预算单价、预先申请需求计划和职能部门集中采购的管理模式,确保物资按需领用且不突破需求计划。③普适与专项措施兼顾,智能预警确保经营活动的顺利进行。贵州金元通过全面预算管理和费用双向管控,实现经营目标和任务的同时,确保费用合理使用和充足到位。

3. 经济业务在线推进，智能流程全覆盖

贵州金元利用数字化信息系统，为各类经济业务定制线上操作方式和完整流程，包括业务申请、财务审查、审批会签、智能核算和统一出纳等。紧急和重大费用有专门的绿色通道和专项审批通道。如图8-1所示，所有涉及企业成本费用的业务均可线上办理，实现了业务及流程的全覆盖。

(1)内控制约在线执行，重点环节全采集。

贵州金元建立了全面的内控合规保障制度，贯穿决策、执行、监督、反馈各环节。结合线上流程，同步建立费用管理的内控合规体系，涵盖合同、资金、物资三大领域，细分出多级子领域，并制定详尽的合规要求及执行标准。系统自动督促业务操作人员在线完成内控检查，并记录合规操作，形成年度合规报告。

(2)制度规范在线宣贯，全员推进无障碍。

贵州金元将费用相关的制度、标准、细则整理成简明扼要、图文并茂的材料，内置到系统中，业务人员在办理过程中可实时查阅。重点费用制度和标准量化后，由系统自动规范业务人员操作。这一做法彻底解决了企业规章制度宣传难题，实现了全员无障碍推进。

(3)细化执行标准，自动数字监测。

利用信息系统，建立企业负责人专项库，明确区分职务消费与一般费用。对业务招待、履职待遇等制定具体执行标准，并内置于信息系统中，实现超标自动监测与提醒。建立三精原则(精确到人、精准到事、精细到执行标准)的职务消费专项台账，实现全过程数字化管理。目前，贵州金元已建立七类职务消费台账，对各类费用进行精细化管控。贵州金元还通过研发车辆专项系统，对公务用车进行全过程数字化管理，包括车辆档案、驾驶员档案、油卡、ETC卡等详细信息的记录与监控，确保公务用车的合规与高效使用(图8-2)。

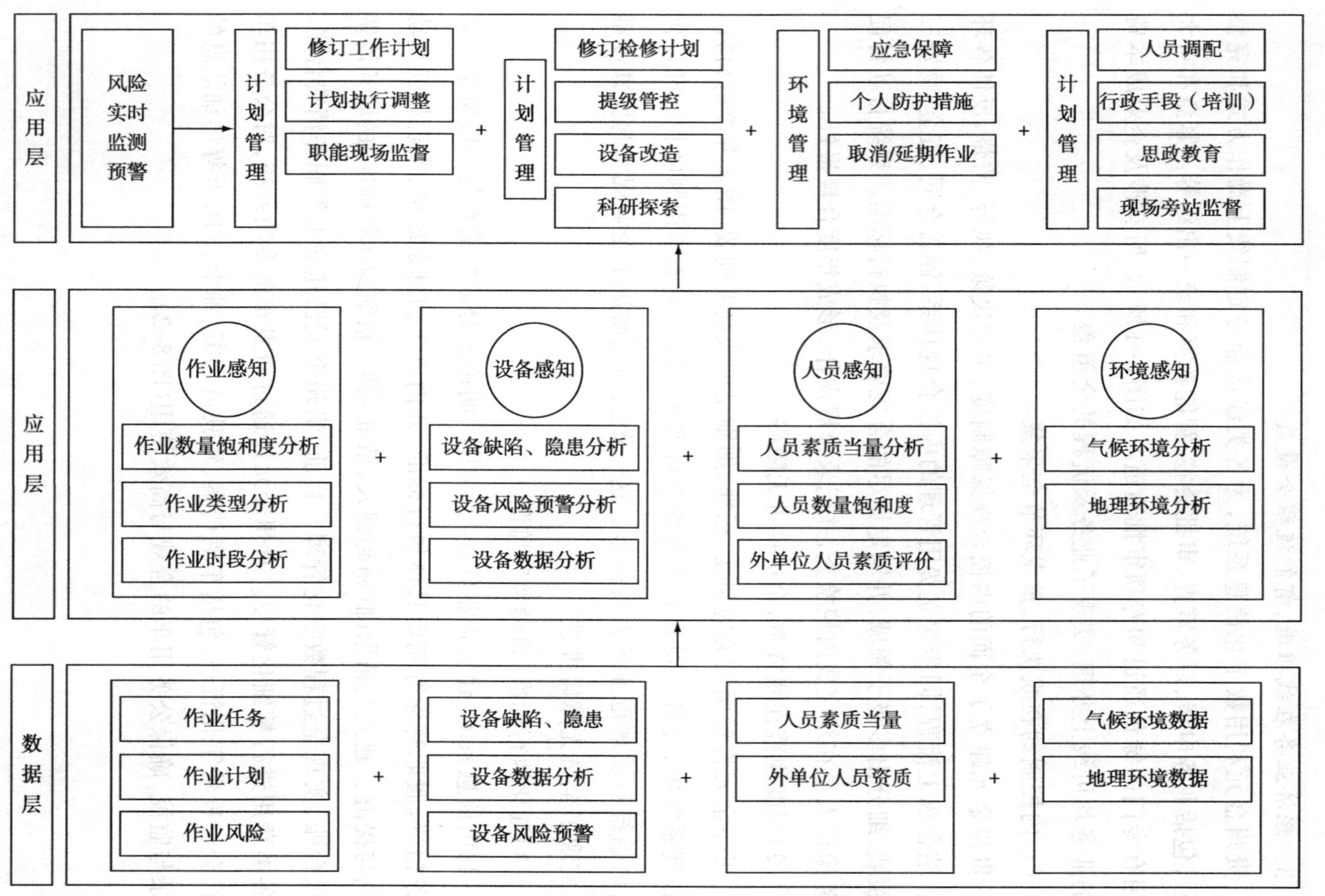

图8-1 贵州金元全维度风险管控流程

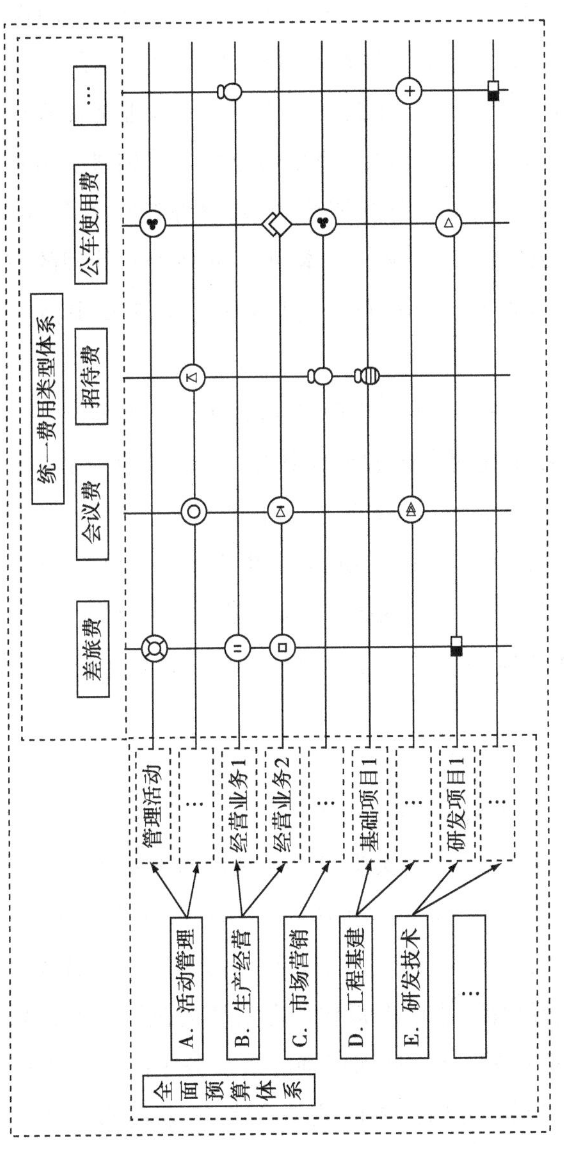

图8-2　贵州金元全面预算与费用智能管控系统

8.1.3 业财联动数智化创新要点

1. 精益流程，业财一体

贵州金元在费用管理上突破了以财务管理为核心抓手的做法，探索出一条以企业经营发展为主线、以经济业务为驱动、自动对接智慧财务的管控之道，主要体现在：构建契合经济业务发生的管控责任体系及业务流程体系，将管控思想贯穿到每一笔经济业务的全流程中，将事后分析提前到事前引导、事中管控。经济业务完成后，自动接轨智慧财务核算体系；财务核算体系是流程中最后的环节，是经济业务的最终落脚点，业财一体、形成企业经营管理的完整闭环，业财两套体系通过流程完美结合，可分可合，可以根据企业需要灵活应用，为财务集约管理创造了最佳环境。

精益流程保障了内控管理的实施，贵州金元为每个单位、每类经济业务制定了精益流程，建立数字化对象内置到系统中，提供了业务从申请、预审、各级审批、职能会签、专项评价、到财务核算、资金出纳等各个环节无间断式的全自动流转平台，全程流转路由无须人工干预，系统根据业务性质、金额大小、申请部门、有无合同、是否职务消费、是否付款、有无票据等业务要素智能识别流转路线。并在流程的相关环节提供了合规标准执行、制度规范查阅、在线提醒、在线监控等智能执行工具。

2. 职务消费，智能监控

首先，职务消费因特定群体而受到各方关注，是审计监察的重点对象，是员工眼中和心中的关注焦点，是落实中央八项规定的重要抓手，是企业环境与风气的风向标，因而不容忽视。贵州金元从四个方面采取措施，杜绝腐败，将权力的“老虎”约束在制度的笼子内：在全面预算架构内制定职务消费专项预算；制度上细化职务消费的执行规范，手段上量化职务消费的执行标准；建立特殊身份人群对象，建立特定消费行为对象，自动识别经济业务中的职务消费行为，抓取职务消费数据，形成到岗到人分门别类的业务台账，企业内部审计可随时调取数据、复盘业务场景、加强风险防范。

其次，管控责任体系是落实企业内控目标的最好抓手，依托管控责任体系，将内控目标层层落实到位。全面预算是承载企业任务目标的最佳载体，立足全面预算体系，将经营活动任务目标层层分解到位；统一费用类型体系从专业角度将对经济业务的执行标准进行了区分。管控责任体系、全面预算体系、统一费用类型，三个维度综合建模，经纬纵横，相互制约。摒弃了单一的上限控制模式，综合平衡管理、生产、经营、安全、创新等各类目标；根据不同费用性质，设定超标、低标警戒，在线监控，实时预警，定期通报；根据不同费用性质，采取不同的控制维度：有落实人均标准、进行人均监控的特定费用；有签署单价协议、进行单价监控的特定费用；有施行需求计划申报制，领用时进行数量监控的特定费用；各种模式相结合，管理引导和制度制约共同作用。

8.1.4　贵州金元数字化内控创新成果

1. 企业产业结构持续优化

自2014年起，贵州金元率先在公司本部实施费用管控措施，针对职务消费、三公经费等敏感费用进行精细化管理。经过一年的实践，即便在社会整体物价水平上升的背景下，公司的三公经费[公出国(境)经费、公务用车购置及运行费和公务接待费]使用同比仍下降了7%。鉴于此，管理层决定将这一系列成功措施推广至贵州金元下属的所有子公司。

在国家政策指引和集团公司的战略布局下，贵州金元全面推行费用管控，取得了显著成效：①公司整体费用水平持续降低；②三公经费和管理费用逐年减少，而各生产运营单位的费用保持平稳，关键行业和环节的安全维护投入稳步增长；③公司近三年来不断加大对科技创新的投入，高新技术研发费用占比逐年上升，为企业未来的发展和创新提供了强劲动力；④通过多年的精准内控管理，企业产业结构持续优化，新能源产业得到大力发展，成为国家电投集团在绿色能源领域的领军企业。

2. 企业文化底蕴与管理价值不断提升

经过多年的积累，贵州金元及其直属子公司逐渐形成了以制度为本的企业文化。随着线上业务的不断拓展，公司建立了庞大的企业级数据仓库，包括线上业务数据、基础库数据、人财物资源数据、上下游客户和供应商数据、标准工序和流程包数据及内控规范数据等。

技术创新推动了管理创新。依托逐年积累的数据资源，贵州金元近两年积极开展基于大数据挖掘的技术创新活动，通过科技手段深入挖掘经营和管理数据，为管理决策提供可靠的技术支持，从而不断提升企业的管理价值和文化底蕴。

8.2 习酒集团“两圈一带”数智化供应链体系创新实践

习酒集团占地面积广阔，为8000余亩，拥有一支庞大的员工队伍，总人数超过1.5万人。2023年，习酒集团的品牌价值显著增长达到了2224.63亿元，在中国白酒市场的排名中位列第8，同时在中国酱香型白酒品牌中位居第2。习酒集团的主要产品线涵盖了君品系列、窖藏系列和金钻系列等，其中主导品牌习酒凭借其卓越品质，荣获了省优、部优、国优的评价，更获得了“国家质量奖”的殊荣，并被官方认定为“国家地理标志保护产品”。习酒集团坚守中国传统白酒的精湛技艺，传承纯粮固态发酵工艺，致力于为消费者提供高品质的产品和优质的服务。公司拥有强大的生产能力，年产量高达7万余吨优质基酒，年包装能力达到6万余吨，同时拥有35万余吨的基酒储存能力。

8.2.1 习酒供应链体系数智化转型的背景

1. 国企改革是推动高质量发展的关键所在

近年来，受疫情防控、政治因素和国际形势等多重影响，产业链供应链的稳定性遭受严重挑战，供应链中断风险显著上升。2022年，中共中央经济工作会议明确指出，要通过结构政策优化国民经济循环，增强制造业的核心竞争力，并强化供应链的韧性。这一政策导向使供应链韧性问题从单纯的企业层面上升为行业、地区乃至国家层面的战略考量。面对国内外复杂形势，科技自立自强、产业自主可控以及国家安全的需求越发迫切，新一轮国企改革更加注重提升国有企业的“科技创新力、产业控制力、安全支撑力”。在此背景下，习酒集团作为贵州省属重点企业，应当积极促进优势基础技术的转化与应用，发挥其在产业链中的龙头作用，带动上下游产业的繁荣，同时积极寻求在产业绿色发展方面的领导地位，以实际行动落实“三力”要求，并推动国企改革向纵深发展。

2. 适应市场变化，提升顾客满意度是企业发展的必然要求

“酱酒热”推动了白酒产业的快速发展，但与此同时，白酒包材产业的发展却相对滞后，本地产能和需求之间存在明显的缺口。以习酒为例，其在省内的包装材料供应商数量有限，省内采购配套率偏低。此外，习酒的原材料和包装材料供应商遍布全国各地，供应链网络分散，这导致供应商管理难度加大，供货质量不稳定，成本控制困难等问题。随着消费者需求日益个性化和多样化，企业需要具备强大的供应链保障能力，以快速响应市场需求，提升顾客满意度。

3. 转型升级是提高企业核心竞争力的必由之路

白酒行业的未来竞争将是全面的竞争，其中供应链的竞争尤为关键。谁的供应链更加系统和完善，谁就能实现高质量发展，并在竞争中占据优势地位。习酒集团作为国有企业，必须深化新一轮国企改革，以提高核心竞争力和增强核心功能为重点。通过利用数字化技术进行转型升级，提升对产业链供应链的融合度和渗透力，加快工业互联网、物联网等平台建设与应用推广，推动企业供应链体系的再造、流程优化和效率提升。这将有助于习酒在未来的市场竞争中保持领先地位，实现可持续发展。

8.2.2 “两圈一带”数智化供应链体系构建

“两圈一带”数智化供应链体系的核心目标在于优化资源配置，提升战略资源能力。为实现这一目标，习酒集团制定了以下核心策略。

1. 构建数字园区式包材供应保障体系

习酒集团积极与政府合作，引导优质包装材料供应商在习水、赤水、遵义红花岗、新蒲等关键区域设立生产厂区，以形成环绕习酒集团的100千米高效供应圈。此举不仅促进了地方经济的发展，提升了省内包装材料的采购比例，更为我们提供了稳定且高质量的包装材料来源。

2. 推动赤水河流域原料基地的数字化订单种植

通过与供应商的深入协商，习酒集团明确了农户的收购保护价，并精细规划了种植计划、种植区域和种植品种。供应商负责原料的播种、生产管理和收购工

作,而习酒集团则对种植过程进行严格的监督,确保原料的数量和质量达到既定标准。

3. 加强辅料数字基地的建设

习酒集团与精选的供应商合作,要求其在50千米范围内建立辅料储备仓,以应对突发情况。供应商需与当地村民委员会、镇政府等合作单位签订订单,负责辅料的播种、生产管理和收购。同时,供应商需定期向我们报告基地的建设进度和种植、管理、收购情况,以确保生产数量和质量达标。

4. 对供应商实施全面的帮扶与支持

习酒集团采取了一系列措施,包括推行数字质量前置管理,开展第二方质量数字审核体系,以及实施数智化供应商培训。这些措施旨在帮助供应商提升质量管理水平,加深对我们公司标准的理解,从而确保供应链的稳定和高效。

基于以上构想,习酒集团积极致力于供应链的转型升级,构建了一套全面、系统的“两圈一带”供应体系(图8-3)。这一体系以构建供应链新生态为目标,兼具战略性、规范性和保障性,旨在优化资源配置,提升整体运营效率。具体而言,“两圈一带”包括建立环习酒集团100千米包装材料供应圈,环习酒集团50千米辅料供应圈,以及打造关键原料赤水河流域种植带。这一系列举措将有力支撑习酒集团的持续发展和市场竞争力的提升。

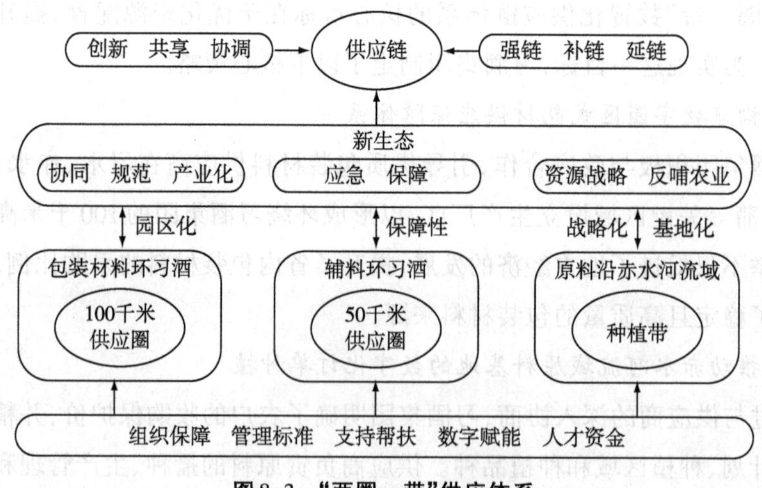

图8-3 “两圈一带”供应体系

习酒集团作为中国白酒行业的领军企业,其供应链体系的建设对于维持企业竞争优势和市场地位具有不可或缺的重要性。这一体系不仅涵盖了原材料与包装材料的采购网络,同时涉及供应商管理、供应链协同等多个层面,共同为习酒集团的稳定发展和品质提升奠定了坚实基础。

在原材料供应方面,习酒集团采取了独特的"公司+政府+供应商+农户"模式,于赤水河流域设立了专门的种植基地。该模式有效整合了政府资源、企业技术和市场优势及农户的土地与劳动力,确保了原材料的高品质,同时推动了当地经济的繁荣,实现了经济效益与社会效益的双赢。

包装材料的供应网络同样是习酒集团供应链体系的关键环节。习酒集团积极引导大型、紧密合作、实力雄厚的包装材料供应商在贵州省内建厂投产,构建了一个环绕习酒生产基地、半径为100千米的供应圈。此外,习酒集团还要求辅料供应商在50千米范围内设立周转仓库,形成另一个50千米辅料供应圈。这种布局不仅缩短了物流距离,降低了成本,还提高了供应链的响应速度和灵活性。

在供应商管理方面,习酒集团实施了严格的准入标准和评价体系,确保了供应商的质量与信誉。同时,通过加强与供应商的沟通与合作,习酒集团实现了供应链的协同与优化,提高了整体运作效率,增强了市场应变能力。

此外,习酒集团在构建其数智供应链体系时,从组织保障、管理标准、支持帮扶、数字赋能、人才资金等多个层面进行了全面深入的布局。通过建立科学严谨的组织架构和高效实用的管理制度,习酒确保了数智供应链体系的稳定高效运行。同时,公司还加大了对供应链体系建设的投入力度,提供了充足的资金和人才支持。

值得一提的是,习酒集团积极运用先进的数字化技术,对供应链管理流程进行了全面优化,从而显著提高了决策效率和运营效益。这些举措共同促进了习酒集团战略资源能力和数智化供应链竞争力的全面提升。

综上所述,习酒集团的数智供应链体系构建是一项涉及多个方面和环节的复杂系统工程。通过不断优化原辅料供应、包装材料供应网络、供应商管理等方面的工作,同时加强组织保障和数字化赋能,习酒集团成功提升了其战略资源能力和供应链竞争力。这些措施为习酒集团的高质量发展提供了坚实基础和有力保障。展望未来,随着市场环境的不断变化和消费者需求的持续升级,习酒集团将继续完善其数智化供应链体系,以应对各种挑战并抓住发展机遇,实现可持续的长期发展。

8.2.3 习酒集团数智供应链体系创新要点

1. 构建环习酒集团100千米的数字化包装材料供应圈

为提升包装材料供应效率与产品质量,习酒集团计划引入51家包装材料供应商在贵州省内建厂投产,形成环绕习酒集团的100千米供应圈。同时,组建质量管理前置专班入驻包材产业园,与供应商共同致力于提高产品质量。此外,搭建交流平台,促进园区供应商之间的互动与交流,实现资源共享与优势互补。为确保供应商质量管理能力的持续提升,将定期开展质量体系审核与“飞行检查”。

2. 打造环习酒集团50千米智能化辅料供应圈

为确保辅料的稳定供应与高效物流,将公开征集并确定辅料供应商,在距离习酒集团50千米范围内建立周转仓库。同时,选择优质供应商在习酒集团周边地区建立辅料基地,形成环绕习酒集团的50千米辅料供应圈。

3. 建立赤水河流域数智化原料种植带

为确保习酒集团关键原料的品质与供应稳定性,采用“公司+政府+供应商+农户”的模式,在贵州省内建立糯小高粱种植基地,构建赤水河流域种植带。对种子选择、基地订单、种植、采收、仓储等全流程进行标准化管理,并开发启用酒用原料管理系统,实现原料种植基地的可视化、数智化管理。

4. 加强"两圈一带"供应商数字化管理

为提升供应链整体实力，引入优质"两圈一带"供应商资源，并根据供应商在供货过程中的质量情况和供货保障情况，进行动态管理。制定供应商评价标准，对供应商进行评价并作A级评定。评价结果将应用于实际工作，对评价等级高的供应商给予业务倾斜、投标加分、管理支持等激励措施，以激发供应商提升自身综合能力的积极性。

8.2.4　数智供应链体系创新成果及效益

1. 经济效益

2019年至2023年11月，共计引入51家优质包装材料供应商在贵州省内建厂投产，打造园区式包装材料供应保障体系，为入园企业累计创造经济价值51.37亿元，带动贵州省包装材料产业发展；建立有机糯小高粱基地、本地糯小高粱基地、稻草基地41余万亩，与基地供应商开展战略合作，累计创造经济价值18.91亿元，助力地方经济建设；通过构建"两圈一带"供应体系，缩短包装材料、原辅料供货半径，提高供应效率，供应商运输成本平均下降30%，习酒集团采购成本平均下降7.56%，实现习酒集团与供应商互利共赢（图8-4、图8-5）。

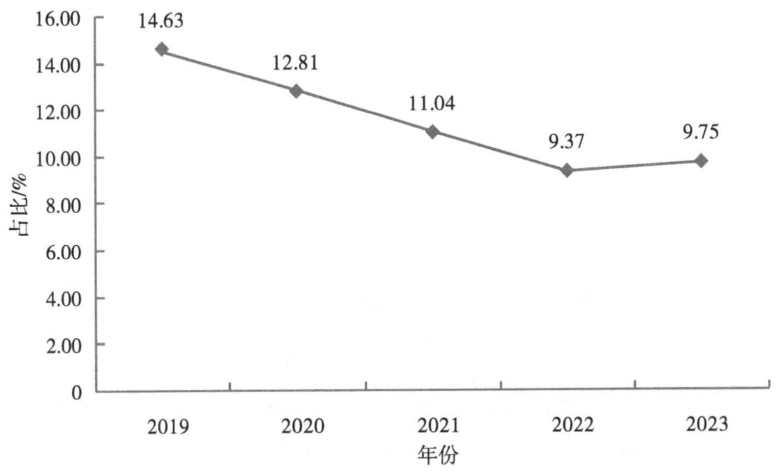

图8-4　包装材料成本占销售额比重

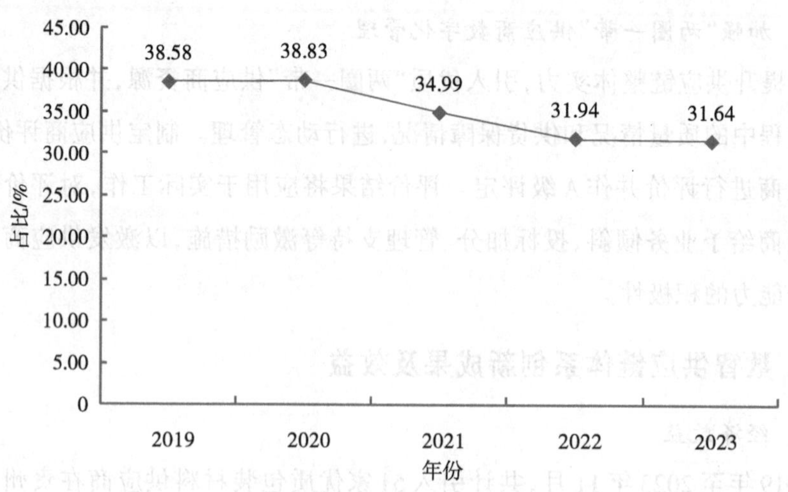

图 8-5　原料成本占吨酒成本比重

2. 管理效益

通过构建“两圈一带”供应体系，形成了主导引入到贵州省内的包装企业从小到大、从弱到强、从分散到集群的转变，在供应链各节点实现了全过程信息化管理。如表 8-1 所示，2019 年至 2023 年 11 月，包装材料在贵州省内采购占比从 2.13% 提升至 90.85%，“两圈一带”采购占比由 18.47% 提升至 80.31%，实现跨越式增长，“两圈一带”供应体系建设成效显著。原辅料质量验收合格率由 97.73% 提高至 97.79%，包装材料质量验收合格率由 95.53% 提高至 98.54%，原辅料供货及时率由 99.89% 提高至 99.97%，包装材料供货及时率由 97.42% 提高至 99.85%；原辅料、包装材料采购质量和供应保障能力得到稳步提升，实现了习酒集团生产经营综合竞争力的总体提升。

表 8-1　2019—2023 年相关管理指标统计

序号	指标	2019 年	2020 年	2021 年	2022 年	2023 年
1	供应链过程信息化覆盖率/%	20.00	20.00	60.00	100.00	100.00
2	包装材料省内采购占比/%	2.13	30.27	80.01	82.24	90.85
3	“两圈一带”供应商数量/家	22	36	70	79	79

续表

序号	指标	2019年	2020年	2021年	2022年	2023年
4	“两圈一带”采购占比/%	18.47	40.95	67.32	74.22	80.31
5	原辅料质量验收合格率/%	97.73	97.30	97.08	97.55	97.79
6	包装材料质量验收合格率/%	95.53	96.20	96.35	97.89	98.54
7	原辅料供货及时率/%	99.89	99.93	99.96	99.97	99.97
8	包装材料供货及时率/%	97.42	98.18	99.37	99.55	99.85

3. 社会效益

习酒集团助力脱贫攻坚和乡村振兴工程，开展各类形式的对口帮扶工作；以习酒集团为核心，打造习水集团酱酒产区，带动地方白酒企业共同发展。2019年至2023年11月，习酒集团累计纳税242.87亿元；建立包装材料园区，引入优质供应商在省内建厂并投产，解决当地8000余人就业，有效缓解当地就业压力。推行原辅料基地订单种植，为近9万名农民提供就业机会，累计实现农民增收17.34亿元，带动原辅料本地种植业的发展。

8.3　乌江渡发电厂全流程数智化设备运行管理创新

贵州乌江水电开发有限责任公司旗下的乌江渡发电厂，始建于20世纪80年代初，位于贵州独特的喀斯特地貌区域。该厂不仅是我国乌江梯级电站开发序列中的首个大中型电站，更以其165米的高坝成为当时国内的一大工程奇迹。在贵州省电网架构中，乌江渡发电厂扮演着至关重要的角色，肩负着调峰、调频以及向广东输电的重要使命。进入21世纪，随着我国“西部大开发”和“西电东送”战略的深入实施，乌江渡发电厂敏锐地抓住了这一历史性的发展机遇。通过扩机增容工程项目的顺利推进，该厂的总装机容量由原有的63万千瓦成功增容至128万千瓦，实现了跨越式的发展。40余年的稳定运营，为贵州地区的经济建设和社会发展做出了不可磨灭的贡献。乌江渡发电厂始终坚守“安全第一，质量第一”的原则，秉承“人民电业为人民”的宗旨和使命，坚持以人民为中心的发展思想。该厂的一切工作均围绕着服务于经济社会的持续健康发展，满足人民群众日益增长的美好生活需求而展开，努力创造更大的经济、社会和人文价值，为实现中华民族伟大复兴的中国梦贡献自己的力量。同时，乌江渡发电厂积极寻求自我突破，努力成为全球能源行业的领军企业。该厂不仅追求主业突出、技术领先、管理先进和绩效优秀，还注重全球资源的优化配置，以引领全球能源行业的发展为己任，力求在国际舞台上发出更响亮的声音，展现更大的影响力。乌江渡发电厂始终坚持创新、协调、绿色、开放、共享的新发展理念，积极倡导绿色低碳的生产和生活方式。该厂致力于建设本质安全型和环境友好型企业，促进人与自然的和谐共生，为实现可持续发展和构建人类命运共同体贡献智慧和力量。

8.3.1 全流程数智化设备运行管理转型的背景

1. *顺应现阶段市场经济发展的现实需要*

鉴于我国电力企业长期以来的垄断经营模式，该模式下电力企业间的竞争并不激烈，导致传统管理模式忽视了信息管理的集中性和部门间的协同性，而仅关注电力安全生产。然而，这种管理模式已无法适应我国市场经济的快速发展，严重影响了电力企业的管理效率，进而拖累了整体生产效率。因此，为了在我国市场经济环境中求得发展，电力企业必须对其管理方式进行深刻的改革。具体而言，电力企业需要将成本意识、优质服务及竞争优势融入其管理制度改革中，通过创新管理模式，为企业的长远发展奠定坚实的制度基础。

2. *破解发电企业管理难题的重大举措*

发电企业管理中的统计分析与统计管理非常重要，它们是发电企业管理的方法和手段，最终的目的就是提出改进发电企业管理的建议，因此为了提高水力发电企业管理水平，必须加强其统计分析与统计管理。随着电力企业管理的不断进步和精细化，利用信息手段来提高管理效率及效果，提高管理的智慧化和智能化，是时代发展的需要，也是企业管理的必经之路，特别是随着设备系统自动化程度的提高和巡检人员的年轻化，对巡检人员在技术水平、过往经验、专注程度等方面的考验不断提升，电力系统网厂分家后，对人为失误容错率降低，同行的事故案例分享率降低，安全管理经验借鉴率降低，导致巡检工作真正达到防微杜渐的效果难度加大。另外，由于设备相关数据，如基础数据、运行数据、技改数据、试验数据、检修数据、缺陷数据、维护数据、状态数据、操作数据、作业数据等，相关数据的采集工作量大，同时数据管理分散，“信息孤岛”现象比较严重，无法进行大数据的分析和状态诊断，更难制定有效的巡检策略，必须借助现代化的信息技术手段，搭建智慧化的管理平台，实现巡检工作的计划、过程、策略、数据、预警、经验、案例、分析等各个方面的充分数据共享、模型迭代、科学决策，同时借助智能化的终端设备，减少人工数据采集工作量，提高效率和效果，达到见微知著、防患未然、将事故隐患消灭在萌芽状态，逐渐提高状态巡检、智能巡检、智慧巡检的技术含量，保证设备安全、稳定、可靠、优质运行。

3. 创建世界一流水电厂的必然要求

乌江渡发电厂通过对世界一流企业管理模式长期观察与积累，聚焦主业，不断地提高精益管理和现场管理能力，为实现上述目标，需要通过改变传统的巡检方式，提升现场巡检管理，充分利用其巡检数据做好统计分析，建立了发电企业设备运行数据及运行状态统计分析管理，实现巡检工作方式的从粗放型管理到精细化管理，从经验型巡检到智慧型巡检，从制度要求驱动向数据智能驱动的转变，并通过物联网技术将智能终端设备、数字通信技术、专家智库、大数据分析有机地结合起来，保证巡检工作的效率与效果，提高机组设备及系统的安全性、经济性和稳定性，助力创建世界一流水电厂目标的实现。

8.3.2　全流程数智化设备运行管理创新要点

乌江渡发电厂在现有运行数据及运行状态分析，依托巡检智库、缺陷管理、统计分析等手段及现场跟踪，开展设备全生命周期全运行流程数据分析，通过对过往数据的比对分析，更易查找出影响设备运行的关键影响因素，构建标准化缺陷台账，通过台账匹配对应的解决办法，形成更科学、可实施的解决方案。

1. 搭建巡检智库，提升巡检工作质量及效率

发电企业数据的采集工作量大，数据种类多且分散，如设备基础数据、运行数据、技改数据、试验数据、检修数据、缺陷数据、维护数据、状态数据、操作数据、作业数据等。只有通过巡检智库的建立，才能有效解决“信息孤岛”的问题，为大数据分析打下基础，并且原设备巡检方式仅为巡检人员采用纸质记录簿记

录巡检,需要巡检的设备系统繁多,设备分散,巡检路线复杂,容易造成有意或者无意漏检和留死角,生产管理人员及职能部门缺乏有效手段规范巡检,监督管理不到位,只巡不检现象严重。例如,需要现场生产巡视数据统计分析,将现场记录簿收回后进行人工录入Excel表格中,共享不便,统计汇总耗时耗力,管理层无法及时获知设备运转情况,设备管理现状混乱,给生产管理造成了很大的困扰。

规范建立巡检智库并进行分类,其中包含巡检内容、巡检周期、巡检方法、巡检工器具、巡检记录、巡检路线等内容的标准化、数字化的数据库,并与设备运行方式、设备健康状态、维护操作、缺陷记录、检修技改等信息进行关联,综合制定巡检策略,并制定了优化的网络图,明确了时间节点和责任人,按照三级精细化深度检验管控体系开展实施现场巡检工作,对检查发现的每一项缺陷、隐患,做专门的统计分析,提出相应的消缺处理措施或建议,提交技术方案给现场交底确认,配合进行场内的巡检工作,为"修"做好准备。"工单流转"的协同合作机制可以明确分工和责任,组织清楚、具体地明确每个责任体应承担的任务,任务完成后应交付的成果。

2. 构建标准化缺陷管理体系,提升设备安全性

在设备管理中,设备缺陷管理占据举足轻重的地位。设备缺陷依据其影响程度被细分为1类至4类,每类缺陷均设定了明确的标准和修复时限。有效的设备缺陷管理对保障发电设备安全、稳定运行具有至关重要的作用,同时也是提升经济效益的重要途径。鉴于设备缺陷具有不可预测性和突发性,要求消除缺陷的工作人员持续查阅缺陷记录既不科学也不切实际。原有的缺陷记录分析方式主要依赖于人工现场检查,并通过文字记录来标识运行或备用设备中可能影响设备安全、环保、稳定及经济运行的状况和异常现象。在这一过程中,需要详细记录从缺陷发现到消除的闭环工作信息,包括发现人、时间、内容、等级、处理人及时间等。尽管大部分信息都是客观的,但缺陷内容和等级的判定却有较强的主观性,因此较易出错。

目前,缺陷文本的质量缺乏统一标准,内容的详细程度完全取决于记录者的经验和习惯,这导致文本质量问题频发,如描述不准确、重点不突出、表述模糊

等。这些问题不仅阻碍了缺陷发现者提升认知和经验积累，也影响了消缺人员对缺陷的理解，甚至可能导致消缺资源配置不当，降低处理效率，对消缺工作产生负面影响。

因此，乌江渡发电厂迫切需要智能化的工具来提供有效的帮助和指导，以确保电力设备缺陷文本的质量，并进行准确的评级。结合乌江渡发电厂实际情况应用数字化巡视管理系统和计算机端软件，通过手持终端、手机、平板等实现了拍照、视频传输等功能，同时实现视频、音频的直观展示，便于对设备缺陷的判断，通过对巡检记录的标准化管理，自动生成缺陷单或者可以人为判断并提交相关人员确认审批后自动生成缺陷单。现阶段创建了一个新的管理模式"人机合一"，使消除设备缺陷的过程更为便捷，从缺陷最初的发现、处理到后来的分析与统计整个过程均采用电脑操作，确保了第一时间对设备缺陷进行处理，也保证其完整性，并且对监督设备缺陷管理处理情况也有所提升，推动企业查询与考核的管理发展，有效激励着企业员工对于处理缺陷的工作积极性。设备缺陷管理系统将计算机网络和数据库存在的优势最大化地发挥，提升了发电机组的安全性、稳定性，降低消耗及带动其经济运行能力。管理层也实现了通过手机App，实时查看当前设备健康状态，对设备管理中存在的问题提出相应决策建议后，及时提出针对性建议，使用对比分析法，对阶段结果进行分析，提高指标完成率。

3. 创建数据统计分析模块，提升设备管理水平

随着信息技术的日新月异，传统的统计手段已难以适应现代电力企业的成长需求，故必须积极推动统计工作方法的革新。当前，在信息化与大数据时代背景下，电力企业应深入融合信息技术于电力统计工作中，充分运用数据远程传输与监控技术，以及信息处理技术，以构建电力企业的大数据体系。同时，电力企业应更加注重对统计数据的深度分析与判断，为集团的管理与决策提供及时、建设性强的生产数据分析报告及理论依据。

乌江渡发电厂采用MYSQL数据库技术存储，基于B/S网络结构对成熟稳定的产品进行了组态，巡视管理系统的数据库已构成管理系统，MYSQL数据库的记录、存储，长时间记录电厂的运行数据，与正常的标准去做对比，累计标准数据库与基础数据的标准做对比，这种数据得来的科学性与真实性能够很好地协助

决策人员进行决定，通过基础数据统计分析管理，对各种巡检数据，包括记录、周期、项目、内容、报告、结果、时间、路线、设备、人员、缺陷、系统、位置等信息，采用不同的方式方法进行统计、分析数据结果，生成相关统计列表、统计图表等，也可通过多种查询方式查询相关统计数据进行分析比对，计划目标和过往数据指标分析，寻找差异，更重要的是通过这些数字，在定性分析的前提下对研究对象进行认识，寻找相互关联因素，分析完成失误原因所在，并提出相应的解决对策，发现问题是统计分析的前提，提出解决问题的对策，以此提高发电企业管理水平。

8.3.3 数智化设备运行系统创新成果

1. 构建出专业完善的设备管理体系

作为采集数据的一种工具，射频识别（radio frequency identification，RFID）技术最大的优点在于非接触式识别，它能在极其恶劣的环境下工作，并且有着极强的穿透力，能够快速识别且同时读取多个标签。给发电机、变压器、辅助设备等分别安装高安全低频电子标识器、扎带式超高频标签、粘贴式超高频标签。通过使用掌上手持终端实现对RFID标签数据的采集、存储，最终形成一整套发电厂生产数据图，实现每个终端设备（电脑、手机、平板）内均可以查看完整相关设备信息，并通过数据完成运行分析、设备状态预警、状态趋势、检修评价等内容。

2. 充分利用信息化技术做好指标管控

电力工业作为国民经济的重要支柱与公用事业的关键组成部分，其安全稳定运行对国家经济持续增长与民众福祉具有至关重要的意义。安全生产不仅是电力行业稳健发展的基石，更是其积极履行社会责任、提升经济效益的关键所在。随着现代计算机信息技术的广泛应用与不断深化，电力行业已实现了生产统计数据的在线监控与精准控制。这种技术的应用不仅大幅提升了数据统计的时效性与准确性，还使企业能够在问题出现时迅速调整生产运营模式。此外，通过严格考核日常降耗创效指标，计算机信息技术在电力企业的过程控制及经营管理中扮演着日益重要的角色，为企业的精细化管理提供了有力支持。特别是实时系统和高性能关系型数据库的引入，为电力行业提供了高效、精准的指标数据统计与分析能力。这些先进技术的运用，不仅提升了企业运营效率，还为行业决策提供了更为全面、深入的数据支持，有力地推动了电力工业的持续发展。按照每三年因巡检效果及效率提升，及时发现并消除事故隐患，每三年减少一次事故停机计算，一次停机3天，每台机组发电容量为250MW，平均负荷为80%，电价以每度电0.26元计算，间接经济效益为：0.26元×250000×24×3×80%=374.4万元；平均投资回报周期为：81÷(374.4×0.8)×3=0.8年，投资回报周期大约为0.8年。这里不包括节省人员工作量及事故处理所需设备费、人工费、材料费、设施费等效益。

3. 全力以赴保安全、保民生、保重点

电力安全对国民经济持续健康发展及人民生命财产安全具有至关重要的影响。改革开放以来，我国电力工业在取得显著成绩的同时，也面临新的形势与挑战。随着电力市场化改革的持续推进，社会对电力供应可靠性的期望日益提升，新能源和可再生能源的迅猛发展为电网的安全稳定运行带来了新的考验。我们必须高度重视并采取有效措施，确保电力系统的安全稳定运行，以满足经济社会发展的需求。通过生产数据分析的应用，大大提升了乌江渡发电厂设备数据分析的效率和效果，可以有效提高设备运行可靠性，将事故隐患消灭在萌芽状态，减少事故发生率、保证机组设备稳定运行，提高发电可靠性，对稳定社会供电、保证民生用电、提高碳中和指标都具有积极的社会效益。

8.4 贵州盘江煤电集中采购供应链数字化创新

贵州盘江煤电集团有限责任公司供应链分公司（简称盘江供应链）于2019年1月在贵阳市观山湖区注册成立，经营资金为6000万元，现有职工25人，其中从事供应链数字化技术研究与管理人员7名，经营状况良好。盘江供应链一直致力于构建煤电物资供应链管理关键技术研究，通过整合贵州盘江煤电集团有限责任公司内部采购资源扩大集中采购规模，增强议价能力，实现降本增效。“十四五”期间，盘江供应链正在按照“大思路、大格局、大采面”要求，围绕“聚煤电、强主业”总体部署安排，牢牢把握好《国务院关于支持贵州在新时代西部大开发上闯新路的意见》关于煤炭行业发展的重大机遇，努力打造贵州盘江煤电集团有限责任公司煤电物资集中采购平台，为该集团乃至西南地区煤电物资采购提供支撑。

贵州盘江煤电集团技术研究院有限公司，作为贵州盘江煤电集团有限责任公司的全资子公司，承担着统筹、协调、服务的职能，是一家专注于专业技术管理服务的机构。该公司目前有开发工程师6名(其中2名工程师拥有"软件设计师"职业资格证书)、测试工程师1名，产品经理2名(其中PMP项目管理师1名和项目管理师1名)、UI设计师1名，此外公司拥有开发系统的人员配备和能力保障。

当前，针对煤电集中采购供应链数字化创新项目，已配置了专业开发服务器4台，数据库1套、分布式文件系统1套、内存数据库1套，消息中间件1套、私有的jar包管理平台一套、项目管理平台1套、代码版本控制系统gogs1套，以满足项目的研究、设计、开发和测试的各项需要。

8.4.1 煤电集中采购供应链数字化创新的背景

1. 采购体系数字化创新的背景

盘江供应链通过建设基于微服务架构的集中采购服务平台(覆盖集采与非集采)，以实现覆盖全集团的采购信息数据共享，整合集团采购需求信息，实现集中化、规模化的采购，以降低采购成本；并通过数字化的互联网信息系统，实现线上采购，缩短采购时间，节约采购成本，减少人力资源的投入；通过建设数字信息化的集中采购服务平台，研究如何实现将全集团整个采购过程规范化、透明化地监督管理起来，包括采购需求发布、供应商投标应标管理、评标过程记录、确认成交商、供应商缴费管理等，全流程实现电子化管理，并能够达到随时回溯历史，永久记录下整个采购管理的实施过程，在纠纷出现时提供强有力的证据链；通过集中采购服务平台历史采购数据的沉淀，研究如何对采购数据进行分析，指导科学采购、高效采购，同时研究如何实现采购风险预警，库存告急时快速响应，为采购决策提供数据支撑，实现采购风险防范。

2. 建设集中采购服务平台的必要性

首先，国家政策导向。2022年国务院《政府工作报告》中明确提出："要促进国企聚焦主责主业、提升产业链供应链支撑和带动能力”,这对国有企业的管理效能提出了更高要求。国务院国资委召开对标世界一流采购交易管理体系推进的相关会议,为贵州盘江煤电集团有限责任公司集中采购业务支撑企业大发展指明了方向。

其次,供应链分公司采购管理亟待改善。各成员企业均采用传统且分散的采购方式,没有将采购需求整合,零散的采购方式耗时费力,采购时间长,采购实施成本高,采购效率低下。且零散的采购数量,没有对供应商形成规模效应的议价能力,无法很好地降低采购成本。因此,能够统一供应商准入标准,对供应商进行统一管理,能够实现供应商优中选优,提升采购产品质量。

为此,电子化集中采购是企业降低成本费用、提升产品质量、深化风险防范机制的重要抓手,是支撑带动产业链供应链发展、增强自主可控能力的重要环节。因此,集中采购平台的研究与建设开发,是当前贵州盘江煤电集团有限责任公司快速、高效发展必不可少的推进器。

8.4.2　数字化集中采购供应体系建设的具体做法

一是依托主流技术架构、稳定的系统平台和先进的软件部署架构,展现出平台的高可用性和稳定性,同时在设计时充分考虑平台的扩展性和兼容性,具备高度弹性及扩展性,以及高标准的安全性、稳定性和可靠性。这些特点确保了贵州盘江煤电集团有限责任公司各采购单元能够在系统中,高效、便捷地持续地开展业务,并为未来的业务拓展提供坚实的基础。

二是建立采购门户、供应商管理、专家管理、代理机构管理等在线统一管理维护体系。

三是贵州盘江煤电集团有限责任公司总部、供应链分公司及下属企业的工程、货物和服务采购的主要采购方式包括公开招标、邀请招标、竞争性谈判、询比采购、单一来源采购、单一来源采购(续标)、竞价采购等多种形式。同时,支持全流程线上及线上与线下相组合的方式进行项目开展。

四是与贵州盘江煤电集团有限责任公司现有系统及外部系统进行对接,使采购过程的数据在各平台之间互联互通,使集团公司各管理部门能够及时了解各二级公司的采购执行情况，及时处理采购相关业务，提高集团整体采购业务的协同效率。

五是运用多组织、多用户分层管理体系。将集团公司各二级公司、下属企业等与采购相关的主体纳入平台统一管理，支持各二级公司、下属企业适度个性化功能配置。根据分层授权管理体系，使各层级组织和用户均能在平台上开展业务，实现采购管理、采购执行和采购数据的统一管控。

六是完成贵州盘江煤电集团有限责任公司采购全流程无纸化、网络化，实现人性化和简单易用的电子采购，促进集团采购业务的流程规范化、科学化和自动化。

七是完成集团信息资源的统一共享，实现数据分析统计，对采购数据从各种维度进行查询统计，并可按集团、各二级公司进行可视化多维度的统计分析。

同时，为满足集中采购信息化的需求，贵州盘江煤电集团有限责任公司集中采购服务平台需包含外网门户、内网工作台、信息资源库、两个移动端应用及八大子系统。该平台将配套CA认证、三星认证、电子签章及电子签名等安全措施，确保系统的合法性、合规性及权威性。同时，该集中采购服务平台还需要实现与盘江云平台、供应链系统等其他系统互联互通。具体管理及实施内容如下。

1. 外网门户

为用户提供注册与登录的入口。提供公告公示、平台通知、参考的法律法规中心、咨询中心、帮助中心、相关文件下载、平台内容发布管理、栏目管理、栏目内容管理、公告内容管理、模板管理等基础功能。此外，该平台还充当采购需求的公开发布平台，便于所有供应商查询。作为外网门户，它是整个平台门面，及企业形象的重要窗口，应精心打造，确保全面而完善。

2. 内网工作台

采购相关各方提供日常采购活动的辅助工具，包括待办工作提醒，以免错过重要的工作事项；月度开标预览表，便于统一查询开标项目并合理规划时间；项目进度一览表，以便实时跟进和监控各项目的进展情况，从而促进有效沟通；通知公告和信息提醒功能，确保重要节点和待办事项不会被遗忘；常用文件下载服务，以提升工作效率；组件设置功能，助力采购工作的迅速执行。

3. 信息资源库

共享集团工业互联网智慧云平台的数据中台，负责提供集采服务平台域内信息资源库管理服务。该服务涵盖招标人信息库（专为招投标管理子系统设计）、投标人信息库（同样服务于招投标管理子系统）、采购人信息库（为贵州盘江煤电集团有限责任公司集中采购服务平台所用）、供应商信息库（服务于贵州盘江煤电集团有限责任公司集中采购服务平台）、专家信息库、采购目录信息库（即物资编码库）、代理机构信息库、价格信息库、专用表单信息库、评标条款信息库及归档资料信息库等。

4. 七大子系统

七大子系统具体包括：①网络交易平台子系统为供应商提供网上报名、购买标书、投标、报价等功能，同时支持经办人进行开标、澄清流程，以及专家进行评标工作，并最终确认中标商。②计划管理子系统负责采购需求与计划的业务管理，包括计划委托的填报、审批、汇总与拆分、方案填报、计划方案的分配与执行等环节。③采购寻源子系统全面覆盖招标采购与非招标采购流程。招标管理子系统则涵盖项目公告发布、邀请函管理、文件管理、购买标书管理、澄清流程管理、投标管理、现场勘查管理、开标管理、评标管理、定标管理、异议管理及归档管理。④非招标管理子系统管理包括提供询价采购、竞价采购、竞争性谈判、竞争性磋商、单一来源采购、协议订单等多种采购模式。⑤系统及运营管理子系统为系统管理员，即运营管理员提供用户管理（包括经办人管理、专家管理、供应商管理）、组织管理、角色管理、权限管理、菜单管理、审批管理、会员管理、模板管理等服务。监督管理子系统则提供过程监督、重点监督、归档管理、数据报表查询，以及其他监督管理等功能。⑥费用管理子系统负责平台服务费、标书费、会员费、会议费、保证金、差旅费、代理服务费、预算、专家费、发票及报销等管理。⑦外部接口子系统负责集采服务平台与其他外部系统/平台的规范化接口管理，主要包括中国招标投标公共服务平台、门户网站、CA服务接口、短信接口等，确保系统的开放性和完整性。

5. 技术指标

技术指标具体包括以下几个方面。首先，开发了在线软件产品集中采购服务平台的招标人端1项、集中采购服务平台供应商端1项，以及与云端协同工作的桌面软件产品集中采购服务平台招标文件制作客户端1项。其次，针对集团实际采购业务场景，制定了煤炭、电力、焦化等行业企业采购流程的技术标准规范。该规范适用于公开招标、邀请招标、竞争性谈判、竞价、询比价等多种招标方式。最后，实现了与集团工业互联网平台接口的顺利对接，同时与人力资源系统和财务系统成功对接，实现了组织数据、人员数据的同步，以及财务对账、发票开具的自动化流程。

8.4.3 煤电集中采购供应链数字化创新要点

1. 实现集团基础平台与业务领域（集中采购服务平台）协同运作的技术架构

产品架构设计秉承理论指导、全局规划、分层设计、分阶段实施的原则，依托"工业互联网智慧云平台"搭建集团集中采购服务平台。以"工业互联网智慧云平台"为基础，形成其他各平台及系统的基础设施，作为其他平台及系统的坚强后盾，其他平台及系统根据实际需要共享并集成"工业互联网智慧云平台"的能力。

2. 基于中台架构的服务能力共享与赋能技术

从顶层设计起，需综合考量产品、解决方案、技术及服务等多方面能力的协同，以达成"集中采购服务平台"上各项能力的共享。通过服务能力的赋能，促进其他业务系统的协同运作，并提供相应的支持服务。例如，通过API接口，实现对专家库、供应商库、物资编码库等统一服务能力的共享。具体表现在如下几个方面。首先，其他业务应用在构建过程中能够直接利用集中采购服务平台的成熟基础模块和共性服务，从而增强资源的整合与利用效率，提升上层应用的构建的效率，并降低构建成本。其次，集中采购服务平台的基础模块和共性服务等在技术层面若需更新，可实现统一更新。最后，与集中采购服务平台对接的应用也可同步进行更新，从而提升更新换代的效率。

8.4.4 煤电集中采购供应链数字化创新成果及效益

在微服务架构模式的基础上，构建集团集中采购服务平台，并建立包括专家、供应商、物资等在内的主要数据体系。此举措旨在实现采购信息的共享，提高采购效益，确保所有数据和记录的可追溯性。通过这种方式，评标专家、供应商和价格信息等资源得以在集团内部共享。通过线上采购，实现了集中规模效应，降低采购成本。采购需求的汇总和公开招标程序共同确定供应商的入围，促进需求方与供应方的互利共赢，进一步削减了采购成本。此外，采购过程的监督确保采购管理的规范化。集团所需物资的采购均在线上进行，保证采购过程的透明度。通过授权管理、查询、统计和分析等功能，实现了对采购活动的实时监督。同时，通过线上集中采购服务平台积累的数据分析，实现采购风险的预警，为科学的采购决策提供数据支撑。

1. 经济效益

集团集中采购服务平台上线后，相较于未采用集中线上采购模式之前，已成功节约了超过数千万元的采购成本，采购费用降幅约为2%。此举不仅缩短了采购周期，降低了采购成本，还减少了人力资源的消耗。集团通过集中统一的大规模采购，实现了规模经济效应，进一步降低了采购成本，节约了采购资金。由于大批量的集中采购吸引了厂商直接参与投标，减少了商品的流通环节，从而能够享受到批发与零售之间的价格优惠及更优质的售后服务。随着市场竞争机制的深入和集团整体采购行为的规范化，将逐步实现对集团资金的合理配置，提升资金使用效率，并改进采购物资、服务及工程的质量。

2. 社会效益

自集团集中采购服务平台上线后，采购流程已实现合规化、透明化、阳光化和流程化。此举显著降低了采购人员的职业风险。同时，通过建立供应商信用评价体系，并结合线上审核、线下实地考察及经营数据分析等多种手段，确保了入驻平台供应商的质量。实现了集团采购流程的全流程监督，采购的透明度得到显著提升。通过公开、公平、公正的采购方式，集团的交易活动置于全方位监督之下，在公开透明的环境中，有效地规范和约束了购买行为，提升了采购质量，并发挥了抑制腐败,推动廉政建设的积极作用。规范的采购要求充分的竞争,有利于建立集团采购的公开、公平、公正市场机制确保集团采购要遵循公开、公平、公正的原则和竞争性原则,促使企业逐步适应市场经济的运行,遵循效率原则,实现市场的高效运作。

8.5 贵州企业数智化核心创新与变革实践总结

本章对贵州地区数智化调研的四个典型案例进行了详尽的记载和深入的剖析,旨在揭示数智时代企业创新与变革的重要性。这四个案例各具特色,充分展示了贵州地区在数智化进程中的多元探索与实践,为新时代背景下企业的创新与变革提供了宝贵的参考和借鉴。通过对这些案例的分析,我们可以更加深入地理解数智时代企业发展的新趋势和新要求,为企业的可持续发展提供有力支持。

经过对这些典型案例的详尽分析,我们发现数智时代的企业创新与变革不仅局限于技术升级和产品创新,而是深入到企业组织结构、管理模式和文化理念等多个层面,带来深远的影响和变革。因此,企业需要具备前瞻性的战略眼光,对市场变化保持高度敏感,并及时调整战略方向和管理模式,以适应瞬息万变的市场环境。只有这样,企业才能在激烈的市场竞争中立于不败之地。

本章在深入剖析典型案例的基础上,提出了相应的管理模式和策略。这些模式和策略既是对贵州地区企业实践经验的总结,也是对数智时代企业创新与变革规律的探索。它们强调了创新文化的重要性,倡导并建立了开放、包容、协作的创新氛围;同时,注重优化组织结构和流程再造,以提高企业的运营效率和市场响应速度。此外,还强调人才在创新变革中的核心作用,提倡通过引进和培养高素质人才来推动企业的持续发展。随着数智时代的到来,企业面临的市场竞争日益激烈,商业环境瞬息万变。唯有坚持创新和变革,企业才能稳固立足并取得持续成功。本研究提出的管理模式和策略旨在指导企业在这样的商业环境中保持竞争优势,实现可持续发展。

值得一提的是,贵州地区在数智化进程中的探索与实践不仅具有地域特色,还具有普遍的借鉴意义。对这些典型案例的研究，不仅能为贵州地区的企业提供有针对性的指导，也能为其他地区乃至全国的企业提供有益的参考和启示。

此外，本章的案例研究还强调了企业在创新与变革过程中需要关注的重要问题，如加强对新技术、新应用的研究与应用，推动产品和服务的升级换代；注重企业内部管理模式的创新，以适应数智化时代对企业运营的新要求；关注人才培养和团队建设，打造高效协作的团队来推动企业的创新与发展。

总之，本章通过对贵州地区数智化调研典型案例的深入剖析和研究，提出了适应数智时代的企业创新与变革的管理模式和策略。这些研究成果不仅为贵州地区的企业提供了有力的指导，也为全国的企业提供了宝贵的参考和借鉴。在未来，随着数智化进程的深入推进，这些研究成果将发挥更加重要的作用，推动企业在新时代背景下，实现更加稳健和可持续的发展。

第9章 研究结论与建议

本研究以贵州企业数智化发展为核心议题，经过长期深入的调研，综合运用理论研究、大规模数据检索、大样本调查数据统计分析等多种科学方法，对数字化、智能化和企业竞争力等核心议题进行了深入探讨。研究旨在揭示贵州企业数智化发展的有效路径，并深入挖掘数智化技术在企业运营、管理、创新等各个实际环节中的应用价值。

第一，通过深入的理论分析，对企业数智核心竞争力的概念进行了明确的界定，这有助于企业在数字化浪潮中更准确地把握自身核心竞争优势，科学规划并持续发展，从而确保市场竞争力和长期成功。同时，本研究充分利用行业经济数据、实证分析及样本调研等手段，对贵州省企业数智化发展的现状和特点进行了系统梳理，深入探讨了其数智核心竞争力的构成体系，为贵州省企业进一步提升数智核心竞争力提供了坚实的理论基础。这一研究成果为企业在复杂多变的数字环境中明确方向、规避风险、实现可持续发展提供了重要的理论指引和实践支撑。

第二，本研究对贵州省21个行业的制造型企业进行了全面的样本调研，共回收并分析了262份有效问卷。通过这一调研，系统梳理了贵州省企业数智化发展的特征与现状，为进一步提升当地企业的数智核心竞争力提供了坚实的理论基础。

第三，为了深入了解贵州省服务型企业对数智化转型的迫切需求，本研究还进行了实地调研，并成功收集了166份有效问卷。同时，对参与问卷调查的7名企业主、7名管理者和7名基层员工进行了深入的跟踪访谈。经过细致的分析和提炼，本研究总结出服务型企业数智化发展的核心要素，为服务型企业的数智化转型提供了重要参考。

第四，通过对宏观经济和行业数据的深入剖析，本研究明确了在数字化与智能化高速发展的时代背景下，构建数智化生态系统对于增强贵州地区企业的数智化竞争力至关重要。为此，本研究为贵州省企业提出了有针对性的关键策略实施建议，旨在帮助企业把握数智化转型的机遇，从而在激烈的市场竞争中脱颖而出。在此基础上，本研究从融合发展的角度出发，深入探索了基于供应链协同、平台共建、知识共享、商誉共用及价值共创的贵州省企业数智核心竞争力提升路径。这一研究为贵州省企业实现数智化转型与升级提供了有力的指导与参考。

第五，本研究对贵州地区数智化调研中的四个典型案例进行了系统记录和深度剖析。这些案例各具鲜明特色，全面展现了贵州地区在数智化发展过程中的多元尝试与实践成果，为新时代背景下企业的创新与变革提供了极具价值的参考范例。

9.1　研究结论

1. 企业数智化转型的必然性

调研结果显示，数智化转型已成为贵州省企业发展的必然趋势。无论是为了提升生产效率、降低成本，还是为了响应市场需求、增强竞争力，数智化转型都是企业不可或缺的战略选择。

随着科技的快速发展，特别是人工智能、大数据、云计算等技术的广泛应用，数智化转型已成为企业发展的必经之路。在贵州这样一个充满活力和潜力的地区，企业对数智化转型的需求和意识也日益增强。数智化转型不仅可以帮助企业实现生产效率和成本的优化，更能够助力企业深入挖掘市场需求，实现精准营销和个性化服务。通过数据分析和预测，企业可以更加准确地把握市场趋势，及时调整产品策略和销售策略，从而更好地满足客户需求，提升品牌竞争力。同时，数智化转型还能够推动企业组织架构和管理模式的创新。传统的企业管理模式往往存在着信息不透明、决策效率低下等问题，而数智化转型可以通过数据共享和智能化决策支持，提升企业的管理水平和决策效率。这种变革不仅能够激发员工的创新活力，还能够为企业的可持续发展注入新的动力。

因此，贵州省企业应当积极拥抱数智化转型，加强与合作伙伴的协同合作，共同探索适合自身发展的数智化转型路径。通过不断的技术创新和管理创新，实现企业的转型升级，为贵州省的经济发展和社会进步做出更大的贡献。

2. 企业创新实践的积极作用

在数智化转型过程中，贵州省企业展现出了积极的创新实践。这些实践不仅提升了企业的生产效率和管理水平，更在一定程度上推动了行业的进步与发展。例如，通过引入先进的数字化设备和智能化系统，企业实现了生产过程的自动化和智能化，大大提高了生产效率和产品质量。

同时，这些创新实践也促进了企业资源的优化配置和高效利用。借助数字化技术，企业可以对生产资源进行实时监控和调度，确保资源得到最为合理的分配和使用。这不仅降低了企业的运营成本，还有助于提高企业的市场竞争力。在数智化转型的过程中，贵州省企业还注重创新人才培养和团队建设。他们明白，只有拥有一支具备创新精神和专业技能的团队，才能在激烈的市场竞争中立于不败之地。因此，他们通过引进高素质人才、加强内部培训、建立激励机制等方式，不断提升团队的创新能力和综合素质。此外，贵州省企业在数智化转型过程中还注重与合作伙伴的协同创新和资源共享。他们深知单打独斗难以取得突破性的进展，只有通过合作才能实现共赢。因此，他们积极与上下游企业、高校和科研机构等建立紧密的合作关系，共同开展技术研发和市场推广，推动整个行业的进步与发展。

可以说，贵州省企业在数智化转型过程中的创新实践是积极的、富有成效的。这些实践不仅提升了企业的核心竞争力和市场地位，也为整个行业的进步和发展注入了新的活力和动力。相信在未来的发展中，贵州省企业将继续保持创新精神和实践能力，为推动行业转型升级和高质量发展做出更大的贡献。

3. 企业数智化发展中的问题与挑战

尽管贵州省企业在数智化转型中取得了一定的成就，但也存在不少问题和挑战。例如，部分企业对数智化技术的理解和应用尚不深入，导致转型效果不尽如人意；同时，企业在数据安全和隐私保护方面也面临着严峻的挑战。

为了解决这些问题和挑战，贵州省企业需要采取一系列措施。首先，加强数智化技术的培训和教育，提高企业对数智化技术的理解和应用能力。企业可以通过组织内部培训、邀请专家授课、参加行业会议等方式，不断提升员工的数智化素养，从而更好地应对数字化转型的需求。其次，企业需要加强数据安全和隐私保护。在数字化转型过程中，企业需要处理大量的数据，包括客户信息、交易数据等敏感信息。因此，企业需要建立完善的数据安全保护机制，确保数据不被泄露、滥用或遭受其他安全威胁。同时，企业也需要遵守相关法律法规，确保数据的合法使用和处理。除此之外，贵州省企业还需要加强与外部合作伙伴的合作，共同推动数智化转型的发展。例如，企业可以与科技企业、高校和研究机构等建立合作关系，共同研发和推广数智化技术，提高整个行业的数智化水平。

总之，贵州省企业在数智化转型中面临着不少问题和挑战，但只有通过不断加强技术研发、提高员工素质、加强数据安全和隐私保护及加强合作等方式，才能更好地应对这些挑战，实现数字化转型的目标。

9.2　建议

9.2.1　加强技术研发与应用

企业应加大对数智化技术的研发投入，积极引入和应用先进的数字化设备和智能化系统，以提升生产效率和管理水平。同时，企业还应加强与高校、科研机构的合作，共同推动数智化技术的创新与发展。

在快速变化的市场环境中，加强技术研发与应用已成为企业持续发展的核心动力。企业需要不断投入研发资金，推动数智化技术的深入研究和应用，以提升生产效率、优化管理流程并应对日益激烈的竞争。

首先，数智化技术的研发与应用对于提升企业生产效率至关重要。随着物联网、大数据、人工智能等技术的飞速发展，传统生产模式已经难以满足现代企业的需求。因此，企业应当积极引入智能化设备和系统，如自动化生产线、智能仓储管理系统等，以提高生产流程的自动化程度和精准度，减少人为错误，提升产品质量和生产效率。

其次，数智化技术的应用有助于企业实现管理水平的提升。通过数字化手段，企业可以实时收集和分析生产、销售、财务等各方面的数据，形成全面、准确的管理信息系统。这不仅可以帮助企业及时发现问题、作出科学决策，还可以优化资源配置、提高管理效率，为企业的稳健发展提供有力保障。

同时，企业应当加强与高校、科研机构的合作，共同推动数智化技术的创新与发展。高校和科研机构在基础理论研究和前沿技术探索方面具有独特的优势，而企业则拥有丰富的实践经验和市场需求。通过产学研合作，可以实现资源共享、优势互补，加快数智化技术的研发速度和应用广度，为企业带来更多的创新成果和市场机遇。

此外，企业在数智化技术研发与应用过程中，还需要注重人才培养和团队建设。一方面，要加大对内部员工的培训和教育力度，提升他们的数字化技能和综合素质；另一方面，要积极引进外部人才，吸引更多的专业人才加入数智化技术的研发与应用队伍，为企业的创新发展提供强大的人才支持。

总之，加强技术研发与应用是企业实现转型升级、提升竞争力的关键所在。企业需要不断加大对数智化技术的投入和研发力度，积极引入和应用先进的数字化设备和智能化系统，加强与高校、科研机构的合作，注重人才培养和团队建设，以推动企业的持续发展和创新进步。只有这样，企业才能在激烈的市场竞争中立于不败之地，实现可持续发展。

9.2.2 加强人才培养和引进

企业应加强数智化人才的培养和引进，建立完善的人才培养和激励机制，吸引更多优秀的数智化人才加入企业。同时，企业还应加强对员工的数智化技能培训，提高员工的数字化素养和智能化技能水平，为企业的数智化转型提供有力的人才保障。

为了保持市场竞争力，企业亟须重视数智化人才的培养与引进工作。这不仅关系到企业的短期运营效果，更对其长远发展具有决定性影响。因此，在人才培养方面，企业应建立一套全面的人才培养体系。从招聘环节开始，明确数智化人才的选拔标准与需求，确保吸引具备潜力和热情的优秀人才加入。员工入职后，通过定期的培训和学习活动，使这些人才不断充实自身知识储备，提升技能水平。此外，鼓励员工参与各类行业研讨会和技术交流会，以拓宽其视野，了解行业最新发展动态。

企业除了内部培养，还应积极从外部引进优秀的数智化人才。通过招聘、猎头公司、合作等方式，吸引在数字化和智能化领域已取得一定成就的人才加入。他们的加入不仅能为企业注入新的活力，还能通过分享其经验和知识，推动企业内部人才整体素质的提升。

在激励机制方面，企业应建立完善的薪酬、晋升和奖励体系。通过物质和精神双重激励，激发员工的工作积极性和创造力。同时，关注员工的职业发展路径，为他们提供广阔的职业发展空间和机会，使他们在企业中实现个人价值。

此外，企业还应加强对员工的数智化技能培训。通过定期组织培训课程、建立在线学习平台等方式，帮助员工提升数字化素养和智能化技能水平。这不仅能提高员工的综合素质，还能为企业的数智化转型提供坚实的人才保障。

总之，加强数智化人才的培养和引进已成为企业转型发展的关键一环。企业应站在战略高度，充分认识到人才培养和引进的重要性，并采取切实有效的措施加以落实。只有这样，企业才能在激烈的市场竞争中立于不败之地，实现可持续发展。

9.2.3　推进数智化战略转型

企业应制定明确的数智化转型战略，明确数智化转型的目标、路径和措施，确保数智化转型与企业整体战略相一致。同时，企业还应加强内部沟通和协作，形成数智化转型的合力，确保数智化转型的顺利推进。

在数智化转型的过程中，企业不仅需要制定明确的战略，还需要确保这些战略得以有效执行。因此，建立一支具备数字化技能和知识的团队是至关重要的。这支团队不仅需要了解最新的技术和趋势，还需要熟悉企业的业务流程和战略目标，以确保数智化转型与企业实际需求相结合，实现最大的效益。此外，企业还应关注数据的收集、整理和分析。数据是数智化转型的核心，只有通过深入的数据分析，企业才能更准确地了解市场和客户需求，优化产品和服务，提升竞争力。因此,企业应建立完善的数据收集和分析体系,确保数据的准确性和及时性,为数智化转型提供有力支持。同时,企业还应注重创新,不断探索新的数字化应用场景和商业模式。随着技术的不断进步和市场的不断变化,数字化应用场景和商业模式也在不断演变。企业应保持敏锐的洞察力和创新意识,及时调整战略和业务模式,以适应市场的变化和发展趋势。最后,企业还应关注人才培养和文化建设。数智化转型不仅需要具备数字化技能和知识的人才,还需要一种开放、创新、协作的文化氛围。企业应加大人才培养力度,提升员工的数字化素养和创新能力,同时营造积极向上、充满活力的企业文化,为数智化转型提供有力的保障和支持。

9.2.4 加强数据治理和安全保障

企业应建立完善的数据治理体系,加强数据的采集、存储、处理和应用,确保数据的准确性和可靠性。同时,企业还应加强数据安全保护,建立完善的数据安全防护机制,防范数据泄露和滥用等风险,确保企业的数智化转型安全可控。

在构建数据治理体系的过程中,企业应首先明确数据所有权、使用权、经营权等核心权益关系,并严格遵循法律法规,规范数据的采集、存储、处理和应用流程。此外,企业应建立完备的数据治理组织架构,明确各部门在数据治理过程中的职责和权限,以形成协同高效的数据治理机制。

为了提升数据质量,企业可以引入先进的数据清洗、整合和验证技术,对采集的数据进行预处理,祛除重复、错误、不完整的数据,确保数据的准确性和可靠性。同时,企业应建立数据质量监控体系,定期对数据进行质量评估,及时发现并解决问题,以不断提升数据质量。

在数据安全保护方面,企业应建立完善的数据安全防护机制,包括数据加密、备份、访问控制等措施,以防止数据被非法获取、篡改或泄露。此外,企业还应加强员工的安全意识培训,提高员工对数据安全的重视程度,共同维护企业的数据安全。

随着企业数智化转型的推进,数据已成为企业核心竞争力的重要组成部分。因此,建立完善的数据治理体系、加强数据安全保护,对于推动企业数智化转型、提升企业竞争力具有至关重要的意义。企业应高度重视数据治理工作,不断完善和优化数据治理体系,以有力支持企业的发展。

总之,加强技术研发与应用、加强人才培养和引进、推进数智化转型战略、加强数据治理和安全保护等对策,是企业在数智化转型中需要重点关注的方面。只有全面提升企业的数智化能力和水平,才能更好地适应数字化时代的需求,实现企业的可持续发展。

参考文献

安小风,张旭梅,张慧涛,2009.供应链知识流模型及知识流动影响因素研究[J].科技管理研究(1):191-193.

毕克新,2012.产品创新与工艺创新知识流耦合影响因素研究:基于制造业企业的实证分析[J].科研管理(8):16-24.

蔡莉,王云美,2006.基于过程观的企业价值评估实证研究[J].吉林大学学报(工学版)(2):279-284.

曹庆奎,李琴,于兵,2009.基于未确知测度的高新区技术创新环境评价[J].科技进步与对策(9):124-127.

曾德明,杨磊,何银芳,2009.企业创新网络中知识扩散的耗散结构研究[J].科技管理研究(11):333-336.

陈搏,2015.创新参与者视角的创新环境评价研究[J].科研管理(S1):84-93.

陈畴镛,许敬涵,2020.制造企业数字化转型能力评价体系及应用[J].科技管理研究(11):46-51.

陈前前,2016.小微企业文化、融资决策与其成长性的实证研究[D].济南:山东大学.

陈毓钊,2021.以贵州"算力"支持东部地区数字化转型[N].贵州日报,2021-03-10.

池仁勇,2005.区域中小企业创新网络形成、结构属性与功能提升:浙江省实证考察[J].管理世界(10):102-112.

党兴华,常红锦,2013.网络位置、地理临近性与企业创新绩效——一个交互效应模型[J].科研管理(3):7-13,30.

杜旌,2009.绩效工资:一把双刃剑[J].南开管理评论,12:117-124.

杜旌,王丹妮,2009.匹配对创造性的影响:集体主义的调节作用[J].心理学报,41:980-988.

范海洲,唐德善,2009.熵、耗散结构理论与企业开放式创新[J].江苏商论(4):119-120.

傅晓霞,吴利学,2012.技术差距、创新环境与企业自主研发强度[J].世界经济(7):101-122.

盖文启,2002.论区域经济发展与区域创新环境[J].学术研究(1):60-63.

高建,汪剑飞,魏平,2004.企业技术创新绩效指标:现状、问题和新概念模型[J].科研管理(S1):14-22.

郭元源,池仁勇,段姗,2007.城市创业环境与创业活力分析——以部分城市为例[J].浙江工业大学学报(社科版)(4):452-457.

贺翔,唐果,2014.基于层次分析和灰色关联分析的宁波企业自主创新环境评价[J].科技与管理(5):27-29.

胡查平,汪涛,朱丽娅,2018.制造业服务化绩效的生成逻辑:基于企业能力理论视角[J].科研管理(5):129-137.

胡树华,张俊,杨晓璇,等,2015.基于两阶段测度的中小企业创新效率评价研究[J].经济体制改革(6):107-112.

黄海艳,武蓓,2016. 交互记忆系统、动态能力与创新绩效关系研究[J]科研管理,37(4):68-76.

黄毅,2014.创新环境视角的我国省市技术创新效率分析[J].科技管理研究(7):6-13.

贾亚男,2001.关于区域创新环境的理论初探[J].地域研究与开发(1):5-8.

江永真,侯卫国,2011.区域自主创新环境评价模型构建及实证分析[J].福建行政学院学报(1):100-106.

康凯,苏建旭,张会云,2000.技术创新扩散场——技术创新空间扩散研究的一种新方法[J].河北工业大学学报(2):27-31.

孔凡柱,2014.知识整合能力与运作特性对组织创新绩效的交互效应研究[J].软科学(12):10-14.

赖红波,2019.传统制造产业融合创新与新兴制造转型升级研究:设计、互联网与制造业"三业"融合视角[J].科技管理研究(8):68-74.

李成钢,2015."互联网 +"下的农村电子商务模式分析[J]. 电子商务(32):77- 78.

李凤云,2004. 基于新型企业观的知识流管理[J]. 中国质量(2):681.

李鸿禧,迟国泰,2016. 基于DEA-t检验的以企业为主体的科技创新效率评价[J]. 中国管理科学(11):109-119.

李兰冰,2008. 我国区域科技创新效率评价——以省际数据为样本[J]. 科技管理研究(9):87-90.

李婷,董慧芹,2005. 科技创新环境评价指标体系的探讨[J]. 中国科技论坛(4):30-31,36.

李星宇,马慧,2017. 新兴技术协同创新系统共生模型及稳定性研究[J]. 求索,2017(2):148-153.

李艳飞,2016. 创新联盟互动机制、知识整合能力与创新绩效[J]. 科学管理研究(3):84-87.

梁敬东,霍景东,2017 . 制造业服务化与经济转型:机理与实证[J]. 首都经济贸易大学学报(2):65-72.

林海芬,苏敬勤,2012. 动态能力对管理创新过程效力影响实证研究[J]. 科学学研究,30(12):1900-1909.

林筠,郭敏,2016. 知识流与技术能力:探索和利用性学习的中介作用[J]. 科研管理(6):65-73.

林奇,2013. 企业规模、创新能力与"熊彼特假说"——基于中国工业企业数据的研究[J]. 统计与信息论坛(9):62-67.

林山,蓝海林,黄培论,2004. 组织学习、知识创新与组织创新的互动研究[J]. 科技管理研究,22(5):26 -28.

刘斌,唐慧敏,王玉凤,等,2016. 地理接近性对高校技术创新合作及创新绩效的影响[J]. 研究与发展管理(1):121-131.

刘德胜,张玉明,2010.R&D 支出驱动中小企业绩效有效性研究[J]. 科技与经济(1):92-96.

刘小夕,2016. 创业企业的成长性及企业价值研究[J]. 对外经贸(2):116-117.

刘云,石金涛,2010. 组织创新气氛对员工创新行为的影响过程研究——基于心理授权的中介效应分析[J]. 中国软科学(3):113-124.

吕一博,苏敬勤,2009.基于创新过程的中小企业创新能力评价研究[J]. 管理学报(3):331-337.

毛光烈,2019.智能制造的"六个协同"推进策略[J]. 信息化建设(5):54-55.

孟凡生,赵刚,2018.传统制造向智能制造发展影响因素研究[J]. 科技进步与对策,35(1):66-72.

苗长虹,艾少伟,2009."学习场"结构与空间中的创新[J]. 经济地理(7):1507-1063.

尼科利斯,普里戈京,1986.非平衡系统的自组织[M]. 北京:科学出版社.

潘建林,2017.网络平台用户创业能力、行为及绩效关系研究:网络创业型平台领导特征调节作用[D]. 杭州:浙江工商大学.

庞长伟,李垣,段光,2015.整合能力与企业绩效:商业模式创新的中介作用[J]. 管理科学(5):31-41.

齐亚丽,2018.两化融合背景下我国装备制造业技术创新能力评价研究[D]. 兰州:兰州理工大学.

邵坤,温艳,2017.基于因子分析法的智能制造能力综合评价研究[J]. 物流科技,40(7):116-120.

孙冰,李柏洲,2006.企业技术创新动力系统的耗散结构研究[J]. 生产力研究(9):244-246.

孙早,郭林生,肖利平,2016.企业规模与企业创新倒U型关系再检验——来自中国战略性新兴产业的经验证据[J]. 上海经济研究(9):33-42.

王承云,孙飞翔,2017.长三角城市创新空间的集聚与溢出效应[J]. 地理研究(6):1042-1052.

王崇锋,2015.知识溢出对区域创新效率的调节机制[J]. 中国人口•资源与环境(7):77-83.

王缉慈,1999.知识创新和区域创新环境[J]. 经济地理(2):11-16.

王莉,2014.自主创新环境的内涵、评价体系构建与实证检验[J]. 商业时代(9):80-84.

王宇,郑红亮,2015.经济新常态下企业创新环境的优化和改革[J]. 当代经济科学

(6):99-106,125-126.

魏江,郑小勇,2012.文化嵌入与集群企业创新网络演化的关联机制[J].科研管理(12):10-22.

温忠麟,张雷,侯杰泰,等.中介效应检验程序及其应用[J].心理学报,36(5):614-620.

翁媛媛,高汝熹,2009.科技创新环境的评价指标体系研究:基于上海市创新环境的因子分析[J].中国科技论坛(2):31-35.

吴丹,2016.高科技企业成长性评价研究综述与展望[J].工业技术经济(3):95-102.

吴和成,许婷婷,2013.基于因子分析的江苏省区域创新环境评价与分析[J].科技进步与对策(2):124-129

吴俊杰,戴勇,2013.企业家社会资本、知识整合能力与技术创新绩效关系研究[J].科技进步与对策(11):84-88.

夏保华,2007.技术间断、技术创新陷阱与战略技术创新[J].科学学研究(4):81-86.

谢富纪,徐恒敏,2001.知识、知识流与知识溢出的经济学分析[J].同济大学学报(社会科学版)(2):54-57.

谢洪明,张霞蓉,程聪,等,2012.网络关系强度、企业学习能力对技术创新的影响研究[J].科研管理(2):55-62.

徐礼伯,沈坤荣,2014.知识经济条件下企业边界的决定:内外社会资本匹配的视角[J].中国工业经济(10):85-95.

许庆瑞,刘景江,赵晓庆,2002.技术创新的组合及其与组织、文化的集成[J].科研管理(6):38-44.

薛娜,赵曙东,2007.基于DEA的高技术产业创新效率评价——以江苏省为例[J].南京社会科学(5):135-141.

颜伟宏,2008.以理性行为观点探讨人格特质对知识分享意图之影响[D].台南:“国立”成功大学.

姚梅芳,张兰,葛晶,等,2010.基于中国情境的生存型创业环境要素体系构建[J].预测(5):31-36.

易伟明,2018.基于张量理论的企业智能制造能力评价体系研究[J].工业技术经济,37(1):11-16.

易伟明,董沛武,王晶,2018.基于高阶张量分析的企业智能制造能力评价模型研究[J].工业技术经济,37(1):11-16.

尹碧涛,2006.基于共生理论的合作创新环境研究[D].武汉:华中科技大学.

余伟,陈强,陈华,2017.环境规制、技术创新与经营绩效——基于37个工业行业的实证分析[J].科研管理(2):18-25.

张艾莉,张佳思,2018.以“互联网+”为驱动的制造业创新能力评价[J].统计与信息论坛.2018,33(7):100-106.

张璐,2016.知识流与项目增值的中介效应研究[J].市场研究(2):27-29.

张维和,2014.环境因素对创新团队建设的影响及对策研究[J].天津师范大学学报(社会科学版)(1):67-70.

张晓刚,2006.基于工作流的知识流建模与控制[J].软件学报(2):184-193.

赵立雨,2014.开放式创新对企业创新绩效影响研究:内部R&D与环境波动的调节作用[J].科学学与科学技术管理(6):119-127.

赵立雨,2016.知识流调节作用下知识转移与员工创新行为关系研究[J].科技进步与对策(12):125-129.

赵新华,2013.科技创新环境分析及评价指标体系研究[J].上海市经济管理干部学院学报(7):9-15.

赵炎,孟庆时,2014.创新网络中基于结派行为的企业创新能力评价[J].研管理(7):35-43.

郑建君,金盛华,马国义,2009.组织创新气氛的测量及其在员工创新能力与创新绩效关系中的调节效应[J].心理学报,41:1203-1214.

郑健壮,潘虹,2009.产业集群自主创新环境评价指标体系的构建[J].改革与开放(3):51-53.

郑鑫,2008.基于区域创新环境的企业自生能力发展研究[D].开封:河南大学.

朱庚春,徐策中,侯玲,1997.技术创新理论与技术创新绩效[J].经济纵横(4):19-22.

朱建新，祝佳伟，朱祎宏，2017.基于Entropy-Topsis的中国制造业企业创新环境评价[J].哈尔滨工程大学学报(5):808-814.

朱文涛，孙珠峰，2017.创新系统理论：范式与挑战[J].科技进步与对策(5):1-5.

宗燕，2006.信息素养教育与创新型人才培养[J].高教研究(3):77-78.

2016年政府工作报告全文[EB/OL].(2016-03-05)[2025-01-15].http://finance.sina.com.cn/roll/2016-03-05/doc-ifxqafrm6972781.shtml.

ALAVI M, LEIDNER D E, 2001. Knowledge management and knowledge management system: conceptual foundations and research issues[J]. MIS Quarterly(25):107-132.

ALECUSAN A M, DIMITRESCU A, 2016. Innovation management: the past, present and future of the market[J]. Studies in business and economics, 11(3):140-149.

ALLIANCES T P, 2003. Networks and competitive strategy: Rethinking clusters of innovation[J]. Growth and change(34):1-16.

AMABILE T M, CONTI R, COON H, et al., 1996. Assessing the work environment for creativity[J]. Academy of management journal, 39(5):1154-1184.

AMARAL M, 2015. Management and assessment of innovation environments[J]. Triple helix, 2(1):1-20

ANONYMOUS, 2016. Creating an environment for innovation[J]. Candy industry, 181(8):46-51

AYOUBI C, PEZZONI M, VISENTIN F, 2016. At the origins of learning: Absorbing knowledge flows from within the team[J]. Journal of economic behavior and organization:47-63

BAGINSKI L, PITASSI C, GERALDO J, et al., 2017. Technological capability in the Brazilian naval industry: A metric for offshore support vessels[J]. RAI revista de administração e inovação, 3(2):548-559.

BATTISTA R N, 1988. Innovation and diffusion of health-related technologies: a conceptual framework[J]. International journal of technology assessment in health care, 5(2):227-248.

BATTISTI M, DEAKINS D, ROXAS H, 2010. Explaining the levels of innovation and

R&D in New Zealand's small and medium-sized enterprises: Too many small firms? [J]. Small enterprise research, 17(2): 177-192

BAUER M, LEKER J, 2013. Exploration and exploitation in product and process innovation in the chemical industry[J]. R&D management(3): 196-212.

BEDNAR R, SLÁVIK S, 2015. Innovation space of the business models[J]. Annals of the Alexandru Ioan cuza university economics, 62(1): 63-84.

BEZDROB M, ŠUNJE A, 2014. Management innovation – designing and testing a theoretical model[J]. South east european journal of economics and business, 9(1): 16-29.

BOGNER E, VOELKLEIN T, SCHROEDEL O, et al., 2016, Study based analysis on the current digitalization degree in the manufacturing industry in germany[J]. Procedia CIRP, 57: 14-19.

BONO J R G, AVILA R C, 2016. Innovation cooperative systems and structural change: An evolutionary analysis of anecoop and mondragon cases[J]. Journal of business research, 69(11): 4907-4911.

BROEKEL T, 2015. Do cooperative research and development(r&d) subsidies stimulate regional innovation efficiency? Evidence from Germany[J]. Regional studies, 49(7): 1087-1110.

BUSSE TV, MANSFIELDRS, 1980. Theories of the creativity process: a review and perspective[J]. Journal of Creativity Behaviors(14): 31-103, 132.

CAPPELLI P, SINGH H, SINGH J V, et al., 2010. Eadership lessons from India: How the best Indian companies drive performance by investing in people[J]. Harvard business review, 88(3): 90-97.

CARAYANNIS E G, GRIGOROUDIS E, GOLETSIS Y, 2016. A multilevel and multistage efficiency evaluation of innovation systems: A multiobjective DEA approach[J]. Expert systems with applications(62): 197-207.

CATMULL E, 2008. How pixar fosters collective creativity[J]. Harvard business review (86)9: 64-72.

CENAMOR J, PARIDA V, OGHAZI P, et al., 2017. Addressing dual embeddedness: The roles of absorptive capacity and appropriability mechanisms in subsidiary performance[J]. Industrial marketing management: 147-163.

CHADEE D, ROXAS B, 2013. Institutional environment, innovation capacity and firm performance in Russia [J]. Criticalperspectives on international business, 9 (1): 19-39.

CHANDRA R, IYER R S, RAMAN R, 2015. Enabling organizations to implement smarter, customized social computing platforms by leveraging knowledge flow patterns [J]. Journal of knowledge management, 19(1): 95-107.

CHESBROUGH H, CROWTHER A. K, 2006. Beyond high tech: early adopters of open innovation in other industries[J]. R&D management(36): 229-236.

CHRISTINE M, QUELLA E A, 2017. Diffusion of PA innovation: Risk-taking vs. safe bet[J]. Journal of the American academy of physician assistants, 30(6): 43-45.

CRAIG E, CYNTHIA A A. HALL L, 2013. The pandora's box of social integration mechanisms: Can they make it more difficult to realize absorptive capacity? [J]. Journal of strategy and management, 6(1): 4-26.

CUNHA M P, REGO A, OLIVEIRA P, et al., 2014. Product innovation in resource-poor environments: Three research streams [J]. Journal of product innovation management (2): 202-210.

DENICOLAI S, RAMUSINO E C, SOTTI F, 2015. The impact of intangibles on firm growth[J]. Technology analysis & strategic management(27): 2, 219-236.

VICTOR P, DIMITROVA M N, SHAFFER M A, 2012. Entrepreneurial readiness and firm growth: An integrated etic and emic approach [J]. Journal of international management(18): 147-159.

DORIZZI R M, 2007. The diffusion of innovations theory could help laboratorians in research translation[J]. Clinical chemical laboratory medicine, 45(4): 553-554.

DOROTHY B L, 1992. Core capabilities and core rigidities: A paradox in managing new product development[J]. Strategic management journal(13): 111-125.

DUNCAN R B, 1972. Characteristics of organizational environments and perceived environmental uncertainty[J]. Administrative science quarterly, 17(3):313—327.

DZEMYDAITĖ G, DZEMYDA I, GALINIENĖ B, 2016. The efficiency of regional innovation systems in new member states of the European union: A nonparametric DEA approach[J]. Economics and business, 28(1):83-89.

EISENHARDT K M, MARTIN J A, CAPABILITIES D, 2000. What are they?[J]. Strategic management journal, 21(10/11):1105-1121.

FARIBORZI E, 2015. Increasing creativity in virtual learning space for developing creative cities[J]. International journal of academic research, 7(1):99-100.

FEY C F, BJORKMAN I, PAVLOVSKAYA A, 2000.The effect of human resource practices on firm performance in Russia[J]. The international journal of human resource management, 11(1):1-18.

FLEMING L, 2001. Recombinant uncertainty in technological search[J]. Management science, 47(1):117-132.

FRANCO C, PIERI F, VENTURINI F, 2016. Product market regulation and innovation efficiency[J]. Journal of productivity analysis, 45(3):299-315.

GANESAN S, MALTER A J, 2005. Does distance still matter? Geographic proximity and new product development[J]. Journal of marketing, 69(4):44-60.

GINN M, 1986. Creativity management: Systems and contingencies from a literature review[J]. IEEe transactions on engineering management(33)2:96-101.

GŁODZIŃSKI E, MARCINIAK S L, 2016. Organisational innovations in crisis management of project-based enterprises[J]. Economics and business, 28(1):26-32.

GODARD J, 2004. A critical assessment of the high-performance paradigm[J]. British journal of industrial relations, 42(2):349-78.

GONG Y, CHANG S, 2008.How do high performance work systems(HPWS) affect collective organizational citizenship behavior(OCB)? A collective social exchange perspective[J]. Academy of management proceedings: 1-7.

GORSCHEK T, FRICKER S, PALM K, et al., 2010. A Lightweight innovation process for software-intensive product development[J]. IEEE software(27)1:37-45.

GOVINDARAJAN V, TRIMBLE C, 2010. The other side of innovation: Solving the execution challenge[M]. Boston, MA: Harvard Business Press.

GRECO M, GRIMALDI M, CRICELLI L, 2015. Open innovation actions and innovation performance[J]. European journal of innovation management, 18(2):150-171.

GUEST D, 1997. Human resource management and performance: A review and research agenda[J]. International human resource management, 8(3):263-76.

GUILFORD J P, 1967. The nature of human intelligence[M]. New Yourk: McGraw-Hin.

HASSAN S U, HADDAWY P, 2015. Analyzing knowledge flows of scientific literature through semantic links: a case study in the field of energy [J]. Scientometrics, 103 (1):33-46.

HEIMONEN T, 2012. What are the factors that affect innovation in growing SMEs?[J]. European journal of innovation management, 15(1):122-144.

HEINZE T et al., 2009. Organizational and institutional influence on creativity in scientific research[J]. Research policy, 38:610-623.

HEISKANEN T, HEISKANEN H, 2011. Spaces of innovation: experiences from two small high-tech firms[J]. Journal of workplace learning, 23(2):369-388.

HERNANDEZ V, NIETO M J, 2016.In ward - outward connections and their impact on firm growth[J]. International business review(25):296-306.

HOGEFORSTER M A, PRIEDULENA E, 2014. The significance and impact of innovation networks of academia and business with a special emphasis on work-based learning[J]. Baltic journal of European studies, 4(2):69-82.

HOLBROOK A, SALAZAR M, 2004. Regional innovation systems within a federation: Do national policies affect all regions equally?[J]. Innovation, 6(1):50-64.

IDC CHINA, 2018. 2018 China enterprise digital development report: Insights and trends[J]. IDC white paper: 1-50.

IMAJCHRZAK A F, 2007. Innovating by dccessing knowledge across departments [J]. Decision support systems(43)4:1684-1691.

JAWORSKI B J, KOHLI A K, 1993. Market orientation: Antecedents and Con-sequences[J]. Journal of marketing,57(3):53—71.

JORDAN H S,BURKE J F,FINEBERG H,et al.,1983. Diffusion of innovations in burn care:Selected findings[J]. Burns,9(4):271-279.

KALETA A,2015. E-learning as a diffusion of innovation in the rural areas of the euro-pean union[J]. Eastern european countryside,21(1):5-18.

KOKSHAGINA O,MASSON P L,BORIES F,2017. Fast-connecting search practices: On the role of open innovation intermediary to accelerate the absorptive capacity[J]. Technological forecasting & social change,120:348-367.

KONNO T,2015. Network effect of knowledge spillover:Scale-free networks stimulate R&D activities and accelerate economic growth[J]. Physica A:statistical mechanics and its applications:157-167.

KONÔPKA J,2011. Science and research - basic source of knowledge and innovation incentives[J]. Lesnícky casopis - Forestry journal,57(1):1-10.

LAHIRI N,2010. Geographic distribution of R&D Activity:How does it affect innova-tion quality?[J]. Academy of management journal,53(5):1194-1209.

LENKA S, PARIDA V, WINCENT J, 2017. Digitalization capabilities as enablers of value co-creation in servitizingfirms: Digitalization capabilities [J]. Psychology & marketing,34(1):92-100.

LEON R D,GASQUET P G,MULA J,2016. Social network analysis:A tool for evaluat-ing and predicting future knowledge flows from an insurance organization[J]. Techno-logical forecasting & social change:247-266.

LEVIN D Z,ROB C,2001. The strength of weak tics youcan trust:The mediating role of trust in effective knowledge transfer[J]. Vlanagcmcnt scicncc(50):1177-1190.

LICHTENTHALER U,2011. Open innovation:Past research,current debatcs,and fu-ture directions[J]. Academy of management pcrspectives(2):75-93.

LIYANAGE C, ELHAG T, BALLAL T, 2009. Knowledge communication and transla-tion: A knowledge transfer model [J]. Journal of knowledge management, 13(3):

118-131.

LYONS P W, LEAHY J E, LINDENFELD L, et al., 2014. Knowledge to action: Investigating implicit knowledge production models held among forest science researchers [J]. Society & natural resources, 27(5): 459-474.

MAJCHRZAK A, COOPER L P, NEECE O E, 2004. Knowledge reuse for innovation [J]. Manag. Sci, 50: 174-188.

MAJCHRZAK A, MALHOTRA A, 2013. Towards an information systems perspective and research agenda on crowdsourcing for innovation [J]. Journal of strategic information systems, 22(3): 257-268.

MAKKONEN T, INKINEN T, 2014. Spatial scaling of regional strategic programmes in Finland: A qualitative study of clusters and innovation systems [J]. Norsk geografisk tidsskrift – norwegian journal of geography, 68(4): 216-227.

MANDERSCHEID K, RICHARDSON T, 2011. Planning inequality: Social and economic spaces in national spatial planning [J]. European planning studies, 19(10): 1797-1815.

MANN P M, 2004. The relationship between individual creativity and team creativity: Aggregating across people and time [J]. Journal of occupational behavior, 25: 235-257.

MARABELLI M, NEWELL S, 2014. Knowing, power and materiality: A critical review and reconceptualization of absorptive capacity [J]. International journal of management reviews, 16(4): 479-499.

MASSETTI B, 1996. An empirical examination of the value of creativity support systems on idea generation [J]. MIS quarterly, 1(20): 83-97.

MATHEWS J A, 2002. Competitive advantage of the latecomer firm: A resource based account of industrial catch-up strategies [J]. Asia pacific journal of management (19): 467-488.

MATOUŠEK D, HOSPODKA J, ŠUBRT O, 2016. Efficiency of innovative charge pump versus clock frequency and mosfets sizes [J]. Measurement science review, 16(5):

260–265.

MAZE J, 2016. Equipment innovation focuses on efficiency, consistency, safety[J]. Nation's restaurant news: 288–301.

MAZUR J, ZABOREK P, 2016. Organizational culture and open innovation performance in small and medium-sized enterprises (smes) in poland[J]. International journal of management and economics, 51(1): 104–138

MEYER A D, 1982. Adapting to environmental jolts[J]. Administrative science quarterly, 27(4): 515–537.

MOLINA V B, AMADO J B, AROSTEGUI M P N, 2010. Managerial perceptions of the competitive environment and dynamic capabilities generation[J]. Industrial management & data systems, 110(9): 1355–1384.

MOSTAFAMM, 2005. Factors affecting organisational creativity and innovativeness in egyptian business organizations: An empirical investigation[J]. Journal of management development, 24(1): 7–33.

MUSMANN K, 2009. The diffusion of innovations in libraries: A review of the literature on organization theory and diffusion research[J]. Libri, 32(1): 257–277.

NADOLNA K K, ŚWIADEK A, 2010. Innovation process models with emphasis on open innovation model[J]. Folia oeconomica stetinensia, 9(1): 167–178.

NEWTH J, 2016. Social enterprise innovation in context: Stakeholder influence through contestation[J]. Entrepreneurship research journal, 6(4): 369–399

NEWTON P W, 2017. Innovation for a sustainable low carbon built environment[J]. Procedia engineering, 180: 16–32.

NIEDŹWIECKI J Z, 2015. Structuring knowledge management–classical theory, strategic initiation and operational knowledge management[J]. Foundations of management, 7(1): 253–266.

O'HARA K, TUFFIELDM M, SHADBOLT N, 2011. The role of digital capabilities in harnessing business value from the internet[J]. Journal of digital economics, 15(2), 45–60.

O'HARA K, TUFFIELD M M, SHADBOLT N, 2011. Digital capabilities and business value potential in internet-connected organizations[J]. Journal of digital economics, 15(2):45-60.

ÖBERG C, SHIH T T Y, 2015. Strategy in an ambiguous innovation environment[J]. Journal of strategy and management, 8(4):326-341.

OCHSE R, 1990. Before the gates of excellent.[M]. Cambridge: Cambridge University Press.

OLIVERG R, 2013. A micro intellectual capital knowledge flow model: A critical account of IC inside the classroom[J]. Journal of intellectual capital, 14(1):145-162.

PAŁUBSKA D, 2011.Innovation performance in poland and polish companies[J]. Comparative economic research, 14(2):125-141.

PAPETTI A, MARILUNGO E, GREGORI F, et al., 2016. Driving process innovation: A structured method for improving efficiency in SMEs[J]. Procedia CIRP, 50:448-453.

PARADOWSKI M B, JONAK T, 2012. Diffusion of linguistic innovation as social coordination[J]. Psychology of language and communication, 16(2):131-142

PENIDE T, GOURC D, PINGAUD H, et al., 2013. Innovative process engineering: A generic model of the innovation process[J]. International journal of computer integrated manufacturing, 26(3):183-200.

PFEFFER J, VEIGA F, 1999. Putting People First for Organizational Success[J]. Academy of management executiv, 13(2):37-48.

PITTA D A, 2008.Product innovation and management in a small enterprise[J]. Journal of product & brand management, 17(6):148-163.

PLUCKER J A, BEGHETTO R A, DOW G, 2004. Why isn't creativity more important to educational psychologists? Potential, pitfalls, and future directions in creativity research[J]. Educational psychologist, 39:83-96.

POHL C, MANSOR S, GENDEREN J V, 2016. Necessitated absorptive capacity and metaroutines in international technology transfer: A new model[J]. Journal of engineering and technology management: 65-78.

RIGBY D, GRUVER K, ALLEN J, 2009. Innovation in turbulent times [J]. Harvard business review(87)6:79-86.

RITALA P, HUIZINGH E, ALMPANOPOULOU A, et al., 2016. Tensions in R&D networks: Implications for knowledge search and integration [J]. Technological forecasting & social change: 78-99.

ROBBINS P, GORMAN C, 2016. Innovation processes: Do they help or hinder new product development outcomes in Irish SMEs? [J]. The irish journal of management, 35 (1): 104-107.

ROBERT W S F, 2004. Diffusion of innovation theory for clinical change [J]. Medical journal of australia, 180(6): S55-6.

ROBINSON A A, SENGOKU S, 2017. Multilevel exploration of the realities of interdisciplinary research centers for the management of knowledge integration [J]. Technovation: 22-41.

ROSZKOWSKA D, 2017. External knowledge sourcing and innovation processes in modern economic environment[J]. International journal of management and economics, 53 (2): 39-56.

SCHMIDT S, BALESTRIN A, ENGELMAN R, et al., 2016. The influence of innovation environments in R&D results[J]. Revista de administração: 397-408.

SCHREYÖGG G, DUCHEK S, 2012. Absorptive capacity and its determinants: Results of a case study analysis in German high-tech firms[J]. Arbeit, 21(2-3): 204-217.

SCOTT A J, 2006. Entrepreneurship Innovation and industrial development: Geography and the creative field revisited[J]. Small business economics(26): 1-24.

SEGERS J P, 2016. Regional systems of innovation: lessons from the biotechnology clusters in Belgium and Germany [J]. Journal of small business & entrepreneurship, 28 (2): 133-149.

SHAFIA M A, HOSSEINI M, HOSSEINI R et al., 2016. Mediatingeffect of technological innovation capabilities between dynamic capabilities and competitiveness of research and technology organizations [J]. Technology analysis & strategic management, 28

(7):811-826.

SHALLEY C E, ZHOU J, OLDHAM G R, 2004. The effects of personal and contextual characteristics on creativity: Where should we go from here? [J]. Journal of management, 30(6):933-958.

SHARMA P, DAVCIK N S, PILLAI K G, 2016. Product innovation as a mediator in the impact of R&D expenditure and brand equity on marketing performance [J]. Journal of business research: 5662-5669.

SHNEIDERMAN B, 2002. Creativity Support Tools [J]. Communications of the ACM (45)10: 116-120.

SIMPSON G, CLIFTON J, 2017. Testing diffusion of innovations theory with data: Financial incentives, early adopters, and distributed solar energy in Australia [J]. Energy research & social science, 29: 12-22.

ŞIPOŞ G L, IONESCU A, 2015. Stimulating creativity methods and innovative performance in european countries [J]. Timisoara journal of economics and business, 8(1): 163-182.

SORENSEN J B, STUART T B, 2000. Aging obsolescence and organizational innovation [J]. Administrative science quarterly, 45(1):81-112.

ŚWIADEK A, DEPCZYŃSKA K S, 2014. Changes in innovation activity in regional industrial system in the context of size of enterprises in west pomeranian province [J]. Folia oeconomica stetinensia, 14(2):225-238

SZULANSKI G, 1996. Exploring internal stickiness: Impediments to the transfer of best practice within the firm [J]. Strategic management journal (17):27-44.

SZUSTER M, SZYMCZAK M, 2016. Innovation, knowledge and information management in supply chains [J]. Ekonomia i zarzadzanie, 8(1):26-36.

TEECE D, PISANO G, 1994. The dynamic capabilities of firms: An introduction [J]. Industrial & corporate change, 3(3):537-556.

SHERRY M B, THATCHER A, SUSAN A, et al., 2010. Individual Creativity in Teams: The importance of communication media Mix [J]. Decision support systems (49) 3:

290–300.

TIERNEY P, FARMER S M, GRAEN G B, 1999. An examination of leadership and employee creativity: The relevance of traits and relation–ships [J]. Personnel psychology, 52(3): 591–620.

TIWARI S R, 2015. Knowledge integration in government – industry project network [J]. Knowledge & process management, 22(1): 11–21.

TORRES R M, OLMEDILLA M, 2016. Identification of innovation solvers in open innovation communities using swarm intelligence [J]. Technological forecasting & social change, 23(4): 15–24.

TOWNSEND J D, CALANTONE R J, 2014. Evolution and transformation of innovation in the global automotive industry [J]. Journal of product innovation management (1): 4–7.

VARIS M, LITTUNEN H, 2012. SMEs and their peripheral innovation environment: Reflections from a Finnish Case [J]. European planning studies, 20(4): 547–582

VAZ E, VAZ T D N, GALINDO P V, et al., 2014. Modelling innovation support systems for regional development – analysis of cluster structures in innovation in Portugal [J]. Entrepreneurship & regional development, 26(1–2): 23–46.

WARDA P, 2012. Innovation system frontiers: Cluster networks and global value [J]. Papers in regional science, 91(1): 235–236.

WARDYN M R, 2013. The Role of knowledge absorption and innovation capability in the technological change and economic growth of EU regions [J]. International journal of management and economics, 39(1): 51–69.

WEISS M, HOEGL M, GIBBERT M, 2013. The influence of material resources on innovation projects: The role of resource elasticity [J]. R&D management (2): 151–161.

WEST J, 2006. Does appropriability enable or retard open innovation? [M]. Oxford: Oxford University Press.

WHITTINGTON K B, SMITH J O, 2009. Networks, propinquity, and innovation in knowledge–intensive industries [J]. Administrative science quarterly, 54 (1):

90-122.

WIERZBICKIA P, NAKAMORI Y, 2006. Creative space: Models of creative processes for the knowledge civilization age[M]. Berlin: Springer verlag.

WILLIAMS G, 2005. Regional innovation systems and communities of practice: Two themes in search of knowledge[J]. Sociolinguistica jahrbuch, 19: 168-184.

WOODMAN R W, SAWYER J E, GRIFFIN R W, 1993. Toward a theory of organizational creativity[J]. Academy of management review, 18(2): 293-321.

YANG J S, 2017. The governance environment and innovative SMEs[J]. Small business economics, 48(3): 525-541.

YOO Y, LYYTINEN K, BOLAND R, 2016. Digital innovation and organizational visualization: Reducing complexity and uncertainty in data representation[J]. Journal of information technology, 31(4).

ZAHRA S A, SAPIENZA H J, DVIDSSON P, 2006. Entrepreneurship and dynamic capabilities: A review model and research agenda[J]. Journal of management studies, 43(4): 917-955.

ZUBIELQUI G C D, JONES J, STATSENKO L, 2016. Managing innovation networks for knowledge mobility and appropriability: A complexity perspective[J]. Entrepreneurship research journal, 6(1): 75-109.

附　　录

一、调研样本及数据分析所涉及的企业

1. 贵州省竞争力评价头部企业（来源：贵州省企业联合会2023年统计数据）

序号	企业名称	营业收入/万元	备注
1	贵州茅台酒股份有限公司	12755396	上市
2	贵州电网有限责任公司	8742161	
3	贵州能源集团有限公司	6009690	
4	贵州磷化（集团）有限责任公司	5187085	
5	中国石化销售股份有限公司贵州石油分公司	5150531	
6	贵州建工集团有限公司	4026739	
7	通源集团	3701017	
8	中伟新材料股份有限公司	3034374	上市
9	贵州现代物流产业（集团）有限责任公司	2707634	
10	中国振华电子集团有限公司	2289306	
11	中国移动通信集团贵州有限公司	2176759	
12	中国贵州航空工业（集团）有限责任公司	2092660	
13	贵州国际商品供应链管理有限公司	1948052	
14	首钢水城钢铁（集团）有限责任公司	1861545	
15	贵州习酒投资控股集团有限责任公司	1776459	
16	中国石油天然气股份有限公司贵州销售分公司	1688239	
17	贵阳银行股份有限公司	1564297	上市
18	国家电投集团贵州金元股份有限公司	1519132	
19	贵州南方石油（集团）股份有限公司	1500000	
20	中国电建集团贵州工程有限公司	1468239	

续表

序号	企业名称	营业收入/万元	备注
21	贵州省公路工程集团有限公司	1441682	
22	贵州振华新材料股份有限公司	1393559	上市
23	贵州乌江水电开发有限责任公司	1247354	
24	贵州盘江精煤股份有限公司	1184306	上市
25	贵州路桥集团有限公司	1151145	
26	中航重机股份有限公司	1056969	上市
27	中国水利水电第九工程局有限公司	1011741	
28	贵州桥梁建设集团有限责任公司	1003788	
29	中国电信股份有限公司贵州分公司	930778	
30	贵州轮胎股份有限公司	843986	上市
31	遵义铝业股份有限公司	839025	
32	中国电建集团贵阳勘测设计研究院有限公司	804097	
33	贵阳市农业农垦投资发展集团有限公司	745652	
34	中国振华(集团)科技股份有限公司	726687	
35	贵州华仁新材料有限公司	705459	
36	贵州豫能投资有限公司	699463	
37	大唐高鸿网络股份有限公司	685768	上市
38	西南能矿集团股份有限公司	660943	
39	贵州安达科技能源股份有限公司	655767	上市
40	贵州省建设投资集团有限公司	637734	
41	保利联合化工控股集团股份有限公司	636393	上市
42	贵州信邦制药股份有限公司	635003	上市
43	贵州金州电力集团有限责任公司	618558	
44	贵州燃气集团股份有限公司	616317	上市
45	贵州航天电器股份有限公司	601970	上市
46	贵州兴仁登高新材料有限公司	588037	
47	贵州广电传媒集团有限公司	585488	
48	贵州省医药(集团)有限责任公司	580732	
49	国家能源集团贵州电力有限公司	572251	

续表

序号	企业名称	营业收入/万元	备注
50	中国联合网络通信有限公司贵州省分公司	558686	
51	中国铝业股份有限公司贵州分公司	550414	
52	国药控股贵州有限公司	546410	
53	贵阳南明老干妈风味食品有限责任公司	526018	
54	贵州万峰电力股份有限公司	500717	
55	贵州西南水泥有限公司	484395	
56	贵州民航产业集团有限公司	474181	
57	贵州邦达能源开发有限公司	471545	
58	贵州邦达商贸有限公司	461186	
59	中铁八局集团第三工程有限公司	460484	
60	贵阳星力百货集团有限公司	448933	
61	贵州交通物流集团有限公司	436542	
62	贵州华锦铝业有限公司	423397	
63	中建四局第三建设有限公司	417422	
64	中建四局贵州投资建设有限公司	417142	
65	贵州珍酒酿酒有限公司	398401	
66	贵州飞利达科技股份有限公司	392000	上市
67	首钢贵阳特殊钢有限责任公司	382387	
68	贵阳中安科技集团有限公司	375928	
69	中国太平洋人寿保险股份有限公司贵州分公司	373259	
70	贵州省广播电视信息网络股份有限公司	372390	上市
71	贵州中建伟业建设(集团)有限责任公司	367915	
72	贵州茅台酒厂(集团)保健酒业有限公司	365017	
73	贵州粤黔电力有限责任公司	360234	
74	贵州百灵企业集团制药股份有限公司	354013	上市
75	中建四局安装工程有限公司	353494	
76	中国航发贵州黎阳航空动力有限公司	345104	
77	贵州川恒化工股份有限公司	344747	上市
78	贵州永贵矿业投资控股有限公司	341879	

续表

序号	企业名称	营业收入/万元	备注
79	贵州浪潮英信科技有限公司	339947	
80	贵州一树药业股份有限公司	325699	
81	贵阳货车帮科技有限公司(满帮集团)	314152	
82	金正大诺泰尔化学有限公司	311521	
83	贵州众一金彩黔矿业有限公司	303421	
84	国家电投集团贵州金元威宁能源股份有限公司	299810	上市
85	天能集团贵州能源科技有限公司	296665	
86	贵州贵铝新材料股份有限公司	296511	
87	贵州康心药业有限公司	294730	
88	贵州红星发展股份有限公司	285339	上市
89	贵阳农村商业银行股份有限公司	284193	
90	贵州益佰制药股份有限公司	273526	上市
91	贵州省朗月矿业投资有限公司	273076	
92	贵州神奇药业有限公司	269914	
93	贵州聚鑫钢铁(集团)有限公司	266396	
94	贵州贵能投资股份有限公司	265724	
95	华夏航空股份有限公司	264317	上市
96	贵州黔津道农业发展集团有限公司	263800	
97	贵州黔源电力股份有限公司	261312	上市
98	贵州钢绳(集团)有限责任公司	254467	
99	贵州赤天化股份有限公司	251734	上市
100	贵州省六盘水双元铝业有限责任公司	248251	

2. 贵州省制造业竞争力评价头部企业(来源:贵州省企业联合会2023年统计数据)

序号	企业名称	备注
1	贵州茅台酒股份有限公司	上市
2	贵州能源集团有限公司	
3	贵州磷化(集团)有限责任公司	
4	中伟新材料股份有限公司	上市
5	中国振华电子集团有限公司	
6	中国贵州航空工业(集团)有限责任公司	
7	首钢水城钢铁(集团)有限责任公司	
8	贵州习酒投资控股集团有限责任公司	
9	国家电投集团贵州金元股份有限公司	
10	贵州振华新材料股份有限公司	上市
11	贵州乌江水电开发有限责任公司	
12	贵州盘江精煤股份有限公司	上市
13	中航重机股份有限公司	上市
14	贵州轮胎股份有限公司	上市
15	遵义铝业股份有限公司	
16	中国振华(集团)科技股份有限公司	
17	贵州华仁新材料有限公司	
18	贵州豫能投资有限公司	
19	大唐高鸿网络股份有限公司	上市
20	西南能矿集团股份有限公司	
21	贵州安达科技能源股份有限公司	上市
22	保利联合化工控股集团股份有限公司	上市
23	贵州信邦制药股份有限公司	上市
24	贵州金州电力集团有限责任公司	
25	贵州航天电器股份有限公司	上市
26	贵州兴仁登高新材料有限公司	

续表

序号	企业名称	备注
27	国家能源集团贵州电力有限公司	
28	中国铝业股份有限公司贵州分公司	
29	贵阳南明老干妈风味食品有限责任公司	
30	贵州万峰电力股份有限公司	
31	贵州西南水泥有限公司	
32	贵州邦达能源开发有限公司	
33	贵州华锦铝业有限公司	
34	贵州珍酒酿酒有限公司	
35	首钢贵阳特殊钢有限责任公司	
36	贵阳中安科技集团有限公司	
37	贵州茅台酒厂(集团)保健酒业有限公司	
38	贵州粤黔电力有限责任公司	
39	贵州百灵企业集团制药股份有限公司	上市
40	中国航发贵州黎阳航空动力有限公司	
41	贵州川恒化工股份有限公司	上市
42	贵州浪潮英信科技有限公司	
43	金正大诺泰尔化学有限公司	
44	贵州众一金彩黔矿业有限公司	
45	国家电投集团贵州金元威宁能源股份有限公司	上市
46	天能集团贵州能源科技有限公司	
47	贵州贵铝新材料股份有限公司	
48	贵州红星发展股份有限公司	上市
49	贵州益佰制药股份有限公司	上市
50	贵州省朗月矿业投资有限公司	
51	贵州神奇药业有限公司	
52	贵州聚鑫钢铁(集团)有限公司	
53	贵州贵能投资股份有限公司	
54	贵州黔源电力股份有限公司	上市
55	贵州钢绳(集团)有限责任公司	

续表

序号	企业名称	备注
56	贵州赤天化股份有限公司	上市
57	贵州省六盘水双元铝业有限责任公司	
58	贵州钢绳股份有限公司	上市
59	固达电线电缆(集团)有限公司	
60	大西南投资集团有限责任公司	
61	贵州博宏实业有限责任公司	
62	黔西南州金锐废旧物资回收有限公司	
63	贵州贵航汽车零部件股份有限公司	上市
64	贵州水城亮星铝业投资有限责任公司	
65	国能福泉发电有限公司	
66	国能织金发电有限公司	
67	泰盛(贵州)竹资源发展有限公司	
68	贵州西洋实业有限公司	
69	国能安顺发电有限公司	
70	贵州正合可来金科技有限责任公司	
71	贵州长通集团智造有限公司	
72	贵州紫森源集团投资有限公司	
73	贵州久泰邦达能源开发有限公司	
74	中车贵阳车辆有限公司	
75	贵州广铝氧化铝有限公司	
76	贵州海尔电器有限公司	
77	贵州南方乳业股份有限公司	
78	遵义福鑫特殊钢装备制造有限公司	
79	贵州玉蝶电工股份有限公司	
80	沃顿科技股份有限公司	上市
81	贵州航宇科技发展股份有限公司	上市
82	贵州省仁怀市茅台镇黔国酒业有限公司	
83	贵州航天林泉电机有限公司	
84	贵州黔希化工有限责任公司	

续表

序号	企业名称	备注
85	贵州茅台酒厂(集团)技术开发有限公司	
86	贵州詹阳动力重工有限公司	
87	贵阳航空电机有限公司	
88	贵州三力制药股份有限公司	上市
89	贵阳新天药业股份有限公司	上市
90	贵州中晟泰科智能技术有限公司	
91	贵州航天控制技术有限公司	
92	联塑科技发展(贵阳)有限公司	
93	贵州东峰锑业股份有限公司	
94	贵州机电(集团)有限公司	
95	贵阳新希望农业科技有限公司	
96	贵州泰永长征技术股份有限公司	上市
97	贵州省仁怀市茅台镇茅源酒业有限公司	
98	贵州茅台酒厂(集团)循环经济产业投资开发有限公司	
99	贵州永红航空机械有限责任公司	
100	贵州安吉航空精密铸造有限责任公司	

3. 贵州省服务业竞争力评价头部企业(来源:贵州省企业联合会2023年统计数据)

序号	企业名称	备注
1	贵州电网有限责任公司	
2	中国石化销售股份有限公司贵州石油分公司	
3	贵州建工集团有限公司	
4	通源集团	
5	贵州现代物流产业(集团)有限责任公司	
6	中国移动通信集团贵州有限公司	
7	贵州国际商品供应链管理有限公司	
8	中国石油天然气股份有限公司贵州销售分公司	
9	贵阳银行股份有限公司	上市
10	贵州南方石油(集团)股份有限公司	
11	中国电建集团贵州工程有限公司	
12	贵州省公路工程集团有限公司	
13	贵州路桥集团有限公司	
14	中国水利水电第九工程局有限公司	
15	贵州桥梁建设集团有限责任公司	
16	中国电信股份有限公司贵州分公司	
17	中国电建集团贵阳勘测设计研究院有限公司	
18	贵阳市农业农垦投资发展集团有限公司	
19	贵州省建设投资集团有限公司	
20	贵州燃气集团股份有限公司	上市
21	贵州广电传媒集团有限公司	
22	贵州省医药(集团)有限责任公司	
23	中国联合网络通信有限公司贵州省分公司	
24	国药控股贵州有限公司	
25	贵州民航产业集团有限公司	
26	贵州邦达商贸有限公司	

续表

序号	企业名称	备注
27	中铁八局集团第三工程有限公司	
28	贵阳星力百货集团有限公司	
29	贵州交通物流集团有限公司	
30	中建四局第三建设有限公司	
31	中建四局贵州投资建设有限公司	
32	贵州飞利达科技股份有限公司	上市
33	中国太平洋人寿保险股份有限公司贵州分公司	
34	贵州省广播电视信息网络股份有限公司	上市
35	贵州中建伟业建设(集团)有限责任公司	
36	中建四局安装工程有限公司	
37	贵州永贵矿业投资控股有限公司	
38	贵州一树药业股份有限公司	
39	贵阳货车帮科技有限公司(满帮集团)	
40	贵州康心药业有限公司	
41	贵阳农村商业银行股份有限公司	
42	华夏航空股份有限公司	上市
43	贵州黔津道农业发展集团有限公司	
44	贵州送变电有限责任公司	
45	贵州民投集团	
46	泰豪产城集团股份有限公司	
47	浙江温州鹿城农村商业银行股份有限公司贵州富民村镇银行管理部	
48	贵州省交通规划勘察设计研究院股份有限公司	上市
49	贵州省恒昌大建设集团有限公司	
50	云上贵州大数据产业发展有限公司	
51	贵阳市城市发展投资集团股份有限公司	
52	启立生态环境集团有限公司	
53	易广建设集团有限公司	
54	贵州最美高速商贸有限公司	
55	中建三局第一建设工程有限责任公司贵阳分公司	

续表

序号	企业名称	备注
56	盘江运通物流股份有限公司	
57	贵州中毅达股份有限公司	上市
58	贵州合龙胜科技有限公司	
59	贵州航空有限公司	
60	贵州省地质矿产资源开发股份有限公司	上市
61	多彩贵州航空有限公司	
62	中国贵州茅台酒厂(集团)文化旅游有限责任公司	
63	百江西南燃气有限公司	
64	世纪恒通科技股份有限公司	上市
65	贵州茅台酒厂(集团)物流有限责任公司	
66	家有购物集团股份有限公司	
67	贵州省工业投资发展有限公司	
68	贵阳苏宁易购销售有限公司	
69	贵州黔通智联科技股份有限公司	
70	贵阳市公共交通有限公司	
71	贵州省博德网络传媒有限公司	
72	贵州山水物流有限公司	
73	贵州迦太利华信息科技有限公司	
74	习水县环宇劳务有限责任公司	
75	贵阳朗玛信息技术股份有限公司	上市
76	贵州省水利水电勘测设计研究院有限公司	
77	贵州斯瑞医药有限责任公司	
78	贵州爽净投资(集团)有限责任公司	
79	贵州遵义茅台机场有限责任公司	
80	贵州金域医学检验中心有限公司	
81	贵州西能电力建设有限公司	
82	贵州高投服务管理有限公司	
83	贵州绿地物业管理有限责任公司	
84	西南运通公路物流有限公司	

续表

序号	企业名称	备注
85	贵州卓豪农业科技股份有限公司	上市
86	贵阳强怡劳务有限公司	
87	贵州志天成通信建设工程有限公司	
88	贵阳鸿通运输开发有限公司	
89	贵州黔成汇佳暖通材料批发有限公司	
90	贵州爱康国宾健康科技有限公司	
91	贵州自由客网络技术有限公司	
92	信通达智能科技有限公司	
93	贵州利美康外科医院股份有限公司	
94	贵州兴艺景生态景观工程股份有限公司	上市
95	贵阳保德城市环境管理服务有限公司	上市
96	贵阳农产品物流发展有限公司	
97	贵阳标书王快印有限公司	
98	贵州道坦坦科技股份有限公司	上市
99	贵州高速传媒有限公司	
100	贵州喜百年装饰工程有限公司	

4. 贵州成长指数评价头部企业(来源:贵州省企业联合会2023年统计数据)

序号	企业名称	增长率
1	贵州永贵矿业投资控股有限公司	399.43%
2	中国贵州茅台酒厂(集团)文化旅游有限责任公司	372.76%
3	贵州安达科技能源股份有限公司	315.80%
4	贵阳货车帮科技有限公司(满帮集团)	277.84%
5	贵州黔津道农业发展集团有限公司	204.16%
6	贵州茅台酒厂(集团)保健酒业有限公司	204.16%
7	贵州振华新材料股份有限公司	152.69%
8	贵阳市农业农垦投资发展集团有限公司	131.19%
9	贵州永贵机电制修有限公司	98.29%
10	贵州万峰电力股份有限公司	90.11%
11	中国振华电子集团有限公司	85.81%
12	贵州省工业投资发展有限公司	84.54%
13	贵州豫能投资有限公司	83.25%
14	夜郎古酒业有限公司	78.58%
15	贵州金州电力集团有限责任公司	72.25%
16	西南运通公路物流有限公司	69.63%
17	华润雪花啤酒(黔东南)有限公司	65.99%
18	红云制药(贵州)有限公司	64.65%
19	贵州邦达商贸有限公司	60.01%
20	贵州振华风光半导体股份有限公司	55.05%
21	贵州新曙光电缆有限公司	54.30%
22	贵州航宇科技发展股份有限公司	51.49%
23	贵州省朗月矿业投资有限公司	51.32%
24	中伟新材料股份有限公司	51.17%
25	贵州永吉印务股份有限公司	49.01%
26	贵州茅台酒厂(集团)循环经济产业投资开发有限公司	48.83%

续表

序号	企业名称	增长率
27	天能集团贵州能源科技有限公司	48.27%
28	贵州浪潮英信科技有限公司	46.47%
29	贵州省仁怀市茅台镇黔国酒业有限公司	45.30%
30	贵州长通电气有限公司	43.97%
31	贵州兴仁登高新材料有限公司	43.83%
32	贵州高速传媒有限公司	41.01%
33	金正大诺泰尔化学有限公司	40.78%
34	贵州机电(集团)有限公司	40.11%
35	贵州飞利达科技股份有限公司	39.25%
36	贵州众一金彩黔矿业有限公司	38.77%
37	贵州川恒化工股份有限公司	36.26%
38	贵州长通集团智造有限公司	36.07%
39	习水县环宇劳务有限责任公司	34.70%
40	贵州省广播电视信息网络股份有限公司	33.76%
41	贵州茅台酒厂(集团)物流有限责任公司	32.54%
42	贵州南方石油(集团)股份有限公司	32.28%
43	贵阳标书王快印有限公司	30.34%
44	贵州红星发展股份有限公司	29.97%
45	贵州安吉航空精密铸造有限责任公司	29.92%
46	国家电投集团贵州金元威宁能源股份有限公司	29.02%
47	中国振华(集团)科技股份有限公司	28.48%
48	贵州黔源电力股份有限公司	28.34%
49	安顺市乾辰谷材科技有限公司	28.20%
50	贵州正合时代科技有限责任公司	27.27%
51	贵州路桥集团有限公司	26.57%
52	贵州维康子帆药业股份有限公司	26.54%
53	贵阳南明老干妈风味食品有限责任公司	25.21%
54	贵州西洋实业有限公司	25.07%
55	贵州邦达能源开发有限公司	24.90%

续表

序号	企业名称	增长率
56	贵州爽净投资（集团）有限责任公司	24.59%
57	云上贵州大数据产业发展有限公司	24.59%
58	贵州兴艺景生态景观工程股份有限公司	24.44%
59	贵阳农产品物流发展有限公司	23.26%
60	贵州粤黔电力有限责任公司	22.33%
61	贵州黔成汇佳暖通材料批发有限公司	22.25%
62	贵州盘江精煤股份有限公司	21.77%
63	贵阳航空电机有限公司	21.72%
64	贵州高投服务管理有限公司	21.59%
65	贵州联盛药业有限公司	21.53%
66	国能织金发电有限公司	21.45%
67	贵州燃气集团股份有限公司	21.14%
68	贵州捷盛钻具股份有限公司	21.10%
69	贵州三力制药股份有限公司	20.97%
70	中车贵阳车辆有限公司	20.34%
71	中航重机股份有限公司	20.25%
72	贵州能源集团有限公司	20.15%
73	中国石化销售股份有限公司贵州石油分公司	19.86%
74	贵州航天林泉电机有限公司	19.86%
75	贵州卓豪农业科技股份有限公司	19.85%
76	贵州航天电器股份有限公司	19.49%
77	贵州中建伟业建设（集团）有限责任公司	19.13%
78	贵州贵材创新科技股份有限公司	19.01%
79	百江西南燃气有限公司	18.79%
80	泰盛（贵州）竹资源发展有限公司	18.70%
81	贵州久泰邦达能源开发有限公司	18.64%
82	贵州南方乳业股份有限公司	18.27%
83	贵州永红航空机械有限责任公司	17.94%
84	凯里闽源锰业有限公司	17.82%

续表

序号	企业名称	增长率
85	贵阳中建西部建设有限公司	17.55%
86	贵州国塑科技管业有限责任公司	17.04%
87	贵州茅台酒股份有限公司	16.53%
88	贵州省医药(集团)有限责任公司	16.49%
89	贵州省恒昌大建设集团有限公司	16.27%
90	贵州国际商品供应链管理有限公司	15.88%
91	贵州长征天成控股股份有限公司	15.83%
92	贵州赤天化股份有限公司	15.40%
93	中国石油天然气股份有限公司贵州销售分公司	15.26%
94	贵州省仁怀市茅台镇金酱酒业有限公司	15.11%
95	贵州轮胎股份有限公司	15.00%
96	贵州东方世纪科技股份有限公司	14.96%
97	贵州绿地物业管理有限责任公司	14.85%
98	贵州电网有限责任公司	14.76%
99	贵州火焰山电器股份有限公司	14.66%
100	贵阳强怡劳务有限公司	14.60%
101	贵州源翼矿业集团有限公司	14.47%
102	贵州习酒投资控股集团有限责任公司	14.02%
103	贵阳市城市发展投资集团股份有限公司	13.88%
104	贵州百灵企业集团制药股份有限公司	13.79%
105	贵州紫森源集团投资有限公司	13.75%
106	中国电信股份有限公司贵州分公司	13.52%
107	贵州志天成通信建设工程有限公司	13.41%
108	浙江温州鹿城农村商业银行股份有限公司贵州富民村镇银行管理部	13.32%
109	贵州黑碳投低碳产业发展股份有限公司	13.21%
110	中国电建集团贵阳勘测设计研究院有限公司	12.92%
111	易广建设集团有限公司	12.73%
112	贵州金域医学检验中心有限公司	12.71%
113	贵州现代物流产业(集团)有限责任公司	12.55%

续表

序号	企业名称	增长率
114	遵义铝业股份有限公司	12.22%
115	贵阳观山湖富民村镇银行股份有限公司	12.17%
116	贵阳新天药业股份有限公司	12.15%
117	中国贵州航空工业(集团)有限责任公司	12.10%
118	中国水利水电第九工程局有限公司	11.83%
119	贵州海尔电器有限公司	11.56%
120	贵州固鑫新材料有限公司	11.55%
121	贵州斯瑞医药有限责任公司	11.29%
122	贵州省六盘水双元铝业有限责任公司	11.29%
123	贵州交通物流集团有限公司	11.17%
124	泰豪产城集团股份有限公司	11.13%
125	贵州省仁怀市茅台镇茅源酒业有限公司	11.12%
126	贵州汇通华城股份有限公司	11.04%
127	贵州贵能投资股份有限公司	10.66%
128	中建四局安装工程有限公司	10.64%
129	贵州汉方药业有限公司	10.49%
130	贵州一树药业股份有限公司	10.49%
131	贵阳高登世德金融科技有限公司	10.00%
132	固达电线电缆(集团)有限公司	10.00%

5. 贵州省民营企业竞争力评价头部企业（来源：贵州省工商业联合会、贵州省企业联合会2023年统计数据）

序号	企业名称	所属地区	所属行业	营收总额/万元
1	贵州通源集团	贵阳	零售业	3701017
2	中伟新材料股份有限公司	铜仁	计算机、通信和其他电子设备制造业	3034374
3	贵州国际商品供应链管理有限公司	贵阳	批发业	1948000
4	贵州安达科技能源股份有限公司	贵阳	计算机、通信和其他电子设备制造业	655767
5	贵州信邦制药股份有限公司	黔南	医药制造业	635002
6	贵州吉利汽车制造有限公司	贵阳	汽车制造业	564643
7	贵阳南明老干妈风味食品有限责任公司	贵阳	食品制造业	526019
8	贵州湾田煤业集团有限公司	六盘水	批发业	515076
9	贵州邦达能源开发有限公司	六盘水	煤炭开采和洗选业	471544
10	贵州邦达商贸有限公司	六盘水	零售业	461186
11	贵阳星力百货集团有限公司	贵阳	零售业	448932
12	贵州珍酒酿酒有限公司	遵义	酒、饮料和精制茶制造业	398401
13	贵州飞利达科技股份有限公司	贵阳	软件和信息技术服务业	392000
14	贵州贵能投资股份有限公司	六盘水	煤炭开采和洗选业	380588
15	贵阳中安科技集团有限公司	贵阳	电气机械和器材制造业	375928
16	贵阳海信电子有限公司	贵阳	计算机、通信和其他电子设备制造业	364447
17	贵州百灵企业集团制药股份有限公司	安顺	医药制造业	354013

续表

序号	企业名称	所属地区	所属行业	营收总额/万元
18	贵州合力超市采购有限公司	贵阳	零售业	348415
19	贵州川恒化工股份有限公司	黔南	化学原料和化学制品制造业	344747
20	遵义恒佳铝业有限公司	遵义	有色金属冶炼和压延加工业	307768
21	贵州众一金彩黔矿业有限公司	毕节	煤炭开采和洗选业	303421
22	贵州健兴药业有限公司	贵阳	医药制造业	300620
23	贵州其亚铝业有限公司	黔东南	有色金属冶炼和压延加工业	300476
24	天能集团贵州能源科技有限公司	黔东南	电气机械和制材制造业	296665
25	贵州永辉超市有限公司	贵阳	零售业	291004
26	贵州省朗月矿业投资有限公司	毕节	煤炭开采和洗选业	273076
27	贵州神奇药业有限公司	贵阳	医药制造业	269913
28	贵州聚鑫钢铁(集团)有限公司	黔西南	黑色金属冶炼和压延加工业	266936
29	华夏航空股份有限公司	贵阳	航空运输业	264316
30	贵州黔津道农业发展集团有限公司	贵阳	农业	263800
31	贵州博大医药有限公司	贵阳	批发业	242104
32	贵州中伟资源循环产业发展有限公司	铜仁	化学原料和化学制品制造业	240964
33	贵州赤天化桐梓化工有限公司	遵义	化学原料和化学制品制造业	238045
34	贵州钓鱼台国宾酒业有限公司	遵义	酒、饮料和精制茶制造业	236372
35	固达电线电缆(集团)有限公司	安顺	电气机械和器材制造业	235824
36	大西南投资集团有限责任公司	贵阳	煤炭开采和洗选业	233013

续表

序号	企业名称	所属地区	所属行业	营收总额/万元
37	贵州顺丰速运有限公司	贵阳	道路运输业	218469
38	贵州省交通规划勘察设计研究院股份有限公司	贵阳	专业技术服务业	215563
39	贵州众一金彩黔煤炭销售有限公司	毕节	批发业	208827
40	贵州科开医药有限公司	贵阳	批发业	204332
41	泰盛（贵州）竹资源发展有限公司	遵义	造纸和纸制品制造业	201236
42	贵州西洋实业有限公司	贵阳	其他制造业	196723
43	贵州正合可来金科技有限责任公司	遵义	有色金属冶炼和压延加工业	191791
44	启立生态环境集团有限公司	贵阳	生态保护和环境治理业	191416
45	贵州天健矿业集团股份有限公司	毕节	煤炭开采和洗选业	188937
46	贵州合力购物有限责任公司	贵阳	零售业	184123
47	贵州紫森源集团投资有限公司	六盘水	煤炭开采和洗选业	182726
48	遵义福鑫特殊钢装备制造有限公司	遵义	黑色金属冶炼和压延加工业	173925
49	贵州一树药业股份有限公司	贵阳	零售业	168393
50	贵州其亚矿业有限公司	黔东南	批发业	162379
51	贵州大西南矿业有限公司	毕节	煤炭开采及洗选	155841
52	贵州一品药业连锁有限公司	贵阳	零售业	151525
53	毕节明钧玻璃股份有限公司	毕节	非金属矿物制品业	151262
54	中黔空间建设有限公司	遵义	土木工程建筑业	147703
55	贵州顺泰铝新材料有限公司	贵阳	有色金属冶炼和压延加工业	146937
56	独山金孟锰业有限公司	黔南	黑色金属冶炼和压延加工业	146719

续表

序号	企业名称	所属地区	所属行业	营收总额/万元
57	贵州省仁怀市茅台镇黔国酒业有限公司	遵义	酒、饮料和精制茶制造业	142500
58	贵州红星发展进出口有限责任公司	贵阳	批发业	142447
59	贵州合龙胜科技有限公司	贵阳	批发业	136460
60	贵州麒臻实业集团有限公司	黔东南	有色金属冶炼和压延加工业	134257
61	贵州大鑫建设工程有限公司	黔西南	房屋建筑业	131688
62	贵州倍易通科技有限公司	铜仁	计算机、通信和其他电子设备制造业	126989
63	贵州九州通达医药有限公司	贵阳	批发业	126910
64	贵州大筑钢铁供应链有限公司	贵阳	批发业	119665
65	贵州广奕医药物流集团销售有限公司	贵阳	批发业	117159
66	贵州顺成劳务管理有限公司	贵阳	商务服务业	114226
67	贵州三力制药股份有限公司	安顺	医药制造业	110717
68	贵州紫金矿业股份有限公司	黔西南	有色金属矿采选业	108878
69	贵州新天药业股份有限公司	贵阳	医药制造业	108767
70	贵州莹月帆铝制品有限公司	六盘水	有色金属冶炼和压延加工业	108700
71	贵州董酒股份有限公司	遵义	酒、饮料和精制茶制造业	106247
72	联塑科技发展(贵阳)有限公司	贵阳	橡胶和塑料制品业	103856
73	贵州湾田选煤有限公司	六盘水	煤炭开采和洗选业	103447
74	贵州福麟矿业有限公司	黔南	非金属矿采选业	102958
75	贵州宏科建设工程有限责任公司	贵阳	房屋建筑业	98960
76	贵州安顺家喻房地产开发有限公司	安顺	房地产业	97571
77	贵州省天然气有限公司	贵阳	燃气生产和供应业	95984
78	贵阳新希望农业科技有限公司	贵阳	其他制造业	93314

续表

序号	企业名称	所属地区	所属行业	营收总额/万元
79	镇远县顺发铁合金有限公司	黔东南	黑色金属冶炼和压延加工业	90878
80	贵州汇景纸业有限公司	安顺	生产制造	89413
81	贵州省仁怀市茅台镇云峰酒业有限公司	遵义	酒、饮料和精制茶制造业	87715
82	贵州福泉川东化工有限公司	黔南	化学原料和化学制品制造业	87236
83	遵义恒赛铝业有限公司	遵义	零售业	83377
84	贵州佳和置业发展(集团)有限公司	黔东南	房地产业	81971
85	贵州九牛犇房地产开发有限公司	黔西南	房地产业	81888
86	贵阳闽达钢铁有限公司	贵阳	黑色金属冶炼和压延加工业	81534
87	贵州星力城荔星百货有限公司	贵阳	零售业	81004
88	仁怀高尔夫酒销售有限公司	遵义	批发业	79849
89	贵州正和祥药业有限公司	贵阳	零售业	78628
90	遵义宝源汽车销售服务有限公司	遵义	零售业	76271
91	凯里闽源锰业有限公司	黔东南	有色金属冶炼和压延加工业	75619
92	盘州市清林河选煤有限公司	六盘水	煤炭开采和洗选业	75049
93	黔东南新希望农牧科技有限公司	黔东南	农副食品加工业	74113
94	贵州省盘州市宏盛煤焦化有限公司	六盘水	其他制造业	74113
95	贵州瑞和制药有限公司	黔南	医药制造业	71939
96	贵州海捷房地产开发有限公司	铜仁	房地产业	71809
97	贵州泰邦生物制品有限公司	贵阳	医药制造业	70255
98	贵州黔玻永太新材料有限公司	黔东南	非金属矿物制品业	67714
99	贵州宏泰钡业有限责任公司	黔东南	化学原料和化学制品制造业	66472
100	贵州星力乐品鲜活商贸有限公司	贵阳	零售业	64805

二、贵州省制造型企业数智化核心发展现状调查问卷

尊敬的受访者：

您好！

衷心感谢您在繁忙的日程中抽出宝贵时间参与本次问卷调查。本次问卷旨在深入了解贵州省制造型企业数字化的发展状况，为贵州地区的企业和政府相关部门提供关于推进制造数字化进程的建设性建议。您的回答对于本次学术研究至关重要，且并无对错之分。我们承诺，所有收集到的信息将仅用于学术研究目的，并严格保密。请您放心作答。

本问卷共分为5页，请您逐页填写，确保不遗漏任何题目。您的参与对于我们的研究至关重要，再次感谢您的支持与配合！

祝好！

第一部分　企业基本信息

1. 您在公司担任的职务属于：[单选题]

○高层管理者

○中层管理者

○基层管理者

○员工

2. 企业性质：[单选题]

○全民所有制

○集体所有

○私营企业

○混合所有制

3. 企业类型：[单选题]

○内资企业

○外商独资

○中外合资

○中外合作

4. 企业员工数:[单选题]

○300人以内

○1000人以内

○2000人以内

○2001人以上

5. 企业所属行业:[多选题]

□农副产品加工业

□食品饮料制造业

□烟草制品业

□造纸及纸制品业

□印刷业和记录媒介复制业

□纺织服装、鞋、帽制造业

□家具制造业

□橡胶制品业

□塑料制品业

□废弃资源和废旧材料回收加工业

□医药制造业

□石油加工、炼焦及核燃料加工业

□化学原料及化学制品制造业

□化学纤维制造业

□非金属矿物制品业

□金属制品业

□通用设备制造业

□专用设备制造业

□通信设备、计算机及其他电子设备制造业

□仪器仪表及文化、办公用机械制造业

□家电制造业

第二部分　数字化调查部分

6. 数字化设备装备率。在贵州省企业所有设备中,已经嵌入数字化技术的设备占总设备的比例为:[单选题]

○10%以下

○11%~30%

○31%~50%

○51%~70%

○71%以上

7. 企业设备联网率:[单选题]

○10%以下

○11%~30%

○31%~50%

○51%~70%

○71%以上

8. 数字化主管部门在企业组织机构中的级别:[单选题]

○未设主管部门

○外包维护

○操作层

○管理层

○决策层

9. 贵州省企业聘用管理人员需要有完备的数字化知识:[单选题]

○极不同意

○不同意

○同意

○比较同意

○非常同意

10. 贵州省企业对数字化技术等有关知识开展了持续性的内部学习:[单选题]

○极不同意

○不同意

○同意

○比较同意

○非常同意

11. 贵州省企业具备的设计软件或产品包括(可多选):[多选题]

□二维 CAD

□三维 CAD

□CAM(计算机辅助制造)

□PDM(产品数据管理)

□CAPP(计算机辅助工艺过程设计)

□CAE(计算机辅助工程分析)

□SDM(仿真管理平台)

□TDM(试验数据管理)

□PLM(产品生命周期管理)

□MES(制造执行管理系统)

□DCS(分布式控制系统)

□SCADA(数据采集监视控制系统)

12. 方案设计阶段的数字化能力:[单选题]

○数字化的多方案优化评估

○数字化的单方案优化评估

○数字化的部分环节方案优化评估

○手工方案设计

○无

13．产品和工艺设计能力：[单选题]

○基于MBD

○基于三维模型

○基于二维CAD软件

○手工制图、工艺卡片

○无

14．企业目前在以下哪些生产环节实现了自动控制：[单选题]

○无

○仅实现可编程控制（PLC）和分布式控制（DCS）

○在分布式控制（DCS）的基础上，采用先进控制系统（APC），实现生产过程综合自动化

○在现场总线控制（FCS）的基础上，采用先进控制系统（APC），实现生产过程综合自动化

15．生产管理的数字化应用（可多选）：[多选题]

□生产计划与排程

□生产制造流程监控（设备诊断、用电量分析、能耗分析、质量事故分析）

□供应链管理与优化

□库房管理

□产品质量管理与分析

□产品销售预测与需求管理

□产品故障诊断与预测

□工业污染与环保监测

16．企业通过互联网渠道或互联网技术哪些业务环节实现了协同（可多选）：[多选题]

□生产计划

□物料

□订货业务

□物流仓储

□加工配送

□财务结算

□研发设计

□产业链企业间订单全程可追溯

□产业链企业间质量全程可控

□无协同情况

17. 产品本身的数字化和智能化程度:[单选题]

○远程控制

○远程诊断

○远程监测

○部分环节远程沟通

○无(非智能产品)

18. 交付:[单选题]

○基于网络(云)的交互式维护、维修、用户手册

○基于本地的数字化用户手册

○纸质的手册

○无

19. 运行:[单选题]

○全域的远程监控

○局部或部分的远程监控

○无

20. 维修/维护:[单选题]

○远程故障诊断、远程维修

○远程诊断、现场维修

○现场诊断、现场维修

21. 贵州省企业正在使用的企业管理软件或系统(可多选):[多选题]

□OA(办公自动化)

□人力资源管理

□MRP/MRPII/ERP

□进销存管理

□财务管理

□分销管理

□EAM(企业资产管理)

□KM(知识管理)

□BI(商业智能)

□DSS(决策支持系统)

22. 贵州省企业正在使用外部关系管理方面的软件或系统(可多选):[多选题]

□SCM(供应链管理)

□CRM(客户关系管理)

□电子商务平台

□企业门户

□CALL CENTER(客户服务中心)

23. 贵州省企业使用数字化相关技术方面的软件或应用(可多选):[多选题]

□数据挖掘软件

□数据库系统

□信息安全软件

□中间件技术应用

□系统集成技术应用

□ASP平台

24. 贵州省企业数字化技术在业务流程中的自动化覆盖率:[单选题]

○10%以下

○11%~30%

○31%~50%

○51%~70%

○71%以上

25. 贵州省企业在数字化综合集成方面处于哪个阶段:[单选题]

○起步阶段:数字化基础设施建设阶段

○单项业务覆盖阶段:实现了如财务、采购或销售等一项或几项业务单元的数字化,但尚未实现各业务单元的综合集成应用;

○综合集成阶段:实现了各业务单元的综合集成应用;

○协同创新阶段:在实现企业内容综合集成应用的基础上,利用互联网、移动通信、大数据等新技术,推动全产业链的协同创新。

26. 贵州省企业决策中对数字化的支持程度:[单选题]

○基本没有支持

○初级水平:通过开发利用信息资源,为企业决策提供数据支持

○中级水平:通过数据分析对各种决策方案进行优选,辅助企业决策

○高级水平:建立人工智能专家系统,实现管理决策智能化

27. 贵州省企业应用数字化技术提高库存资金周转率的情况符合以下哪一项:[单选题]

○无变化

○10%以下

○11%~30%

○31%~50%

○51%~70%

○71%以上

28. 数字化、智能化等方面建设使企业的整体成本降低:[单选题]

○无变化

○10%以下

○31%~50%

○51%~70%

○71%以上

29. 贵州省企业数字化技术使得产品的合格率提高的比例:[单选题]

○无变化

○10%以下

○31%~50%

○51%~70%

○71%以上

30. 贵州省企业近三年主要产品的订单响应时间缩短:[单选题]

○无变化

○10%以下

○31%~50%

○51%~70%

○71%以上

31. 贵州省企业近三年主要产品的订单按期完成率提高:[单选题]

○无变化

○10%以下

○31%~50%

○51%~70%

○71%以上

32. 贵州省企业近三年主要产品的新产品研发周期缩短:[单选题]

○无变化

○10%以下

○31%~50%

○51%~70%

○71%以上

33. 贵州省企业数字化技术使产品开发周期缩短比例:[单选题]

○无变化

○10%以下

○31%~50%

○51%~70%

○71% 以上

34. 贵州省企业数字化技术带来的新产品销售额占总销售额比例:[单选题]

○无变化

○10% 以下

○31%~50%

○51%~70%

○71% 以上

35. 贵州省企业依托数字化技术已经或正在实施以“产品+软件+服务”为核心的商业模式:[单选题]

○无变化

○10% 以下

○31%~50%

○51%~70%

○71% 以上

36. 贵州省企业依托数字化技术已经或正在实施规模化定制模式:[单选题]

○无变化

○10% 以下

○31%~50%

○51%~70%

○71% 以上

37. 贵州省企业依托数字化技术已经或正在努力成为平台型企业:[单选题]

○无变化

○10% 以下

○31%~50%

○51%~70%

○71% 以上

三、服务型企业数智化核心发展研究问卷

您好！本问卷的目的在于了解服务型企业的区域制度环境、平台特征和企业创造力等因素之间的影响作用。为完成此研究，非常重要的一点是您必须是企业工作者。问卷共40个题目，所有问题的答案无“对”和“错”之分，请您根据实际情况如实填写。除第1题为多选题外，其他选择题都是单选题，请在您认为最恰当的答案前点击圆点选项。为保证调查的客观公正，问卷设置为匿名填写，调查结果仅用于理论研究，请您放心填写，谢谢合作！

1．您所在的服务型企业类别：

□教育服务类

□咨询服务类

□咨询服务类

□生产服务类

□财务服务类

□法律服务类

□工程服务类

□零售服务类

□科技服务类

□营销服务类

□餐饮旅游服务类

□其他

2．您的工作类型？

○企业主

○管理者

○员工

3．您的性别？

○男

○女

4．您的年龄？

○20岁以下

○21~30岁

○31~55岁

○56岁以上

5．目前您的教育水平？

○初中及以下

○高中或中专

○大专或本科

○研究生以上

6．企业规模：

○10人以下

○11~30人

○31~100人

○101人以上

7．企业营业额：

○200万元以下

○201万元~500万元

○501万元~1000万元

○1001万元以上

8．企业发展阶段：

○初创阶段

○成长阶段

○成熟稳定阶段

○衰退阶段

一、企业创造力调查:通过以下9~13的五个问题,了解您所在的企业,在当前复杂的社会系统下,形成与新产品、新服务、新工艺、新过程、新方法等相关问题的解决方案以及组织产生一系列有价值的新想法的能力。(注:题目前面的代码,如CC1是为了方便统计数据之用,您答题时只需关注汉字部分的语义,谢谢!)

9. CC1—您所在企业已经产生了许多新颖有用的(服务/产品)创意。

○1没有

○2偶尔

○3一般

○4较多

○5总是

10. CC2—您所在企业培养了有利于产生新颖和有用的(服务/产品)创意的环境。

○1没有

○2偶尔

○3一般

○4较多

○5总是

11. CC3—您所在企业花费了许多时间来产生新颖和有用的(服务/产品)创意。

○1没有

○2偶尔

○3一般

○4较多

○5总是

12. CC4—您所在企业认为产生新颖和有用的(产品/服务)创意是重要的活动。

○1没有

○2偶尔

○3一般

○4较多

○5总是

13. CC5—您所在企业致力于积极产生新颖和有用的(产品/服务)创意。

○1没有

○2偶尔

○3一般

○4较多

○5总是

二、企业平台特征:企业都在运用网络平台进行日常经营管理活动。本项目通过以下14~27题的十四个题项,了解您所在的企业网络平台特征。

以下14~17题是关于企业平台“制度特征”的调查。(注:题目前面的代码,如CPP1是为了方便统计数据之用,您答题时只需关注汉字部分的语义,谢谢!)

14. CPP1—您所在的企业网络平台拥有清晰、科学合理的商业规则

○1没有

○2偶尔

○3一般

○4较多

○5总是

15. CPP2—您所在的企业网络平台会严格执行原先制定的商业规则

○1没有

○2偶尔

○3一般

○4 较多

○5 总是

16．CPP3—您所在企业网络平台，对整个平台网络体系（如用户行为、子平台等）会监管到位

○1 没有

○2 偶尔

○3 一般

○4 较多

○5 总是

17．CPP4—您所在企业网络平台的经营管理体系比较科学

○1 没有

○2 偶尔

○3 一般

○4 较多

○5 总是

以下 18~21 题是调查您所在企业网络平台的“资源特征”。（注：题目前面的代码，如 CPR1 是为了方便统计数据之用，您答题时只需关注汉字部分的语义，谢谢！）

18．CPR1—您所在企业网络平台拥有庞大的用户资源

○1 没有

○2 偶尔

○3 一般

○4 较多

○5 总是

19．CPR2—您所在企业网络平台拥有丰富的应用工具资源

○1 没有

○2 偶尔

○3一般

○4较多

○5总是

20. CPR3—您所在企业网络平台拥有丰富的商业信息资源

○1没有

○2偶尔

○3一般

○4较多

○5总是

21. CPR4—您所在企业网络平台在行业中具有较好的市场地位及品牌效应

○1没有

○2偶尔

○3一般

○4较多

○5总是

以下22~24题是调查您所在企业网络平台的“开放创新特征”。(注:题目前面的代码,如CPO1是为了方便统计数据之用,您答题时只需关注汉字部分的语义,谢谢!)

22. CPO1—您所在企业网络平台开放程度高,平台进入容易

○1没有

○2偶尔

○3一般

○4较多

○5总是

23. CPO2—您所在企业网络平台的平台工具可用性强,应用成本比较低

○1没有

○2偶尔

○3一般

○4较多

○5总是

24. CPO3—您所在企业网络平台的共享数据多,且共享及时

○1没有

○2偶尔

○3一般

○4较多

○5总是

以下25~27题是调查您所在企业网络平台的“运营模式特征”。(注:题目前面的代码,如CPM1是为了方便统计数据之用,您答题时只需关注汉字部分的语义,谢谢!)

25. 您所在企业网络平台与用户互动性强且频繁

○1没有

○2偶尔

○3一般

○4较多

○5总是

26. 您所在企业网络平台拥有较多的创新激励机制

○1没有

○2偶尔

○3一般

○4较多

○5总是

27. 您所在企业网络平台运行机制较好,具有良好的发展

○1没有

○2偶尔

○3一般

○4较多

○5总是

三、区域的制度环境:企业所在区域的制度环境影响着企业的发展。以下28~40题的十三个题项是了解您所在企业的区域制度环境。

以下28~32题是调查您所在企业“区域环境制度”中的“管制性要素”。(注:题目前面的代码,如RIR1,是为了方便统计数据之用,您答题时只需关注汉字部分的语义,谢谢!)

28. RIR1—本区域政府实施知识产权保护的力度较大

○1没有

○2偶尔

○3一般

○4较多

○5总是

29. RIR2—本区域政府从政策上大力促进企业/产业之间的合作

○1没有

○2偶尔

○3一般

○4较多

○5总是

30. RIR3—本区域政府较早成立了促进企业/产业合作的专职部门或组织

○1没有

○2偶尔

○3一般

○4较多

○5总是

31. RIR4—本区域政府从政策上鼓励企业/产业人员参与各类科技创新活动

○1没有

○2偶尔

○3一般

○4较多

○5总是

32. RIR5—本区域政府积极发展企业/产业合作服务平台,如信息发布平台和交流/洽谈会等

○1没有

○2偶尔

○3一般

○4较多

○5总是

以下33~36题是调查您所在企业“区域环境制度”中的“规范性要素”。(注:题目前面的代码,如RIS1是为了方便统计数据之用,您答题时只需关注汉字部分的语义,谢谢!)

33. RIS1—本区域内的科技中介(服务)组织(如科技企业孵化器、产业集聚/园区和行业协会等)积极帮助企业/产业合作项目

○1没有

○2偶尔

○3一般

○4较多

○5总是

34. CIS2—本区域政府对促进企业/产业创新能力的提升寄予厚望,并提出要求

○1没有

○2偶尔

○3一般

○4较多

○5总是

35. RIS3—本区域内的金融组织或个人积极支持企业/产业的合作与协同创新

○1没有

○2偶尔

○3一般

○4较多

○5总是

36. RIS4—在本区域,企业/产业合作与协同创新被看成是企业成功的重要途径之一

○1没有

○2偶尔

○3一般

○4较多

○5总是

以下37~40题是调查您所在企业“区域环境制度”中的“文化认知要素”。(注:题目前面的代码,如RIC1是为了方便统计数据之用,您答题时只需关注汉字部分的语义,谢谢!)

37. RIC1—本区域内企业/产业之间的交流、合作活动较多

○1没有

○2偶尔

○3一般

○4较多

○5总是

38. RIC2—本区域内企业/产业的研发投入积极性很高

○1没有

○2偶尔

○3一般

○4较多

○5总是

39. RIC3—本区域企业很重视与您所在企业的交流、合作活动

○1没有

○2偶尔

○3一般

○4较多

○5总是

40. RIC4—本区域合作企业能够理解企业/产业研发活动的特性，如周期长、进展慢，需要得到充分的支持等

○1没有

○2偶尔

○3一般

○4较多

○5总是

后　　记

数智时代，数字化与智能化交融，重塑世界。数字化技术如云计算、大数据、物联网等，助力处理海量数据，挖掘价值。智能化则通过人工智能技术进行智能分析和决策。数据驱动成为核心，影响企业、政府、个人生活，改变商业竞争规则。中国企业在数智时代迎来新机遇，核心竞争力已转变为数智化能力，即"数智化核心竞争力"。这不仅涉及技术或数据，还涵盖组织文化、战略规划、技术应用、数据管理等方面。它代表企业在数字化时代高效、灵活、创新、可持续竞争的能力，以及适应数字化和智能化的能力、创新能力和市场敏感度。

本书基于2021年贵州省理论创新联合课题"贵州省制造数字化评价体系设计与提升研究"进行了文献探讨和数据挖掘，旨在研究企业在数智时代如何实现核心竞争力。本书阐述数智化核心竞争力的概念、理论框架及内涵，包括其要素、特征和评估方法。同时，分析数智化技术和工具在企业中的应用及其对企业运营和决策的影响。以西南地区，特别是贵州省的企业为例，研究数智化核心竞争力与创新、市场份额、品牌价值等竞争力因素的关系，并探讨不同行业和企业规模下实现数智化核心竞争力的方法，包括行业差异和最佳实践等。

为了达到这些目标，本书运用综合性研究方法，涵盖文献梳理、案例剖析及实证研究等多个方面。研究过程借鉴真实世界的企业经验，以期为企业界提供有关如何在数字化时代获取核心竞争力的实用指南。通过这项研究，笔者希望为企业领导者、决策者、研究者和从业者提供有关企业数智核心竞争力的深入理解，帮助他们在数字化时代取得更好的竞争地位，推动商业社会的发展。

本书是作者对企业数字化、智能化和核心竞争力研究的集成，部分章节内容深奥，可作为商科研究生学习的辅助材料。本书也是贵州省哲学社会科学创新团队"贵州商学院数字商业生态治理研究与实践创新团队"的阶段性成果，其中集合了作者所参与的诸多项目成果，包括：贵州省高等学校教学改革项目"数字赋能商科教师课程创新路径探究”（编号：2023226）；贵州省哲学社会科学规划课题（编号：23GZYB140）；贵州商学院院级科研项目：数字商业生态系统价值共创底层逻辑与架构的仿生解构（编号：2023ZKZD003）；贵州省社科联理论创新（联合课题）贵州数字商业生态系统价值共创机制与协同治理模式（编号：GZLCLH-2024-79）；贵州省高校人文社会科学研究项目：贵州加快发展数字经济的对策建议研究（2024RW89）；中国式现代化的贵州实践研究（编号：2024RW58）；教育部产学合作协同育人项目（编号：230805309283215）等。

在此，衷心感谢吕国富教授、杨敏教授、贵州商学院数字商业生态治理研究与实践创新团队的同仁们，以及2023年贵州省高等学校教学内容和课程体系改革项目团队成员和2023年教育部产学合作协同育人项目团队成员，他们在本书出版过程中做出了重要贡献。

此外，鉴于作者能力所限，书中难免存在疏忽与不足之处，恳请行业专家和广大读者朋友不吝赐教，共同促进学术进步。

高伯任

2024年12月30日